D. E. Sattler · Friedrich Hölderlin · Fliegende Briefe 1-72

*Den Blüthen von Deutschland.*

D. E. Sattler
Friedrich Hölderlin
144 fliegende Briefe

Luchterhand

CIP-Kurztitelaufnahme der Deutschen Bibliothek

Sattler, Dietrich E.:
Friedrich Hölderlin, 144 [hundertvierundvierzig]
fliegende Briefe / D.E.Sattler. [Hinweise u.
Kritik: Michael Franz u. Michael Knaupp]. –
Darmstadt; Neuwied: Luchterhand
    ISBN 3-472-86531-8

Bd. 1. 1-72. – 1981.

33 Abbildungen

Erster Band: 33 Abbildungen

Hinweise und Kritik:
Michael Franz und Michael Knaupp

Lektorat: Klaus Siblewski

© 1981 by Hermann Luchterhand Verlag
GmbH & Co KG, Darmstadt und Neuwied
Herstellung: Druck- und Verlags-
Gesellschaft mbH, Darmstadt
Satz: D.E.Sattler, Bremen
ISBN 3-472-86531-8

# Erster Band
1–72

*Die Wahrsagung*
*Zerreißt nicht*

*Chiron*

## *Einleitung*

Sieben Jahre hießen diese Studien *Clavis Hoelderlinana* – ein Titel, der eher abstößt als anzieht, wird mir bedeutet. Nun bin ich in Verlegenheit, falle von einem aufs andre und wähle schließlich eine Überschrift, die über den besonderen Charakter des Buches und auch der Lektüre, auf die es eingerichtet ist, täuschen muß.

Die Teile sind alphabetisch angeordnet; um eine Verwechslung mit Nachschlagewerken auszuschließen, in umgekehrter Reihenfolge, von Z bis *Abendessen*: ein Schwarm fliegender Briefe. Glossen und Zitate sorgen für den imaginären Zusammenhang.

Hölderlin wird gebraucht. Doch das, wovon hier die Rede ist, taugt nicht mehr zum Gebrauch[1]. Daran gemessen fehlt jeder Versuch und dennoch, bei aller Zweideutigkeit, darf keiner unterbleiben.

---

1 Homburger Folioheft 46:
*Gefäße machet ein Künstler.*
*Und es kauffet*

              *wenn es aber*
*Zum Urtheil kommt*
*Und keusch hat es die Lippe*
*Von einem Halbgott berührt*

*Und schenket das Liebste*
*Den Unfruchtbaren*
*Denn nimmer, von nun an*
*Taugt zum Gebrauche das Heilge.*

1

Z

*und du sollst durch die Wand*

*ausbrechen vor ihren Augen und*

*durch dieselbe ziehen*

Ez. XII, 5

*Oft nahm die Frau des Tischlers oder eine der Töchter und Söhne den Armen in die Güter und Weinberge hinaus, wo er sich alsdann auf einen Stein setzte und wartete, bis man wieder nach Hause gieng. Es ist zu bemerken, daß man ganz wie mit einem Kind mit ihm verfahren mußte, wen man ihn nicht störrisch machen wollte. Wenn er so ausgeht, so muß man ihn zuvor anmahnen, sich zu waschen und zu säubern, indem seine Hände gewöhnlich schmutzig sind, weil er sich halbe Tage lang damit beschäftigt, Gras auszureißen. Wenn er alsdann angekleidet ist, so will er durchaus nicht voraus gehen. Seinen Hut, den er tief aufs Auge hinabdrückt, lüpft er vor einem zweijährigen Kinde, wenn er anders nicht zu sehr in sich versenkt ist.*

Wilhelm Waiblinger
*Friedrich Hölderlins Leben, Dichtung und Wahnsinn*


*Theobald erzählte, man sehe Jenen jetzt nur noch hinter dem Hause am Neckar auf und ab gehen, wo er kleine Steine in seinen Rock sammle und dann wieder ausschütte. Als Justinus Kerner nach Tübingen kam, war ihm der wahnsinnige Hölderlin von Autenrieth übergeben, wie jedem Mediciner ein Kranker des Klinikums. Mörike kam während seiner Universitätsjahre häufig zu dem unglücklichen Dichter. Dieser hatte oft helle, schöne Momente; wenn er sich aber in irgend einen Satz verstrickt hatte und fühlte, sich nicht mehr herauswinden zu können, so pflegte er ihn mit dem letzten schlagenden Argumente: Z,ja! zu schließen (wahrscheinlich als dem Endbuchstaben im Alphabet).*

Emma von Nindorf
*Reisescenen in Bayern, Tyrol und Schwaben*

# Z

Eine abendländische Metapher: der Dichter sitzt schweigend am Rand und wartet, bis alles nach Hause geht.

Alles übrige ist bedrängender. Denn ob das Auflesen wertloser Steine, das Grasausraufen auf höherer Einsicht beruht oder nicht, ist gleichgültig. Es gleicht dem sonderbaren Betragen der Propheten; des Jeremia zum Beispiel, der einen neuen Krug kauft und ihn vor dem Tor zerschlägt, oder des reinlichen Ezechiel, der sein Brot auf Mist backen muß. Ein stilles Menetekel, das zeichengenau entziffert werden will. Das grüne Gras täuscht über den Grad der Verwüstung ebenso, wie das angehäufte Gold über die Verarmung.

*Les affaires avant tout!*[1] Das Sinnlose gilt allgemein, öffentlich oder heimlich. Wer darauf zeigt, wird beiseite geschafft, von ebendieser dürftigen, unsinnigen Allgemeinheit. Kritik ist nur wahr, wenn sie von außen kommt; in jeder anderen ist die Lüge schon inbegriffen; am zynischsten[2] dort, wo sich die Niedertracht im Akt ihrer Bloßstellung wiederholen darf.

Dafür hat er nicht weitergelebt, nicht als Narr unter Toren, daß jetzt Einer kommt und uns weismacht, er habe sich nur verstellt[3].

Z. Das Ziel täuscht[4].

Aber den Weg, nicht zur Türe hinaus, sondern geradewegs durch die Wand, den muß jeder für sich gehen. Wer das wagt, wer da *herausgeht, findet / Daselbst es bereitet*[5].

---

1 Vgl. *Diotima*.
2 κυνικος = hündisch, frech, schamlos.
3 *Minna von Barnhelm* IV, 2.
4 *Die Zufriedenheit*, v. 21-24:
*Der Männer Ernst, der Sieg und die Gefahren,*
*Sie kommen aus Gebildetheit, und aus Gewahren,*
*Es geb' ein Ziel; das Hohe von den Besten*
*Erkennt sich an dem Seyn und schönen Überresten.*
5 *Der Einzige*, v. 109-111 (vgl. *Neun editorische Übungen* IV).

## XII

## CHYMISCHE ZETTEL

*Und aus Bächen herauf glänzt das begrabene Gold.*

---
*Menons Klagen um Diotima*, v. 82

*Dann in diesem vorübergehenden Liecht / werden wir im Finstern nicht irren / wenn wir diesem Stab anhangen / werden wir auff dem schlipffrigen Weg nicht fallen / werden auch ferner in jemandes verführerische Wort vnd vergebliche Phantastereyen nicht mit einwilligen / sondern wenn wir der leytung und führung der Natur folgen / werden wir nach dem Vrtheil der Vernunfft vnnd des Warhafftigen Fewers erfahrenheit alle ding examiniren vnd erforschen / das warhafftige gantz begierig ergreiffen / vnd das / was falsch / hinweg werffen: Die vnerschöpffliche Abgründe der Natur vnd vnsägliche Wunderwerck auff diesem grossen Schauplatz der gantzen vollkommenheit werden wir an vns ziehen / vnd zu Lob vnnd Preiß dem Schöpffer aller dinge recht aufgemundert werden: Daher werden wir auch / ohne alle Mißgunst vnd Geitz / vnserm Nechsten desto williger vnd frölicher zu helffen vns vnterstehen. Dann dieses alles soll vnsers Handels vnd Wandels fürnembster Zweck vnd Ende seyn / daß wir alle ding zur Liebe Gottes vnd des Nechsten anwenden. Welche anderst thun / die achte ich hier nicht viel / vnd wenn ich sie sehe und anschaw / so lache Ich.*

Daniel Stoltzius von Stoltzenberg (übers. v. Daniel Meißner)

## Vorbemerkung

Die folgenden Tafeln sind einem 1624 erschienenen, 1975 nachgedruckten Buch entnommen[1]. Ihr Sinn stimmt, wie mir scheint, mit dem der Hölderlinischen Gesänge überein. Die Frage, ob Hölderlin jenes Kompendium gekannt habe, bleibt dennoch unbeantwortet. Sie verliert an Bedeutung, wenn die chymischen Bilder und der Gesang Teil einer durchgängigen Wahrheit sind. Das hier Gesagte geht gegen die zwingenden Beweise. Es wird gedacht oder nicht und hat nichts zu tun mit *Zwangsgesezen und Executoren derselben*[2].

---

1 *Chymisches Lustgärtlein/ Mit schönen in Kupffer geschnittenen Figuren gezieret/auch mit poetischen Gemälden illustrirt vnd erläutert. Also daß es nicht allein Augen vnd Gemüt erquicket/sondern zugleich eine sehr tieffe betrachtung der natürlichen dinge erwecket* (...) *Describen von M. Daniele Stoltzio de Stoltzenberg* (...) *Nunmehr aber auß dem Lateinischen transferirt vnd in gewöhnliche teutsche Rhythmos bracht/ Durch Danielem Meißnern* (...) *Franckfurt/ In Verlegung Lucae Jennis 1624*. Nachdruck der Wissenschaftlichen Buchgesellschaft, Darmstadt 1975, nach dem Exemplar der Stadtbibliothek Ulm, mit einem Nachwort von F. Weinhandl.
2 An Christian Landauer; vgl. *Das älteste Systemprogramm*, Anm. 20.

# I
## *Versöhnung ist mitten im Streit*[1]

Ob hier die chymischen Grundelemente, Mercurius, Sal und Sulphur dargestellt sind, ist, nach dem Untergang der Kunst und ihrer Nomenklatur, unerheblich geworden. Hölderlins unbegriffene Poetik, das Prinzip der *heroischen, idealischen* und *naiven Töne*[2], belebt sich, in emblematischer Gestalt, als ein Gedanke, der die Erkenntnissysteme und ihre selbstgerechten Denkbewegungen abbildet, ihrer Ausschließlichkeitsansprüche entkleidet und damit schon überflügelt.

Die Tafel ist ebensowenig esoterisch, wie Hölderlins Poetik nur poetologisch. Ihr Sinn will als Metakritik der Welt entziffert und verstanden werden. Doch dies nicht ohne praktischen Apell: die emblematische Situation ist wiederzuerkennen; an sich selbst und in der gesellschaftlichen Realität.

---

1 *Hyperion* II, S. 124
2 Vgl. *Hin.*

## Zwölf chymische Zettel I

Zu sehen ist der Widerstreit von Vernunft und Offenbarung, Dogmatismus und Kritik, Aufklärung und Initiation, Empirie und Metaphysik, das Parteiische überhaupt; *Zweifel und aergerniß*[3] in ihrer gegenseitigen Fixierung als Zustände der Bewußtlosigkeit; ein Sinnbild des künftigen Friedens, das selbst schon die Fesseln auflöst: die Oberherrschaft mit der obligaten Rebellion als Gegenmacht. Wer das faßt, wird unzuverlässig, denn es zersetzt den blinden Begriff vom Vorrecht, vom Recht auf einer Seite und damit auch die blinde Gefolgschaftstreue. Mit diesem Gedanken ist schon der Anfang zu einem Frieden gemacht, der nicht in Verträgen, sondern im Denken begründet ist.

Was in der Wirklichkeit als politische Utopie betrieben oder als messianisches Kommen erwartet wird, als nachträgliche Rechtfertigung einer unverständlichen und furchtbaren Geschichte, kann sich nur im voraus, in der Einsamkeit individueller Wandlungsprozesse ereignen.

Das zu denken ist leicht; schon schwieriger, dem Gedanken gegen das geltende *Feindseeligkeitsrecht*[4] Geltung zu verschaffen. Schon darum darf er nicht aufgenötigt oder nur angelernt sein. Darum überreden die emblematischen Zeichen ebensowenig wie die poetischen Chiffren. Sie kommen dem Betrachter nur den halben Weg entgegen, und zwar durch die Darstellung ausgewählter Phänomene im sprechendsten, charakteristischsten Moment. Die Wirklichkeit erscheint in der künstlichen Konstellation so, daß nicht nur die gegebene Struktur, sondern, im Grad der Abweichung und Verfremdung, auch ihre Möglichkeit sichtbar wird. Wer sie betrachtet muß wissen, daß auch das unscheinbarste Detail dem gedachten, aufzufindenden, wiederzudenkenden Gedanken entspricht. Bezeichnenderweise hat sich jenes als hermetisch verschriene, in Wahrheit jedoch didaktische Konzept in chymischen Tafeln am reinsten

---
3 Vgl. *Apriorität*, v. 3 (*Neun editorische Übungen* V).
4 Vgl. *Feindseeligkeitsrecht*.

ausgeprägt. Sie vermeiden den allegorischen Pomp und bemühen sich nicht um eine naive oder virtuose Einkleidung ihrer Idee. Sie scheinen nicht mehr, als sie dem Begriff nach sind: *Figur* oder *Kunstfigur*[5], weder szientifisches Schema, noch freie Kunst.

Bei einigen Blätter überrascht die weltkluge Synthese von Fantasie und Wirklichkeit, von exakter Dinglichkeit und intendiertem Gehalt. Und tatsächlich hat der unbekannte Kupferstecher aus dem Umkreis des Frankfurter Verlegers Lucas Jennis (zu dem die Familie du Bry, Matthäus Merian und Sandrart gehören) nichts ohne Bedacht in die Fläche gegraben.

Eine gekrönte Schlange umwindet das Schwert des kognitiven Denkens, das, der Insignie nach, die Herrschaft innehat. Der friedenstiftende Genius wird keines Blickes gewürdigt. Ähnlich und doch ganz anders sein somnambuler Gegner, der sein Gesicht im Kissen verbirgt, während auf der Spitze seines stoßbereiten Rapiers ein Vogel flattert, das genaue Gegenbild zur szientifischen Denkbewegung auf der anderen Seite. Der Krone entspricht ein unscheinbarer Fund, den er im Schnabel hält: fast scherzhaft die zum Wurm verkleinerte Schlange.

Sonne und Mond herrschen getrennt[6]. Der unversöhnte Gegensatz von Nacht und Tag ist in symbolischen Gebärden und Zeichen, bis in den unterschiedlichen Zuschnitt der Kleidungsstücke, als Streit von Bewußtseinsformen nachgezeichnet. Dem wilden Bartwuchs des einen Fechters steht der gestutzte des anderen gegenüber. Schon das sagt viel über deren unterschiedliche Geistesverfassung (eine weltkluge Beobachtung, die es wert ist, beachtet zu werden). Das forschende Bewußtsein verbirgt die hinterrücks geballte Faust (auch das ist

---

5 Clemens Brentano, *Gockel, Hinkel und Gackeleia: Keine Puppe, sondern nur eine schöne Kunstfigur.*
6 *Das Nächste Beste*, v. 59-61:
*Barbaren*
*Auch leben, wo allein herrschet Sonne*
*Und Mond.*

## Zwölf chymische Zettel I

endlich zu lernen), während sich die Hand des geblendeten Träumers abwehrend öffnet. Ebensowenig belanglos der dichte Wald hinter dem Schwärmer und die karge Vegetation auf dem gegenüberliegenden Terrain. Die zusammengewachsenen Schwingen im Vordergrund erklären, statt einer Unterschrift, die Notwendigkeit und Funktion des Widerstreits als weltbewegende Mechanik. So fliegt auch der Weltgeist, der in Hölderlins Gesängen die Gestalt des Adlers annimmt: *auf beiden Seiten/ Den Fittig spannend mit gespaltenem Rüken*[7].

Die Auseinandersetzung bewegt nicht nur, sie gehört auch auf andere Weise zur seinsgeschichtlichen Dramaturgie. Die nach *Verklärung und Auflösung* schmachtenden Glieder[8] müssen zuvor durch die Hölle der äußersten Vereinzelung hindurch. Den Verwüstungen des Kriegs, allen Konvulsionen der Feindschaft, entsprechen die Freuden der heiligen Hochzeit, der eigentliche Gegenstand des chymischen Werks. Je tiefer den endlich Vereinigten die Erinnerung an ihre Trennung eingegraben ist, um so höher auch ihre Entzückungen.

In *goldner Mitte*[9] steht immerhin schon der symmetrische Bote bereit, der von jeher *Freundesgestalt* annimmt[10], hier je-

---

7 *Germanien*, Überarbeitung v. 46, 47
8 Johann Georg Hamann, *Schürze von Feigenblättern*; vgl. *Saktuch*.
9 *An Landauer*, v. 7, 8:
   *Viel andre sind wie Licht und Nacht verschieden,*
   *In goldner Mitte wohnest du.*
10 *Friedensfeier*, v. 13-24:
   *Und dämmernden Auges denk' ich schon,*
   *Vom ernsten Tagwerk lächelnd,*
   *Ihn selbst zu sehn, den Fürsten des Fests.*
   *Doch wenn du schon dein Ausland gern verläugnest,*
   *Und als vom langen Heldenzuge müd,*
   *Dein Auge senkst, vergessen, leichtbeschattet,*
   *Und Freundesgestalt annimmst, du Allbekannter, doch*
   *Beugt fast die Knie das Hohe. Nichts vor dir,*
   *Nur Eines weiß ich, Sterbliches bist du nicht.*
   *Ein Weiser mag mir manches erhellen; wo aber*
   *Ein Gott noch auch erscheint,*
   *Da ist doch andere Klarheit.*

doch unverkennbar als Himmlischer gekrönt und geflügelt. Im Ulmer Exemplar hat jemand die Stelle bezeichnet, auf der bei einem Gott das Herz schlüge. Das *Merkzeichen*[11] zieht, wie ein magischer Ort, die Zeit auf sich. Auf die zugedeckten Augen des träumenden Streiters scheint aber auch einer der Hinweise am Schluß des Entwurfs *Der Adler* zu zielen:
*Denn wo die Augen zugedekt,*
*Und gebunden die Füße sind,*
*Da wirst du es finden*[12].

Ganz anders der Jüngling mit seinen in *harmonischer Entgegensezung*[13] gewinkelten Armen und Schwingen. In seinen Händen hält er, jedem in seiner Sprache verständlich, ein helles und ein dunkles κηρυκειον, den doppelt umwundenen Stab, mit welchem der Herold oder der Dichter[14] zwischen die Parteien tritt. Darüber, in glänzender *Freudenwolk'*[15], erscheint das mercurialische Vereinigungszeichen und darunter dehnt sich eine stille Landschaft, mit aneinandergereihten Bäumen und Hügeln, gewissermaßen als Aussicht auf das, was noch immer da ist und wo zu sein der wiederaufgefundene[16], immer noch neue Gesang einläd.

---

11 *Patmos*, Überarbeitung nach v. 25:
   *Viel aber mitgelitten erfahren haben wir, Merkzeichen viel.*
12 Vgl. II, Anm. 3 und *Immergekettet*.
13 Ein Begriff aus dem poetologischen Entwurf *Wenn der Dichter einmal des Geistes mächtig...*
14 Vgl. *Patmos*, v. 182, 183; *Drei Prospekttexte* II, Anm. 3.
15 *Friedensfeier*, v. 4-9:
          um grüne Teppiche duftet
   *Die Freudenwolk' und weithinglänzend stehn*
   *Gereiftester Früchte voll und goldbekränzter Kelche,*
   *Wohlangeordnet, eine prächtige Reihe,*
   *Zur Seite da und dort aufsteigend über dem*
   *Geebneten Boden die Tische.*
16 1954 in London.

## II
*Und wo ein Häuslein hinabhängt*

Nach Lektüre der *Vorrede*[1] und Betrachtung dieser ersten Tafel, möchte man nicht nur annehmen, daß Hölderlin die deutsche Fassung des *Viridarium chymicum* kannte, sondern daß er auch das Ulmer Exemplar des seltenen Büchleins in Händen hatte[2]. Von wem sonst soll das unfehlbar gesetzte Zeichen

---

1 Am auffälligsten vielleicht die merkwürdige Wendung: *Dann in diesem vorübergehenden Liecht...* Ähnlich in der 1801 entstandenen Ode *Unter den Alpen gesungen*: *und/gehet vorüber das Licht...*

2 Die Vermutung, das Exemplar sei aus Neuffers Nachlaß an die Ulmer Stadtbibliothek gekommen, erwies sich als falsch. In Neuffers Händen war ja auch, vermutlich durch Karl Gok, Hölderlins Handexemplar des Stäudlinschen Musenalmanachs 1792 gelangt. Nach Auskunft der Bibliothek gehört das Exemplar jedoch zu einem Patriziernachlaß, der schon 1682 inventarisiert wurde. Doch damit hat sich das Rätsel der Übereinstimmung nicht in Nichts aufgelöst. Der Dichter kann die Bibliothek im Herbst 1802, auf dem Weg nach oder von Regensburg besucht haben. Vielleicht weist der kryptische Vermerk *Theresienstraß* (*Das Nächste Beste*, neben der Stelle *Wohl an Der bairischen Ebne*) auf einen solchen Aufenthalt.

herrühren, von dem aus sich die Bedeutung dieser Tafel, wie auch sein eigenes Werk, wunderbar und neu erschließt? Es befindet sich unter dem *Häuslein*, das noch zur Stadt gehörig, doch schon außerhalb *hinabhängt*[3].

In der Deszendenz, wenn Wald und Stadt unaufhaltsam hinuntersinken[4], sollte sich ein Einsichtiger an die Nähe des Abgrunds gewöhnen. Zugleich eröffnet sich dort ein Blick, der den tragischen Gedanken besänftigt: am östlichen Horizont, im Widerschein des Nachmittags steht jene *schönausgleichende*[5] Linie vor Augen, die Hölderlin in das ontologische Diagramm des *harmonischen Wechsels*[6] eingezeichnet hat. Im Bildgefüge schwebt sie über dem gebeugten Rücken des kahlen, einbeinigen Zeitgotts mit seiner Hippe.

Im systematischer gestaffelten Zyklus des J.D.Mylius[7] erscheint das Motiv des königlichen Paars, der mähenden Zeit, des Wolfs und der beiden Läuterungsfeuer als *Sublimatio* (auch *Übersichsteigung* oder *Frohlockung*), an jenem Punkt der Individuationsprozedur, an dem sich der Herstellende des Gelingens und der Unverlierbarkeit seines Werks gewiß wird, und nicht zufällig beginnen die *Duodecim claves Basilii Valentini*[8], in denen ohnehin eine verkürzte und abgewandelte Prozeßfolge zu beobachten ist, mit dieser Figur[9]. Sie repräsentiert gewissermaßen das Ziel des stufenförmigen Prozesses und ihn selbst im entscheidenden Augenblick.

---

3 *Der Adler*:
   *Will einer wohnen,*
   *So sei es an Treppen,*
   *Und wo ein Häuslein hinabhängt*
4 Zur änigmatischen und kombinatorischen Bedeutung der Silbe vgl. *Hin.*
5 Vgl. *Saktuch*, Innentitel.
6 Vgl. *Sechs theosophische Punkte* VI.
7 Ein 28teiliger Bildzyklus aus der *Philosophia reformata* des Johann Daniel Mylius von 1622.
8 Der 13teilige Zyklus, der die Sammlung eröffnet.
9 Die Figur der Fechter folgt als zweite und geriet nur bei diesen Zetteln an den Anfang.

Der kryptischen Anweisung zufolge soll die unschuldige Braut dem König zugeführt und dieser dem Wolf zum Fraß vorgeworfen werden. Ist der Wolf in einem dreimaligen Feuer verbrannt, wird auch der König erneuert und makellos. Die Finger seiner linken Hand weisen auf diese Prozedur. Nimmt man das poetologische Prinzip der dreifachen Umschreibung als eine Sublimierung jener Denkbilder[10], wird die Parallelität der beiden Erscheinungen augenfällig; oder doch wenigstens so viel, daß es dieselbe Konstellation ist, die sich im historischen, zugleich auch chymischen Prozeß vergeistigt. Dazu gehört die Umformung oder Umdeutung der alten Zeichen. Die Embleme verbrennen und entstehen wieder in einer höheren, menschlicheren Kategorie. Das genau ist der Gegenstand seiner hesperischen Gesänge. Doch der Weg zum hesperischen Frieden, an dem, gegen alle Erfahrung, festzuhalten ist, darf nicht am Orkus der Geschichte vorbeiführen, der das Wesentliche mit dem Unwesentlichen gefangen hält. Jene durchgängigen, mythisch vorgedachten Gedanken sind dem Vergessen zu entreißen: eine der Arbeiten, die dem Dichter, wie Herakles, auferlegt sind. Nicht anders – historischkritisch im Gegensinn – durchzog der Heros die Erde, um sie von den obskuren Relikten ihrer Vergangenheit zu reinigen.

Wunderbarerweise wiederholt sich an dieser Stelle das Ringen mit dem finsteren Thanatos. Der Tod selbst wird sublimiert, dergestalt umgeschmolzen, daß nur noch die Sense übrig bleibt und diese entspringt als Roß nach der anderen Seite. Aus Hippe wird ἵππος:

*das Grün aber ernähret das Roß*
*Und den Wolf in der Wildniß, aber des Todes denkt Einer*
*Kaum, und der Jugend Haus fassen die Seher nicht mehr.*[11]

---

1 Vgl. *Sechs theosophische Punkte* II.
2 *Brod und Wein* VI, v. 120-122 (Historisch-Kritische Ausgabe (HKA) 6, 256; Kritische Textausgabe (KTA) 6, 114); vgl. *Neun editorische Übungen* VII.

3

Auf das Griechische ist, mit *der Jugend Haus*, ausdrücklich hingewiesen. So gewagt der Bedeutungswechsel kraft Assonanz erscheint, er schärft den emblematischen Gegensatz von Gier und Endlichkeit zur unmittelbar einleuchtenden Oppositionsfigur, zu Metaphern des Widerstreits überhaupt, den eine ebenso gewagte Trope wieder auflöst: *Grün* für Natur[12]. Das Gold der Alchemie hat keine andere Farbe. Wo die Natur zu Bewußtsein kommt, wird die *Wildniß* heilig. Dasselbe gilt für die Sprache als andere Natur.

Der Sprung im Bild macht die Differenz sichtbar: die Entfernung des gedankenlosen Denkens vom wirklich Wahren. Was wie ein Fehler erscheint, daß *das Grün* auch *den Wolf* ernähre, erklärt die untergeschobene Moral für falsch. Andererseits ist *Wildniß* der menschenlose Raum und es ist tiefere Ironie, wenn sich die Figur auf Menschliches beziehen läßt: nicht nur auf allgemeine Komponenten wie Unersättlichkeit und Beschränkung oder im Sinn der zuvor erläuterten Tafel, sondern, entsprechend der metaphorischen Tradition, auf das spezifisch Unmenschliche am Priester- und Gelehrtentum[13].

Damit ist nur der erste Schritt getan. Wie Daniel Stoltzius von Stoltzenberg in seiner Vorrede empfiehlt, sind die Tafeln wie die Schriften gegeneinander zu halten[14].

In der Myliusschen Parallele, ein Kalenderbild des Juni, beginnt ein goldenes Zeitalter. Im Rücken des wohlgestalten Saturn steht ein Fruchtbaum in Blüte; die Blumen dagegen werden zu Heu. Der Wolf, Sinnbild der alten Begierden, ruht friedlich am Höhleneingang, vor sich das herzförmige Gefäß, in dem sich die alten Wünsche sublimierten. In die Mitte gerückt, der Schmelzofen (*In solcher Esse wird dann / Auch alles Lautre*

---

12 Vgl. *Grün*, Innentitel.
13 Vgl. zu *Wolf*: Matth. VII,15; zu *Roß*: Jes. XXXI, 3.
14 ...*als habe ich der Philosophen Schrifften / so Sie zusammen gepfleget / gegen einander gehalten / vnd endlich derselbigen Figuren* illustration *und erleuterung herbey gebracht...*

*geschmiedet*[15]), dient jetzt als Altar. Darauf steht ein sonderbares Gebilde, geformt aus drei übereinander geschichteten Früchten, deren oberste einer Brust ähnelt: Huldigung an die Omnipotenz der Mutter.

Auf diese geheimnisvolle Realie zeigt Luna, während sie den Schwan gegen das Zepter des Königs eintauscht. Der hält einen flügelschlagenden Phönix in der Linken; offenbar die erneuerte Gestalt des eingeschläferten Wolfs[16]. Mit diesen Geschenken feiert das umgeschmolzene Brautpaar die chymische Hochzeit. Aus der Umordnung der Elemente, aus ihrer Verwandlung und Vertauschung, bildet sich eine neue Konstellation, harmonischer als die erste, in der sich die aorgischen Mischungen von Feuerluft und Wassererde unvereinbar gegenüberstanden. Das *unschuldig Wasser*[17], im Sinnbild der Lilie oder des Schwans, tritt zum besänftigten Feuer, während sich unter dem Zepter der aufgegebenen Herrschaft halkyonische Heiterkeit über die Erde breitet. Wie Begierde in Begeisterung, hat sich die Eitel-

15 *Der Rhein*, v. 81, 82.
16 *Brod und Wein* V, v. 159-160 (HKA 6, 252; KTA 6, 110).
   *Sanfter träumet und schläft in Armen der Erde der Titan,*
      *Selbst der neidische, selbst cerberus trinket und schläft.*
17 *Patmos*, v. 13-15:
   *So gieb unschuldig Wasser,*
   *O Fittige gieb uns, treuesten Sinns,*
   *Hinüberzugehn und wiederzukehren.*

keit (worauf die Pfauenfeder der ersten Tafel verwies) in metaphysische Fruchtbarkeit oder Fantasie verwandelt.

Es scheint, als habe Hölderlin beide Tafeln einer zweiten, ausführlicheren Deutung unterzogen, jedenfalls drängt sich dieser Eindruck auf, wenn man den Inhalt der Strophe *Reif sind, in Feuer getaucht...* auf diese chymischen Bildchiffren bezieht. Einzigartig schon die Erklärung der dreifachen Sublimation in einem Paradigma, das die strukturalistische Grundfigur[18] vorprägt und unter sich läßt:

*Reif sind, in Feuer getaucht, gekochet*
*Die Frücht und auf der Erde geprüfet*[19]

Die exakte Beschreibung des Reifeprozesses, entspricht genau den chymischen Graden, die offensichtlich dem gleichen Naturzyklus entlehnt sind: Hitze, Gärung und Fäulung.

*und ein Gesez ist*
*Daß alles hineingeht, Schlangen gleich,*
*Prophetisch, träumend auf*
*Den Hügeln des Himmels.*

Ein Sterben, das keins ist; die Fäulnis greift den so gereiften Kern nicht an. In der erstarrten Erde bildet sich das neue Leben, geweissagt oder gedichtet, deswegen nicht obskur, sondern mit höchster Gewißheit. Die transzendentale Dialektik, der Wahrheitsgehalt dichterischer Gedanken, ist im Absterben und Auskeimen der Natur sicher verbürgt und vorgebildet.

Nun folgt eine genaue Beschreibung der Widerstreitsfigur im Vordergrund der ersten Tafel:

*Und vieles*
*Wie auf den Schultern eine*
*Last von Scheitern ist*
*Zu behalten. Aber bös*
*Sind die Pfade.*

---

18 Vgl. *Das kulinarische Dreieck* in: *Strukturalismus als interpretatives Verfahren*, hgg. von Helga Gallas, Darmstadt u. Neuwied 1972.
19 *Die Früchte*; Homburger Folioheft 90

Das Zeichen der Endlichkeit, der vom Zeitlauf fast schon verzehrte Mäher, verwandelt sich in einen Lastträger. Gemeint ist das Gedächtnis, dem die Vielheit aufgebürdet ist, für sich betrachtet ebenso ein Schein, wie auch die ersetzte Metapher, die Sterblichkeit, den Anschein des Scheiterns hat. Als Traumbild, das zuweilen die Leiden der Ausgestoßenheit lindert, enthüllt zwar jene *Schönheydtslinie*[20] über dem Rücken die Untergänge als Übergang, jedoch nur in der Idealität einer *intellectualen Anschauung*[21], die den Zustand des Wirklichen ins Bewußtsein, aber damit längst noch nicht aufhebt. Ist das Böse etwas (was er andernorts bestreitet[22]), so in der Nichtigkeit des einseitig hinkenden Gedankens, es sei[23].

Also zielt die moralische Chiffre auf das Irren schlechthin, im Hinken des verkrüppelten Denkens, wie im reißenden Wolf, den die Unersättlichkeit hinaustreibt.

Im nächsten Grad der Erklärung führt Hölderlin die vordergründige Zwietracht auf das Seelengleichnis im *Phaidros* zurück. Weil zwei verschiedenartige Rosse an einen Wagen geschirrt sind, fällt es schwer, in der Spur zu bleiben[24]. Nur korrigiert der Plural *Rosse* Platons moralische Ansicht, eines sei edel und gut, das andere von entgegengesetzter Art.

*Nemlich unrecht,*
*Wie Rosse, gehn die gefangenen*
*Element' und alten*
*Geseze der Erd.*

Die Vorstellung von gefangenen Elementen und alten Gesetzen der Erde ist echt alchemistisch. Das Gefangengehaltene

---

20 Vgl. Karl Philipp Moritz, *Die metaphysische Schönheitslinie*.
21 Nur der *intellectualen Anschauung* ist das *Seyn schlechthin* sichtbar; in diesem Sinn schon das Jenenser Blatt *Seyn/Urtheil*.
22 *Die Titanen* (*An die Madonna*, v. 84; vgl. *Neun editorische Übungen* II): *Nichts ists, das Böse;* vgl. *Vieles wäre zu sagen davon.* S. Bruno Liebrucks, *Sprache und Bewußtsein*, Bd. 7, Bern 1979, 809f.
23 Vgl. *Neun editorisch Übungen* I, Anm. zu v. 73 und *Hüfte*.
24 Steph. 246aff.

muß freigelassen, das Alte erneuert werden. Die Rede vom alten Zustand enthält schon die Möglichkeit eines neuen. Daran ist, unter allen Umständen, auch den schlimmsten, festzuhalten — am Gedanken eines erneuerten Himmels und einer neuen Erde[25]. *Es werde von Grund aus anders!*[26]
*Und immer*
*Ins Ungebundene gehet eine Sehnsucht. Vieles aber ist*
*zu behalten. Und Noth die Treue.*
Der figürliche Widerstreit klärt sich zur ontologischen Aporie. Zu Bewußtsein kommt der vor Ort nicht, jedoch in intellektualer Anschauung auflösbarer Widerstreit von Einheit und Vielheit. Im *und* ist die Möglichkeit jener Verbindung schon manifest: *Εν και παν!*[27] In der Wirklichkeit konstituiert sie sich in der Zeit überhaupt, oder als Kunst. Hier glänzt der Gedanke selbst, als metaphysische Linie, über den Schultern des abgearbeiteten Titanen, oder überschattet als Fruchtbaum seine saturnalische Apotheose. Der Gesang fügt beide Zeichen, das philosophische und das natürliche, als übereinstimmend zusammen. Dennoch bleibt die Schwierigkeit und zwingt zur Ellipse: *Und Noth die Treue.* Die Wirklichkeit der Vereinzelung muß ertragen, die Sehnsucht nach dem Vollkommenen darf nicht verworfen werden. Keinem von beiden ist mit blinder Anhänglichkeit gedient. Aber aus Unwilligkeit, Unkenntnis und Kunstlosigkeit scheint alles, wie der Wolf außerstande, im Sprung umzukehren, und wie der gebückte, selbst schon ertötete Mäher, der gezwungen ist, sich vorzusehen, unfähig, aufzuschauen und zu sagen: *So will ich auch seyn*[28]:
*Vorwärts aber und rükwärts wollen wir*
*Nicht sehn. Uns wiegen lassen, wie*
*Auf schwankem Kahne der See.*

---

25 Apoc. XXI,1-5
26 *Hyperion* I, 159; II, 35
27 Vgl. *Nordost*, Anm. 2 und *Das älteste Systemprogramm*, Anm. 26.
28 *Phaëton-Segment* I: *Darf, wenn lauter Mühe das Leben, ein Mensch aufschauen und sagen: so will ich auch seyn? Ja.*

## III
*Hyperion elegit me*

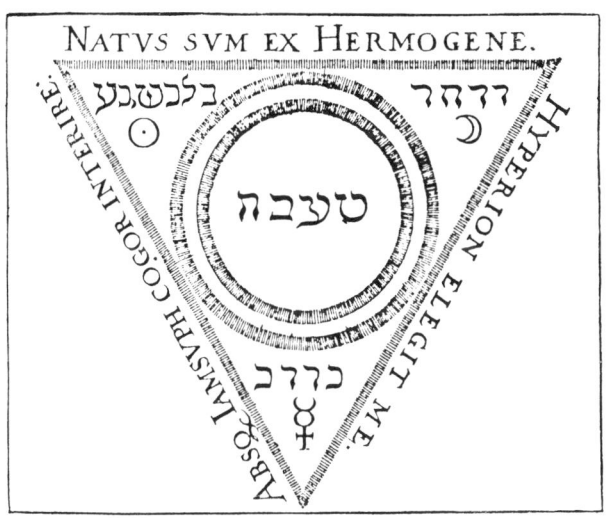

Am 23. Mai 1800, wenige Tage vor seinem Abschied aus der Frankfurter Gegend, schreibt Hölderlin der Mutter: *Ich habe diese Tage eine Freude erlebt, die Ihnen auch Freude machen wird. Ein Kaufmann aus Frankfurt, den ich nur einmal bei meinem dortigen Aufenthalte gesehen hatte, hat mir so unbekannter weise ein Geschenk mit einem Buche gemacht, das auch mehr als eine Attention besagt, da sein Werth wohl wenig unter 100 fl. beträgt. Ich will den edeln Mann noch besuchen und ihm so danken, wie ers verdient.* Adolf Beck vermerkt: *Nichts Näheres bekannt*[1].

Dennoch sind Fragen zu stellen und Antworten zu finden, die bei aller Unbewiesenheit immer noch mehr Kenntnisse vermitteln, als ein disziplinicrtes Schweigen angesichts der Lücke.

Welchen Anlaß hatte der Unbekannte, dem aus Frankfurt

---

1 StA 6.2, S. 1022

entfernten Dichter ein solches Geschenk zu machen? Immerhin entsprach der angegebene Wert einem Viertel des dort üblichen Hofmeisterjahresgehalts[2].

Warum nennt Hölderlin den Titel nicht und warum gibt er der Mutter auch sonst keinen Fingerzeig?

Eine alte Klassiker-Ausgabe, deren er einige besaß[3], scheint es nicht gewesen zu sein. Der Rest seiner in Nürtingen verbliebenen Bibliothek, 78 Titel, darunter einige aus der Mitte des 16. Jahrhunderts, wurde 1843 auf insgesamt nur 6 Gulden 20 Kreuzer taxiert[4]. Dagegen würde der chymische Inhalt, mit dem außerordentlich hoch veranschlagten Preis (der sich aus der zeitgenössischen Nachfrage nach authentischen, zudem noch anschaulichen und verständlichen Quellenschriften rosenkreuzerischer und frühmaurerischer Provenienz ergäbe[5]), auch das Stillschweigen gegenüber der orthodox-protestantischen Mutter erklären.

Auf die Frage jedoch, was den Fremden bewogen haben mag, ein so kostbares Buch zu verschenken, gibt das *Chymische Lustgärtlein* eine Antwort. Der *zehende Schlüssel Basilii* ist ein mystisches Dreieck mit eingeschriebener Iris, vier hebräischen Namen und einer dreiteiligen, umlaufenden Inschrift; rechts abwärtslaufend: *Hyperion elegit me*[6].

---

2 Hölderlin und Hegel erhielten 400 Gulden jährlich.
3 Z. B. den ersten Band der Pindar-Stephaniana von 1560; Sophokles von 1555 und weitere; vgl. StA 7.3, S. 388ff.
4 Das ist, auch für damalige Verhältnisse, skandalös niedrig angesetzt. Der Nürtinger Taxator bemerkte hierzu: *Da diese Bücher veraltet sind, konnte der Anschlag nicht höher genommen werden.* Wie das stattliche Barvermögen Hölderlins, 12.959 fl, wurden auch die Sachwerte im Verhältnis 7/8 zu 1/8 zwischen Hölderlins Schwester und dem Stiefbruder geteilt. Die niedrige Taxe verringerte den an Karl Gok auszuzahlenden Anteil.
5 Eine Hypothese, die dem ausgebreiteten Logenwesen im späten 18. Jahrhundert Rechnung trägt.
6 In der verdeutschten Ausgabe der *Duodecim Claves* von 1687 lautet die Inschrift: *Von Hermogene bin ich gebohrn,/ Hyperion hat mich auserkohrn,/ Ohn Jamsuph bin ich gar verlohren.*

## Zwölf chymische Zettel III

Im Herbst 1799 war der zweite Band des *Hyperion* erschienen. Er endet mit der Konjunktion von Sonne und Mond an einem Himmel und Sätzen, die auch als Quintessenz chymischen Nachsinnens gelten dürfen[7]. Jener vermögende und gebildete Mann muß diese Übereinstimmung wahrgenommen haben. Jedenfalls hätte er mit seinem Geschenk mehr für den Geist getan, als andere mit Büchergebirgen[8].

---

7 Bd. 2 (1799), S. 120: *...o wie der Mond, der noch am Himmel blieb, die Lust des Tags zu theilen, so stand ich Einsamer dann auch über den Ebnen...*; S. 124: *Geschiehet doch alles aus Lust, und endet doch alles mit Frieden./ Wie der Zwist der Liebenden, sind die Dissonanzen der Welt. Versöhnung ist mitten im Streit und alles Getrennte findet sich wieder./ Es scheiden und kehren im Herzen die Adern und einiges, ewiges, glühendes Leben ist Alles./ So dacht' ich. Nächstens mehr.*

8 Unter den Papieren Hölderlins fand Karl Gok die Freimaurer-Schrift: *Bei der Todtenfeier unserer Brüder Joh. David Gogel, Joh. Heinrich Diest, Abraham Chiron, in der Loge zur Einigkeit in Frankfurt am Man den 7. Aprilis 1798. An die Urne niedergelegt von Br. Dr. Ehrmann.* Der Verfasser der *Todtenfeier,* dessen *antiquarischen Reichtum* Goethe, in Bezug auf die *Steinmetzen-Bruderschaft,* rühmt, käme am ehesten in Betracht, doch spricht Hölderlin ausdrücklich von einem Kaufmann; überdies verkehrte Dr. Ehrmann in der Gontardschen Familie und ist dem Dichter sicher mehr als einmal begegnet. Doch kann es sich anders verhalten; auch ist ein Irrtum über die wahre Identität des Wohltäters nicht von vornherein auszuschließen. Seltsam muten an dieser Stelle die Namen Diest und Chiron an; Diest ist der Vater des preußischen Leutnants, der 1820 die erste Sammlung der Gedichte betrieb; der Kentaurenname *Chiron* erscheint als Titel der für Wilmanns Taschenbuch 1805 überarbeiteten Ode *Der blinde Sänger.* Vielleicht führt aber auch der bisher nicht befriedigend aufgehellte Name *Hartmann* auf eine Spur. Er befindet sich in der Liste derjenigen, denen Hölderlin im Frühjahr 1804 ein Exemplar der Sophokles-Übersetzungen zugedacht hat. Seit dem Erscheinen des letzten *Hyperion*-Bandes wäre dies die erste Gelegenheit zu einer Gegengabe gewesen. Nach dem Vorgebrachten ist immerhin zu erwägen, daß der Unbekannte jener Frankfurter Loge angehörte.
Die Materialien hierzu wurden von A. Beck gesammelt und bereitgestellt (vgl. StA 7.2, 532f.).

## IV
### *Nabel dieser Erde*

Das Motiv ist aus dem chiliastischen Triptychon bekannt, das Hieronymus Bosch, nach Wilhelm Fraengers einleuchtender Erklärung[1], im Geist eines adamitischen Geheimmeisters malte; dort vereinigt sich die entfaltete Vielheit zum Reigen um das Weltauge und bevölkert schließlich eine unabsehbare und friedliche Landschaft. Zu Gesprächen und Zärtlichkeiten ziehen sich die gerade erwachsenen Kinder in Früchte, Blüten und Fruchtblasen zurück. Der *Neundte Schlüssel Basilii*, mit dem spielerisch zur Vierheit zusammengefügten Menschenpaar auf einem gläsernen Kreis, der ein tiefsinniges Kleeblatt von Herzschlangen umschließt (beachtenswert die mikroskopische Wahrheit),[2] bewahrt noch Reste jener heiteren Weisheit. Später spricht Swedenborg, in seiner quasirationalen Beschreibung der Transzendenz, vom Himmel als einem Menschen[3].

---

[1] *Das tausendjährige Reich*, Coburg 1947
[2] Vgl. *Neun editorische Übungen* IV; *Der Einzige*, v. 75, 76.
[3] *De Coelo et ejus mirabilibus...*, London 1758, § 59-86

Zwölf chymische Zettel IV

Die hier gezeigte Figur steht am Anfang der 28teiligen Folge aus der *Philosophia reformata* des Johann Daniel Mylius[4]. Dargestellt ist die Zerteilung der *prima materia* in die vier Elemente. Es ist der alte Mensch, der aufgelöst und in mündiger, sonnenhafter Gestalt wieder auferstehen soll.

Wie nicht anders zu erwarten, beginnt das alchemistische Werk, das metallurgische und psychagogische Operationen in eins setzt, mit einer Analyse, die nicht nur die elementaren Zustände ins Bewußtsein hebt, sondern auch ihre Konstellation. Feuer und Luft sind durch eine Schlucht getrennt; der Salamander in seiner Flamme und zwei Vögel, von denen der eine mit den Flügeln schlägt und schreit, der andere abgewendet brütet. Mit apokalyptischem *Feuer* und *Waldgeschrei* beginnt auch einer der letzten vollendeten Gesänge[5]. Die Erde dage-

4 Vgl. VI.
5 III*A*, v. 1-5; vgl. *Geschrei*, Anm. 3.
*Jezt komme, Feuer!*
*Begierig sind wir*
*Und wenn die Prüfung ist*
*An die Brutfedern gegangen*
*Mag einer hören das Waldgeschrei.*
An dieser Stelle hellt das chymische Emblem die später aufgegebene Chiffre auf. Beidemale ist das gleiche Verhältnis von sehnsüchtigen und gleichgültigen Gedanken abgebildet. Das Sinnbild selbst dürfte von der Messiasrede Jesaja IX-XI (bes. X,14) abgeleitet sein. Über-

gen, genauer die lunare Menschheit, steht mit beiden Beinen und auf den ersten Blick mit gebundenen Füßen im Wasser; ein Sachverhalt, auf den auch Hölderlin hinzuweisen scheint[6].

Die Mondfrau nährt einen Sonnensäugling am Herzen. Dementsprechend ist auch die Fruchtblase, aus der ihr Nabel, das Malzeichen fleischlicher Geburt, so auffällig hindurchscheint, nicht die Erde, sondern ihr *Ebenbild*[7], mit seinen charakteristischen Flecken. Rechts und links rieselt Sand von den Wänden, ein versteckter Hinweis auf den ersten Grad der chymischen Kunst, *Calcinatio* oder *Pulferung*[8]. Eine ähnliche Tafel, vom gleichen Stecher, doch einem anderen Werk entnommen, ist *Gebährung*[9] überschrieben. Bezeichnenderweise erscheint hier und in anderen Fällen, der am stärksten chiffrierte Gesichtspunkt als Überschrift.

Darauf, wie auf die alten anthropomorphen Weltbilder im buchstäblichen Sinn, bei denen im Norden des Erdkreises das Haupt, im Westen und Osten die Hände, im Süden die Füße des Menschen zu sehen sind, auch auf die Vorstellung von einer mythischen Erdmitte, wie im antiken Delphi, bezieht sich die *Nabel*-Metapher in der Vorstufe zu *Apriorität*:

*Frankfurt aber, nach der Gestalt, die*
*Abdruk ist der Natur,*
*Des Menschen nemlich, ist der Nabel*
*Dieser Erde, diese Zeit auch*
*Ist Zeit, und deutschen Schmelzes.*[10]

---

dies enthält der Gesang noch weitere Kongruenzen. Das Donautal bei Beuron und die chymische Landschaft stimmen imaginär überein:
*Nicht ohne Schwingen mag*
*Zum Nächsten einer greifen*
*Geradezu,*
*Und kommen auf die andere Seite.*
6 Vgl. I, Text zu Anm. 12.
7 Vgl. *Brod und Wein* VI, v. 14.
8 So in der 5. Figur dieser Folge, mit welcher das eigentliche *Opus* beginnt.
9 Vgl. VI.
10 Vgl. *Neun editorische Übungen* V, II C.

Sofern er selbst und sein besonderes Geschick eine Signatur des Allgemeinen ist und dort ein neues Leben begann, ist Frankfurt das neue Delphi. Später tilgt er die antike oder chymische Allusion und vergleicht sich mit dem fliehenden Menschen auf der hesperischen Karte[11].

---

[11] Sichtbar auf den Karten des Heiligen Römischen Reichs Deutscher Nation.

V

*Der Fund*[1]

Wie im *Hyperion* stehen sich Sonne und Mond gegenüber. Ein Platzregen verschleiert die Aussicht, doch über der abziehenden Wolke spannt sich der Friedensbogen, unter dem sich das symbolische Paar vermählt[2]. Auf der 6. Figur der *Duodecim claves*[3] vollzieht ein Priester die Trauung; hier jedoch ein Ratsherr, barhaupt, den Hut in der Hand. Es ist der verkleidete Gott selbst, der in dieser Gestalt verweilt, während die mythologische sich verklärt und die Werkstatt verläßt. Seine Augen folgen kaum merklich der scheidenden Erscheinung, und diese deutet zurück auf den *zweyfach feurigen Mann*[4], dessen Glut er gelöscht hat.

---

1 Vgl. *Rathsherr*.
2 *Heimkunft* V, v. 79,80 (HKA 6, 313; KTA, 86):
   *Aber das Beste, der Fund, der unter des heiligen Friedens*
      *Bogen lieget, er ist Jungen und Alten gespart.*
3 Die erste Bildfolge des *Chymischen Lustgärtleins* (hier Zettel I-III).
4 Der Text zur entsprechenden Figur der *Duodecim claves* lautet:
   *Wenn die Fraw dem Man coniungirt, drauff sie vom Samen Frucht*

Zwölf chymische Figuren V

Das statische Nebeneinander der früheren Tafel ist ingeniös dynamisiert. Dem Forteilenden zuliebe hat der Kupferstecher die starre Symmetrie der Vorlage aufgegeben und vor allem die von *Neptunus* bediente Destille weggelassen. Dennoch ist die Komposition nicht einfach von links nach rechts zu lesen. Den drei im Halbkreis angeordneten Prozeßstufen entspricht der oben sichtbare Witterungswechsel. Diese Beobachtung nötigt den aufmerksamen Betrachter, eine Kalamität der Darstellung zu korrigieren: die vom Aquarius herangeführte Wolke löscht den zornigen *Aufruhr*[5] der Esse im Vordergrund.

*gebiert: Wenn Neptunus sein Wasser bad Vollkommen zubereitet hat: So muß ein zweyfach/fewrigr Man Gespeiset werdn mit eim weissen Schwan: Die müssn zusammn ertödten sich/ Vnd widrumb werden lebendig. Die vier Wind werden braussen sehr/ Daß der König mit grosser Ehr Durchs Fewer seiner lieben Braut werd zugefügt/ die ihm vertrawt.* In den Reimen zur Myliusschen Version heißt es dagegen: *Gleich wie nach Regen tritt herein Der schön und lieblich Sonnen schein: Also nach zorn kompt widerumb Viel grösser lieb/ in einer Summ. Was du vor von einander bracht Vereinig widrumb jetzt mit macht: Damit viel Samen kräfftiglich Mit vielen Kindern segne dich. Vnter deß wird Neptunus nu Ein warmes Bad recht richten zu:* [Im nächsten Zyklus folgt auf die Konjunktionsfigur *Das Philosophische Fewr* und *Das Philosophische Bad* (LXIII, LXIV)] *Auff daß beyde sampt Mann vnd Weib Fein sauber waschen ihren Leib.*

5 *Homburger Folioheft*, 47: 9-14:
Und wohl duftet gelöscht
Von oben der Aufruhr.

6

Hier täuscht der erste Eindruck: jener neue Bund wird erst nach dem Guß und unter dem Regenbogen geschlossen. Zum heiter scheidenden Gott der Geschichte[6] gehört die im Hintergrund aufscheinende Klarheit.

Bemerkenswert überhaupt, wie entbehrlich die *Aschenbläserei*[7] der früheren Tafel wurde. Die komplizierte Apparatur ist aufs Wesentliche reduziert. Hieroglyphe einer Verwüstung, die endlich zu bannen ist.

Durch asymmetrische Verschiebung rückt die Konjunktionsgruppe hinter das brennende Janushaupt[8], Abbild des Krieges schlechthin. Dieser Kunstgriff parallelisiert die entgegengesetzten Signaturen und legt — mit der kontrapunktischen Engführung beider Motive — eine vergleichende Dechiffrierung nahe. Nun erst kommt das Übel heraus: der Makel des feurigen Adversarius ist nicht etwa der Gegensatz überhaupt, sondern die einseitige Form, in der er stattfindet. Weil das kategorisch andere als Gegenprinzip verleugnet oder verdrängt wird, konstituiert sich die Polarität innerhalb des separierten Prinzips, als Perversion der natürlichen Verschiedenheit.

Parteigeist als Syndrom männlicher Alleinherrschaft[9].

Insofern täuscht auch die Gestalt des antithetischen Wassergeistes. Ätiologisch richtiger wäre seine Flut als *Zorn der Natur-/Göttin*[10] zu erklären. Erst danach ist Umkehr möglich.

---

6 Der Dreizack ist Atttribut des *Erderschütterers* Poseidon. Als Wassergottheit und Wettermacher ist er auch Herr der Geschichte. Hölderlin setzt *Wetter* oder *Witterungen* als Chiffre für die alten historischen Umschwünge. Zu erinnern auch, daß das Aquariuszeichen das letzte winterliche Sternbild ist und im alten römischen Kalender am Schluß des Jahres stand.

7 Johann Valentin Andreä in der Vorrede seiner 1619 erschienenen Utopie *Christianopolis*.

8 Seine Pforte am Forum sollte, nach Numas Bestimmung im Frieden geschlossen werden. Sie stand fast immer offen.

9 Vgl. *Grabschrift für einen Dichter* (Volker von Törne) XXVII.

10 *Homburger Folioheft*, 89: 6,8: ... *wie ein Ritter, gesagt von Rom* ... Wen Hölderlin hier zitiert, ist noch nicht ermittelt; wahrscheinlich ist jener anonymer *Ritter* im hier erschlossenen Umkreis zu suchen.

## Zwölf chymische Zettel V

Statt der Agitation nach beiden Seiten sehen sie sich wie zum ersten Mal und reichen sich die Hände:
>     *und nicht geweissagt war es, sondern*
> *Die Loken ergriff es, gegenwärtig,*
> *Wenn ihnen plözlich*
> *Ferneilend zurük blikte*
> *Der Gott und schwörend,*
> *Damit er halte, wie an Seilen golden*
> *Gebunden hinfort*
> *Das Böse nennend, sie die Hände sich reichten —* [11]

---

[11] *Patmos*, v. 128-135; vgl. auch v. 119, 120:
>     *Und es grünen*
> *Tief an den Bergen auch lebendige Bilder*

## VI
*Wo der Sand fällt, und sich spaltet/ Des Feldes Fläche*[1]

Das Nichts zwischen den Dingen ist die Stelle des Denkens; dorthin muß es sich versetzen. Wer irgendwo steht, darüber oder darunter, auf einer der Seiten, lebt noch in der Wildnis[2].

---

1 In *Patmos* hat Hölderlin die hier und in IV dargestellte Situation als diejenige des greisen Johannes identifiziert und beide Tafeln fast minuziös beschrieben (v. 68-73):
                *und ihre Kinder*
*Die Stimmen des heißen Hains,*
*Und wo der Sand fällt, und sich spaltet*
*Des Feldes Fläche, die Laute*
*Sie hören ihn und liebend tönt*
*Es wieder von den Klagen des Manns.*
2 Zu denken beginnt man, wenn nichts mehr gilt und alles gesetzt ist. Was gemeinhin dafür gilt, ist, als notwendige Vorform, zwar die Norm, doch unter seiner Möglichkeit. Freuds ernstgemeinte Definition umreißt, über der Immanenz, doch immer auf sie fixiert, das Quasiinstinktive am geltenden Begriff: *Denken ist ein probeweises Handeln mit kleinen Energiemengen, ähnlich der Verschiebung kleiner Figuren auf der Landkarte, ehe der Feldherr seine Truppenmassen in Bewegung setzt.* (Studienausgabe I, Frankfurt 1969, 254)

Im Zwiespalt löst sich das zersetzende Gift, das für Recht gilt. Der Fluch über dem Land, die starren Blicke der Verantwortlichen, die unsäglichen Agitationen, der Wahnsinn des Parteiischen, all das verschwindet in seiner finsteren Stille.

Der Benutzer des Ulmer Exemplars hat die helle Kante der Schlucht angestrichen[3]. *Wo der Sand fällt, und sich spaltet des Feldes Fläche*[4] sitzt ein Greis; derselbe, der in der vorher beschriebenen Tafel zugleich als Ratsherr und Zeitgott auftritt. Er ist nicht ganz bei sich; *anima* und *spiritus* schweben in schwalbenähnlicher Gestalt außerhalb. Mit ihren ausgebreiteten Schwingen schützen sie ihn vor *Feuer und Rauchdampf*[5] der entfesselten Gegensätze. Über ihm stehen, wie eine Krone oder ein Weh, zwei große und fünf kleine Sterne. Der Rabe im Vordergrund zeigt seinen Zustand an – Umnachtung, in einer späteren Figur[6] das Gestorbensein. Dort fehlen weder die Win-

---

3 Vgl. die Abb. in C.G.Jung, *Psychologie und Alchemie*, Werke Bd.12, Olten 1972, S.137. Außerdem finden sich dort die Tafeln zu I (S. 337), II Anm.16 (427), IV u. Anm.4 (369, 398) und Anm.6 (269).
4 In der *Bhagavadgita* befragt Arjuna seinen Wagenlenker – eine Inkarnation des Gottes Krishna – zwischen den kampfbereiten Heeren über das Wesen der Welt. Homer schildert Achilles in seiner Verfinsterung, in sich gekehrt und teilnahmslos, bis zu seinem Tod außerhalb des Streits um Helena. Jakobs Kampf mit dem Engel findet vor dem drohenden Bruderzwist mit Esau statt. Die Welt verdorrt zur Wüste. In ihr ist nichts mehr, woran sich das Bewußtsein halten könnte. Erst danach findet es seine Sprache und sich als etwas wieder, das sich am *Seyn* erkennt (vgl. *Z*, Anm.4). Die Eremitage ($\epsilon\rho\epsilon\mu\iota\alpha$ = Wüste) ist auch Hölderlins Chiffre. Die gleiche Einsicht erscheint aber auch als poetologische Maxime (vgl. *Einwärts*, Innentitel).
5 Vgl. Joel II,3 und Apg. II, 19. Hölderlin verwendet das Begriffspaar im hymnischen Paralipomenon *Lebensalter* und im Homburger Folioheft 15:
      *und Feuer und Rauchdampf blüht*
*Auf dürrem Rasen*
Zurerst: *Ein heimlicher Ort*; vgl. *Der Einzige*:
      *Der Ort war aber*
*Die Wüste.*
6 Nach C.G.Jungs Angaben aus dem *Viatorium Spagyricum* von Herbrandt Jamsthaler, Frankfurt 1625 (!); im *Chymischen Lustgärtlein*

de, noch die Gestirne, auch nicht jene gefiederten Genien, an die Hölderlin im Homburger Folioheft erinnert:

*Knaben spielen*
*Perlfrischen Lebens gewohnt so um Gestalten*
*Der Meister oder der Leichen, oder es rauscht so um der*
*Thürme Kronen*
*Sanfter Schwalben Geschrei.*[7]

---

die 6. Figur der letzten 13 teiligen Serie, die augenscheinlich von einem anderen Stecher herrührt.

7 Vgl. *Geschrei*, Innentitel.

VII
*Die Entscheidung*[1]

Die Tafel mit den drei Quellgeistern erscheint als einzige der Stoltzenbergschen Sammlung zweimal[2]: eine Grotte in den Wolken, in welcher vier Pilger Wasser schöpfen. Oben ist der geschwungene Rand der Hügel oder des Himmels sichtbar, harmonisch durchschnitten von den Windungen einer nach zwei Seiten auseinandergleitenden Schlange, die, ähnlich den doppelten Schwingen auf der *Mercurius*-Figur, wie eine Überschrift entziffert werden soll[3]: ein und dasselbe, in sich ent-

---

1 Überschrift im Homburger Folioheft 55.
2 Als *LXI. Figur* zu Beginn einer zwanzigteiligen und, daran anschliessend, als *LXXXI. Figur* zu Beginn einer dreizehnteiligen Serie (vgl. (VI), Anm. 5). Beide Bildfolgen, wie auch die vorhergehende achtundzwanzigteilige aus der *Philosophia reformata* von Johann Daniel Mylius von 1622, stammen vom gleichen Künstler. Im Unterschied zu den anderen sind diese drei homogenen gearbeiteten Zyklen numeriert.
3 Vgl. I, Anm. 7.

gegengesetzt. Ihre Doppelheit wiederholt sich in den Ausgängen des Scheidewegs, dessen Ort die vier Wanderer paarweise, wie es scheint einträchtig, in verschiedene Richtungen verlassen[4]. Den geschulterten Stäben nach sind es dieselben, die sich *im Reegen der Grotte*[5] so unterschiedlich verhielten. Der Phlegmatische, der seinen Stab beiseite gelehnt hat, geht mit dem Cholerischen, der ihm die Schale vom Mund riß, in die Helligkeit hinaus. Auf der anderen Seite tut sich der Sanguinische mit dem Melancholischen zusammen, der an der Mondseite des hinteren Brunnens trank.

Anders als in der Eingangstafel der *Philosophia reformata*, die *Deß Steins zertheilung in die vier Elementa*[6] durch bildhafte Embleme anschaulich macht, ist hier eine parabolische Form gewählt. Die Grundverhältnisse, Vierheit, Dreiheit, Zweiheit und Einheit, verschränken sich auf engstem Raum. Wie in Jacob Böhmes *Trost=Schrift*[7], übrigens gleichfalls von

---

4 Die Situation erinnert entfernt an die der *Tabula Cebetis*, eine weitverbreitete Allegorie des Tugendweges, auf die sich auch das merkwürdige Rätsel in *Mnemosyne* beziehen könnte:
    hälftig, da, vom Kreuze redend, das
*Gesezt ist unterwegs einmal
Gestorbenen, auf hoher Straß
Ein Wandersmann geht zornig,
Fern ahnend mit
Dem andern, aber was ist diß?*
Vgl. Lieselotte E. Kurth-Voigt, *Die ‚Tabula Cebetis' und ‚Agathon'* in Jb. d. dt. Schiller-Ges. 1979, 222ff. Die dort gezeigte Abbildung stammt von Matthäus Merian d. Ä. (1593-1650), seit 1624 gleichfalls in Frankfurt, im gleichen Kreis, dem auch Lucas Jennis angehörte.
5 Vgl. *Wald*, Innentitel.
6 Vgl. IV.
7 *Cholerisch ist des Feuers Natur und Eigenschaft, giebet starcken Muth, jähen Zorn, Aufsteigen der Hoffart, Eigensinnigkeit, nach niemand fragen. Diese Gestalt scheinet nach der äussern in einem Feuer=Lichte; sie arbeitet nach der Sonnen Gewalt, und will immer gern Herr seyn.
Sanguinisch nach der Luft, ist subtil, freundlich, fröhlich, doch nicht starcken Muths, ist wandelbar, wird leicht bewegt von einem zum*

1624, dienen die vier Komplexionen der Galenischen Medizin als musterhaft didaktische Metapher, zugleich auch als ein Beweis für die Durchgängigkeit der Struktur.

Wenn Hölderlin zu einer ähnlichen Kombinatorik gelangt, so sicher nicht in Abhängigkeit zu einer bestimmten, sondern über die eine, phänomenologisch immergleiche Quelle gebeugt. Ebenso offensichtlich schöpft er aber auch aus dem schier unerschöpflichen Fundus chymischer Chiffren. Die Entlehnung ist zugleich Akt einer Dankbarkeit, die nichts vergißt, eine einfache Betrachtungsweise, die sich sowohl von einem bloß historisierenden Interesse, als auch von der Vernichtung des Geschichtlichen, dem Fortschritt Hegelscher Prägung unterscheidet. Unter dem Axiom, daß der *Bildungstrieb* sich immer gleich bleibe und alles aus einem *gemeinschaftlichen, ursprünglichen Grunde*[8] hervorgehe, kommt es immer auf die Verge-

---

*andern, empfähet natürlich des Gestirns Eigenschaft und Witz in ihrer Essentz, ist züchtig und rein, und führet grosse Heimlichkeit in ihrer Wissene.*
*Phlegmatisch ist nach des Wassers Natur und Eigenschaft, fleischlich, grob und weich, weibisches Willens, mässiges Begriffs, hält aber feste, was sie in sich bekommt: Kunst muß in sie durch Schall und Lehren gebracht werden, sie erfindet sie nicht aus ihrer Wurzel: Sie lässet alles gut seyn, machet ihr nicht Schwermuth, hat einen Glanz vom Lichte, nicht traurig noch hoch fröhlich, sondern alles leicht und gemein.*
*Melancholisch, der Erden Natur und Eigenschaft, wie die Erde kalt, erstarret, finster, traurig und hungerig des Lichtes, immer furchtsam vor GOttes Zorn. (Trost=Schrift/Von vier Complexionen. 3-6)*

8 Hierzu der programmatische Entwurf *Der Gesichtspunct aus dem wir das Altertum anzusehen haben*, den Hölderlin im Sommer 1799 für sein Journal *Iduna* verfaßte: *Wir träumen von Bildung, Frömmigkeit pp. und haben gar keine, sie ist angenommen wir träumen von Originalität und Selbständigkeit, wir glauben lauter Neues zu sagen, und alles ist doch Reaction, gleichsam Rache gegen die Knechtschaft, womit wir uns verhalten haben gegen das Altertum; es scheint wirklich fast keine andere Wahl offen zu seyn, erdrükt zu werden von Angenommenem, und Positiven, oder, mit gewaltsamer Anmaaßung, sich gegen alles erlernte, gegebene, positive, entgegenzusezen. Das schwerste dabei scheint, daß das Altertum ganz unserem ursprüngli-*

genwärtigung des Ganzen an und dies genau leistet der Gesang. Er bringt die Verhältnisse in ihrer Vollkommenheit an den Tag und demaskiert dabei den totalitären Anspruch des Partiellen als einen Übergriff und Fehler, von dem sich zuerst das Denken zu befreien hat. Das *Seyn*[9] selbst erscheint so verdichtet, das

---

*chen Triebe entgegenzuseyn scheint, der darauf geht, das Ungebildete zu bilden, das Ursprüngliche Natürliche zu vervollkommnen, und was allgemeiner Grund vom Untergang aller Völker war, nemlich, daß ihre Originalität, ihre eigene lebendige Natur erlag unter den Formen, unter dem Luxus, den ihre Väter hervorgebracht hatten, das scheint auch unser Schiksaal zu seyn, nur in größerem Maße, indem eine fast gränzenlose Vorwelt, die wir entweder durch Unterricht, oder durch Erfahrung innewerden, auf uns wirkt und drükt. Von der anderen Seite scheint nichts günstiger zu seyn, als gerade diese Umstände in denen wir uns befinden. Es ist nemlich ein Unterschied ob jener Bildungstrieb blind wirkt, oder mit Bewußtseyn, ob er weiß woraus er hervorgieng und wohin er strebt, denn diß ist der einzige Fehler der Menschen, daß ihr Bildungstrieb sich verirrt, eine falsche Richtung nimmt, seine eigentümliche Stelle verfehlt, oder, wenn er diese gefunden hat, auf halbem Wege, bei den Mitteln die ihn zu seinem Zweke führen sollten, stehen bleibt. Daß dieses in hohem Grade weniger geschehe, wird dadurch gesichert, daß wir wissen, wovon, und worauf jener Bildungstrieb überhaupt ausgehe, daß wir die wesentlichsten Richtungen kennen, in denen er seinem Ziele entgegengeht, daß uns auch die Umwege oder Abwege die er nehmen kann, nicht unbekannt sind, daß wir alles, was vor und um uns aus jenem Triebe hervorgegangen ist, betrachten als aus dem gemeinschaftlichen ursprünglichen Grunde hervorgegangen, woraus er mit seinen Producten überall hervorgeht, daß wir die wesentlichsten Richtungen, die er vor und um uns nahm, auch seine Verirrungen um uns her erkennen, und nun, aus demselben Grunde, den wir lebendig, und überall gleich, als den Ursprung alles Bildungstriebs annehmen, unsere eigene Richtung uns vorsezen, die bestimmt wird, durch die vorhergegangenen reinen und unreinen Richtungen, die wir aus Einsicht nicht wiederhohlen, sodaß wir im Urgrunde aller Werke und Thaten der Menschen uns gleich und einig fühlen mit allen, aber in der besondern Richtung die wir nehmen...* Hier bricht der vollständig zitierte Entwurf I ab. In der Überarbeitung II wird ein Konzept zur Fortsetzung angefügt: *unsere besondere Richtung Handeln. Reaction gegen positives. Beleben des Todten durch reelle Wechselvereinigung desselben*

9 Vgl. Z, Anm. 4.

es angestaunt, behalten und bedacht werden kann. Es gibt wenig, was vergleichbar wäre. Diese Tafeln gehören dazu. Sie zeigen die Welt, wie sie ist, und den Menschen, wie er sein könnte. Streitende könnten sich aussöhnen, Verschiedene zusammen gehen. Ohne solche Verbindungen, von Erkennen und Wollen auf der einen, Traum und Bedürfnis auf der anderen Seite, bleibt nichts, wird alles vergessen[10].

---

10 Vgl. VIII, Anm. 3.

## VIII
*Auf getrenntesten Bergen*

Nach ihrer Vereinigung müssen die Liebenden vergehen. Sie verschwinden in der Finsternis eines gemeinsamen Sarkophags, wie jener Greis in der Tiefe des saturnischen Schwermuts[1].

---

1 Vgl. VI.

## Zwölf chymische Figuren VIII

Auf diese *Fäulung* genannte Stufe folgt im 20teiligen Zyklus der Sammlung eine sonderbar verschobene Figur. Jetzt ruhen sie Kopf an Fuß auf einer kahlen Bettstatt, die Füße auf ein kleines, die gekrönten Häupter auf ein größeres Brett gestützt[2]. Ebenso kahl ist die Landschaft; nur eine einzige Pflanze grünt vor einem Abhang, an dem der letzte Schnee liegt. Die Türme und Mauern einer Stadt ragen schwarz über den Hügel. Dahinter erhebt sich ein schattenloser Bergkegel und, wo sich die Körper der beiden kreuzen, ein zweiter pyramidaler Gipfel mit einer dunklen statt einer hellen Burg auf der Spitze.

Offensichtlich illustrieren die Anhöhen mit den unfriedlichen Sitzen verschiedener Geschlechter die Situation der Trennung bei nächster Nähe, die sich überdies noch auf einer dritten Darstellungsebene, in den darüber verharrenden Genien wiederholt.

Der Himmel ist in Bewegung; es scheint zu tauen. Seele und Geist haben als Zweigeteiltes[3] den Körper verlassen. In der vergleichbaren Tafel der letzten Bildreihe ist dieser Zustand befristet[4]: unverhüllt wird von Wiedergeburt und nicht mehr von einer *chymischen* Prozedur gesprochen.

---

2 Im *Homburger Folioheft* 74 findet sich die kryptische Notiz:
*Zwei Bretter und zwei*
*Brettchen apoll envers terre.*
Bemerkenswert das im Text zur Figur des in sich gekehrten Greises *Apollo* als Ziel der Verwandlung genannt wird: *Sih/ein alter Man ruhet dort In wüster Höl/vnd felßichtn Ort: Ein schwartzer Rapp auch bey ihm staht/ Denselben Er zum Gesellen hat. Sein Geist/ wie auch sein gantz Gemütt Lassen sein Glieder fein zu Fried... Wenn sie nun widrumb kommen fein/ Und mit jhm recht vereinigt sein: So wird auß jhn dreyen geborn Vnser Apollo ausserkorn.*

3 Swedenborg hat das Wesen der Engel als Verbindung bestimmt; das der *geistigen* als Verschmelzung von Verstand und Willen, das der *himmlischen* als Glauben und Liebe. Auch seine Erklärung von Sonne und Mond als Symbole jener Kategorien stimmt mit der chymischen Vorstellungswelt überein. Hölderlin schreibt am 12. März 1804 an Leo von Seckendorf, daß ihn unter anderem auch die *Architektonik des Himmels* vorzüglich beschäftige.

4 Vgl. VII, Tafel zu Anm. 6. Die Erklärung lautet: *Hier ruhe ich/nicht*

9

Im Zenith der Aufklärung berichtet Emanuel Swedenborg, mit der Exaktheit des Naturforschers, an dieser Stelle nicht nur *ex auditis es visis*, hier sogar aus eigener Erfahrung, von den menschlichen Zuständen nach dem Tode[5]. Hölderlin, das ist zu sagen, hat an der Unsterblichkeit nicht gezweifelt, doch die Predigt davon verweigert. Weil sie zum Leben gehört, war dennoch von ihr zu sprechen; in der verborgenen, offenbaren Sprache des Gesangs, in Rätseln oder geradezu im Gespräch mit einer Toten.

Stets konform mit der geltenden Konstruktion blieb seinen Anhängern, sofern sie um den wissenschaftlichen Ruf oder politische Zuverlässigkeit besorgt waren, keine andere Wahl, als jenes schönste Wagnis der Vernunft zu umgehen oder zweckgemäß umzubiegen. Das Verleugnende ist wahr als Abbild der Lügenherrschaft. Worauf sich die Wissenschaft so viel zu gute hält, die Beschränkung aufs Wißbare, ist gleichfalls als Verweigerung zu beschreiben. Dabei beruht die Annahme, man habe das Irrationale gebannt, auf einer durchsichtigen Täuschung, denn die gebotene Distanz ist als Gebot sakrosankt. Das verdrängte Bedürfnis macht sich zuweilen Bahn; sogleich kanalisiert zum Engagement (als Surrogat der untersagten Begeisterung) für irgend etwas (als Substitut des anderen). Soweit dies zutrifft, vergeht sich die Wissenschaft an der Dichtung. Das allerdings: *Ein furchtbar Ding.*[6]

Wie auch hier — aus dem Zusammenhang gerissen wird immer nur, was jeweils passt. So glatt es auch scheinen will, das

---

*ohn gefehrd / Vergraben in der harten Erd: Mein Geist der wil (mich recht versteh.) Sambt der Seel steigen in die Höh. Keines von andern fliehen thu / Das Grab wird künstlich gschlossen zu: Sie begehren das Leben mein Widrumb zu repariren fein. Eim Rappen ich fast ähnlich bin / Wenn vierzehn Tag verflossen hin / Alsdann den Scepter prächtiglich Meines Geschlechts ernewer ich.*

5 Die Überschrift der beschriebenen Figur lautet: *Die heraus ziehung oder schwängerung der Seelen.* Vgl. E. Swedenborg, *De coelo et ejus mirabilibus, et de inferno ex auditis et visis,* § 445 f.; dt. v. J. F. J. Tafel.

6 Vgl. *Wurf des Säemanns,* Innentitel.

Verfahren ist roh, sein Ergebnis immer falsch und entstellend.
 Doch genau so verengend und trügerisch ist ein Verständnis, das sich die Bedeutung des Gedichts aus den ihrerseits uneindeutigen Quellen zusammensetzt. Was der Dichter aus ihnen schöpft, fließt zusammen zu einer neuen. Die unzulängliche Genauigkeit dieser chymischen Tafeln, die sprachliche Kargheit der Mitteilungen Swedenborgs, der Sprachstrom Jacob Böhmes oder Rousseaus, die Nüchternheit des Iselinschen Lexikons, die ermüdete Aufklärung in Herders *Adrastea*, der kritische Gegensinn in den Eklogen Vergils, die Rätsel der Propheten, was immer an deutlichen oder undeutlichen Anklängen aufsteigt, all das erscheint anders, mehrdeutiger in Bezug auf die Vielheit, eindeutiger in Bezug auf das Eine, durchgängiger in Bezug auf den Zusammenhang.
 Einzeln betrachtet schaden jene Funde mehr als sie nützen. Zur philologischen Recherche gehört die fixe Idee und der Streit darum (die vom Mund gerissene Schale). Nur als Katalysatoren der Erkenntnis hätten die herbeigeschafften Materialien einen Sinn. Auch nur dann, wenn klar wird, daß der Gesang selbst schon jenes Dritte ist, das, wie das Grün in den Blättern, die Assimilation bewirkt. Dann allerdings geht es nicht mehr um einige Gedichte, zu deren Erklärung der Rest der Welt aufzubieten wäre, sondern ernstlich um Einsicht in das fortschreitende Syndrom aus Stumpfheit und Verblendung, das uns hindert die Sache einzusehen, die er sah, und die einfache Sprache zu verstehen, in der er davon sagte.

*Drum, da gehäuft sind rings*
*Die Gipfel der Zeit, und die Liebsten*
*Nah wohnen, ermattend auf*
*Getrenntesten Bergen,*
*So gieb unschuldig Wasser,*
*O Fittige gieb uns, treuesten Sinns*
*Hinüberzugehn und wiederzukehren.*[7]

---

7 *Patmos*, v. 9-15

IX

*Das bist du ganz in deiner Schönheit* apocalyptica

Hölderlins entzückter Ausruf (der des Kolumbus beim Erscheinen des Meerwunders[1]) wird angesichts dieser Tafel etwas verständlicher. Zwar lautet die Überschrift *Unsers Meers Nympha oder Wassergöttin*[2], doch ist es Botticellis Venus, die, ins Deutsche übersetzt, aus der Tiefe heraufsteigt[3]. Sicher eine der schönsten Kompositionen des anonymen Frankfurter

---

1 Vgl. *Kolomb*.
2 *LXXXIII.*; dritte Figur der dreizehnteiligen Folge: *Ich bin ein Tochter/mich gebahr Mein Vatter lautter/rein vnd klar: Welcher mit seinem schnellen Gang Die Welt vmblauffen hat sehr lang. Auß meinen Brüsten (dir zu gut.) Geb ich dir die Milch mit dem Blut: Welch zwey Stück/wenn sie gekocht ebn/ Dir viel schweres Golds werden gebn. Also wird grossen Nutz vnd Frommn Der Besitzer darvon bekommn: Auch wird sein Müh vnd Arbeit fein Durchauß nicht gantz vergebens sein.*
3 Florenz, Uffizien; umgeformt auch das Motiv der Hera als Amme des Herakles; vgl. Tintorettos *Geburt der Milchstraße*, London, National Gallery.

Stechers, dem wir die siebzig numerierten Tafeln des *Viridarium chymicum* verdanken[4].

Ihr Schema ist so einfach, wie der Effekt hinreißend. Die naturalistisch-fantastischen Formen des Meerungeheuers zerteilen den Himmel und die ruhigschimmernde Wasserfläche. Nur ganz vorn wird diese von der auftauchenden Erscheinung bewegt, und es hätte der emblematischen Strahlen von Milch und Blut[5] gar nicht bedurft, denn die harmonische Steigerung durch Vereinigung des Disparaten wäre auch ohne sie offenkundig genug.

Wie das Weib auf dem Tier[6], thront die Schönheit auf dem Monströsen[7]. Ihre wunderbare Wirkung ist schon das Resultat der hier zu vermittelnden Anweisung. Eine gebogene Aureole von weißen Sommerwolken überspannt das Ganze und verbindet Verdopplung und Spaltung des gleichartigen, symmetrische Formen der Entgegensetzung, gleichsam natürliche Vorstufen der *discordia concors* als dem Äußersten aller Kunst.

Darum ist der Mittelteil des Gesangs *Kolomb* zweisprachig, französisch und deutsch konzipiert. Das Kauderwelsch der idiomatischen Trennung bildet die Unverständlichkeit, das Mißverstehen, die Verwirrung im Sprechen mit unästhetischer Wahrhaftigkeit ab. Gerade das entlockt ihm jenen Ausruf – wahrhaftig eine Devise, vermöge der das ästhetische als höchstes Bewußtsein über die Anfechtungen der Zerrissenheit triumphieren könnte, unerklärlich in ihrer vieldeutigen Prägnanz, so unvergänglich wie die enthüllten Gesichte vom Anbruch des Neuen, welche der Seeheld im Augenblick der Krise wiedererkennt.

---

4 Vgl. VII, Anm. 2.
5 Die Symbole sprechen für sich; ähnlich *Heuschrecken und Honig* als Speise Johannes des Täufers (vgl. *Meister des Forsts*, Anm. 3).
6 Apoc. XII und XVII.
7 Beispielhaft auch in Dürers Kupferstich *Das Meerwunder*.

## Alio modo

Zwischen Schlafen und Wachen, wie zum Beweis, daß Nachträge möglich sind, steigt das Gedächtnis herauf. Die Tiefe des Vergessens hat ihre *Loken* gelöst; der Gott der Zeit, nachdem er den *Mantel* ablegte[8]. Die vergossene Tinte ist unnütz, der Wortschwall belanglos geworden und das Ruder des Wirklichen hängt in der Luft. Über dem Entwurf *Mnemosyne* steht *Die Nymphe*[9]. Es ist dieselbe, der er zehn Jahre früher das Rätselgedicht *Die Unerkannte*[10] gewidmet hatte.

Leukothea, Erinnerung oder die Sprache.

---

8 *Mnemosyne*, v. 45-48:
   *Am Kithäron aber lag*
   *Elevterä, der Mnemosyne Stadt. Der auch, als*
   *Ablegte den Mantel Gott, das abendliche nachher löste*
   *Die Loken.*
9 *Homburger Folioheft* 91:1,2. *Die Nymphe* steht, mit großem Abstand vom Textbeginn, über *Mnemosyne* und ist nicht gestrichen.
10 Vgl. HKA 2, S. 233ff; KTA S. 158ff. Die Fehldeutungen beginnen bei der falsch gelesenen Überschrift *An die Unerkannte*. Durch die vermeintliche Anrede, wird das Rätsel zur Huldigung eines unbekannten Wesens, die von verschiedenen Interpreten als *Poesie, Seele der Natur, die ästhetische Idee der Schönheit, die Vernunft im kritizistischen Sinn* erklärt wurde. Lüders schließlich empfiehlt, ihren Namen zu verschweigen: *Vielleicht bleibt die Deutung dem Text gemäßer, wenn sie die Unerkannte als solche bewahrt. Statt ihren Namen auszusprechen, führt das Gedicht, indem es manche ihrer Eigenschaften nennt, zu ihrem noch unbekannten Wesen hin. Im Verschweigen des Namens mag sich das Finden einer neuen Benennung für das Gemeinte vorbereiten, die angemessener ist als der alte Name Seele der Natur* (Hölderlin, Sämtliche Gedichte, Bd. 2; Bad Homburg v. d. H. 1970, S. 108).

## X
### *Diana / Die Jägerin*

Vergil ruft die Schwester Apolls als Lucina, die Geburtshelferin[1]; in einem Entwurf des Homburger Foliohefts (das nicht nur die damals bekannten Anfangszeilen, sondern auch die erst in diesem Jahrhundert aufgefundene Fortsetzung eines Pindarischen Dithyrambos-Fragments paraphrasiert[2]) geht sie *schröklich über/Der Erde*[3]. Das *Meer seufzt* und das *Antliz*

---

1 IV. Ekloge, v. 7-10; vgl. *Einwärts*.
   *Du nur sei hold dem Knaben, mit welchem die eiserne endet*
   *Und eine goldene Menschheit aufgeht rings auf der Erde,*
   *Bei der Geburt, Lucina! der Deine herrscht schon, Apollo.*
2 Vgl. *Im Saußen des Rohrs*, Innentitel.
3 Homburger Folioheft 36, 37·
   *Sonst nemlich, Vater Zevs*

   Denn

   *Jezt aber hast du*
   *Gefunden anderen Rath*

erscheint. Die letzten Reden Jesu[4] sind zur Negation der irdischen Fortuna aufgeboten. Selbst Bitten um Schonung des Vaterlandes (wie sie Pindars Amt waren[5]), sind jetzt untersagt[6]. Erkennend und selbst vom Erkannten ergriffen erfaßt ihn die Zeit und fortgerissen hört er das Kommen der parakletischen Rosse[7].

In der Verschmelzung einer konzisen geschichtsphilosophi-

---

*Darum geht schröklich über*
*Der Erde Diana*
*Die Jägerin und zornig erhebt*
*Unendlicher Deutung voll*
*Sein Antliz über uns*
*Der Herr. Indeß das Meer seufzt, wenn*
*Er kommt*

*O wär es möglich*
*Zu schonen mein Vaterland*

*Doch allzuscheu nicht,*
*Es würde       lieber sei*
*Unschiklich und gehe, mit der Erinnys, fort*
*Mein Leben.*
*Denn über der Erde wandeln*
*Gewaltige Mächte,*
*Und es ergreiffet ihr Schiksaal,*
*Den der es leidet und zusieht,*
*Und ergreifft den Völkern das Herz.*

*Denn alles fassen muß*
*Ein Halbgott oder ein Mensch, dem Leiden nach,*
*Indem er höret, allein, oder selber*
*Verwandelt wird, fernahnend die Rosse des Herrn,*

4 Vgl. Matth. XXIV, 29 ff.
5 S. Anm. 2.

*             Mich aber wählte*
*Zum Rufer heiliger Worte*
*Die Muse, das reigenglänzende Hellas zu wecken*
*Und Segen herabzubitten der wagentönenden Thebe*

6 Brod und Wein VI, v. 113,114 (HKA 6, S. 261; KTA S. 119):
   *Auch die, denn immer hält den Gott ein Gebet auf,*
      *Die auch leiden, so oft diesen die Erde berühret.*
7 Vgl. Apoc. XIX, 11 ff.

schen Einsicht mit den zum Strandgut verkommenen Elementen der griechischen und christlichen Eschatologie ist die chymische Symbolwelt nur ein Detail. Dennoch erhellt die Figur der zürnenden Mondgöttin und die beigefügte Erklärung einen immer noch andauernden Streit, dessen Ende Hölderlin, statt *Erleuchtung*[8] und in einem dialektischeren Verständnis intellektueller Notwendigkeit, *höhere Aufklärung*[9] genannt hat.

Wie der Skeptizismus über den Dogmatismus ist die Sonne über den Brunnen gestiegen. Doch ihr Sieg war zu triumphal, ihre Herrschaft zu anmaßend. Das erregte den Zorn des gedemütigten Gegenprinzips und stürzt sie ins Wasser zurück. Nun erst wird das Dunkel erhellt und ihr Glanz gemildert.

Landschaftliche Zeichen, diesmal von außen nach innen zu lesen, kommentieren den bildlich kaum darstellbaren Vorgang. Der absolutistischen Vernunftherrschaft entspricht eine vegetationslose Gegend mit einem kahlen Berg im Hintergrund, davor ein beschnittener, spärlich belaubter Baum; der beleidigten Göttin ein ebenso öder Gipfel mit einer windschiefen Burg. Ein dichtgrünender Baumwipfel verdeckt den heiligen Ort in der Mitte. Darunter liegt jene unbefestigte Stadt, die immer noch Utopie ist, obwohl die Wälle geschleift und statt ihrer Parks, Bahndämme und Boulevards angelegt wurden.

---

8 Die Überschrift des Textes zur *LXXII. Figur.*: *Hier sihstu/wie die Sonne gut Mit außghreittn Flügeln scheinen thut: Vnd wie sie die Höll gleicher maß Eines sehr tieffen Brunn verlaß: Der Monn aber schießt sie durch hIn/ Mit Jhrem Pfeil/in jhrem grimm: Darauff fällt sie mit jhrem schein Widrumb in jhren Brunnen hnein/ Der gantze Brunn bekompt da her Eine goldreiche Farb gantz schwer: Vnd scheint die schöne Sonn also/ Mit jhrn Strahln/welch ist Apollo.*
9 Vgl. *Menschlich, d. h.*

## XI
### Über das Aber

Ich fürchte, daß die folgenden Berechnungen etwas mit den vorgeblichen *Rappen*[1] und dem diesseits gelegenen Totengarten zu tun haben; sei es, weil sie nur angestellt wurden, um die unangenehme Betrachtung hinauszuschieben, sei es, weil die anagrammatische eine tiefere Beziehung zwischen dem Partikel und dem Todesvogel andeutet, oder sei es auch, weil das schaurige Tableau unweigerlich bewirkt, was es darstellt.

---

1 *LXXXIX. Figur.* Die 9. im letzten, dreizehnteiligen Zyklus des Stechers der numerierten Tafeln, überschrieben *Die Fäulung*. Vorausgegangen *Die Tödtung: Groß Ehr macht diesem König gleich Mißgunst vnd Feindschafft in dem Reich: Diesen König tödten zu handt Zehn Jüngling auß dem Bawernstandt. All ding werden zerütt/ins gmein/ Sonn vnd Mon stellen sich trawrig ein: Vnd geben viel zeichen dieser Zeit Solchr Finsternüß vnd Trawrigkeit. Ein Regenbogen oben steht Mit manchen Farben er auffgeht: Er bringt gar gute newe Mähr Dem Volck/auch gwissen Fried daher.*
Nun: *Die Statt verwüstet wird vom Fewr Vnd vielen Feinden vngehewr: Es stirbt vnd verdirbt bald darauff Mit seim König der Bawers-*

Unter den 459 732 Wörtern der schriftlichen Hinterlassenschaft Hölderlins befinden sich 2594 *Aber*[2]. Der Anteil von 0,56% (jedes 177. Wort) gibt jedoch kein konstantes Verhältnis wieder. So beträgt der *Aber*-Anteil in den Gedichten vor 1800 nur 0,15%, in denen nach 1800 dagegen 1,09% – jedes 659. bzw. 92. Wort. Im Werk der mittleren Phase, etwa beim

*hauff. Die schwartzen Rappen thun verzehrn Die todten Cörper/ nah und fern: Was Seel vnd Geist hat/hier auff Erd/ Dasselbe bleibt gantz vnzerstört. Welchs/wann es mit dem Leib sehr fest Des Königs sich vereinign läst: So wird alsdann allen gegebn Ein Anfang zu eim newen Lebn.*

2 Verwendet wurde das PROGRAMM SORTEXT (vgl. *Acht Ausschnitte...* (VIII)) GELAUFEN AM 8.MAI.76 [StA 2], 13.MAI.76 [StA 1], 15.MAI.76 [StA 3], 15.JUL.76 [StA 4], 17.JUL.76 [StA 5], 16.DEZ. 76 [StA 6] in der Technischen Hochschule Aachen. Das von Pierre Bertaux organisierte und von Otto Horch und Klaus Schuffels betreute Projekt trat an die Stelle einer manuellen, von Friedrich Beißner begonnenen und Maria Cornelissen bearbeiteten *Konkordanz der Stuttgarter Hölderlin-Ausgabe.* Dieser blieb – vor dem bitteren Abbruch ihrer Arbeit – nur die Bemerkung, daß die *vom Dichter nur einmal niedergeschriebenen Textsegmente in den vom Herausgeber konstituierten Fassungen mehrfach erscheinen.* Hinzuzufügen, daß das kongruente Wortmaterial in verschiedenen Stufen eines Textes, auf das in Beißners Edition zumeist nur verwiesen wird, auch im Wortindex fehlen muß. Der Redundanz auf der einen Seite entspricht eine Informationslücke auf der anderen. Insofern trügt die Präzision der globalen Zahlen. Der Code spricht auch nur von eingegebenen Zeichen und verarbeiteten Belegen.

*Hyperion*, nähert sich die Relation von 0,46% dem Gesamtquerschnitt; mit der Relation der Briefe ist sie beinah identisch. Die Entwicklung kulminiert in den Gegenreden der Krise; beispielsweise in den um 1806 entstandenen Entwürfen *Apriorität* und *Germania* ist jedes 23. Wort ein *Aber*[3]:

| | | | | |
|---|---|---|---|---|
| Gesamtwerk | 459732 | 2594 | 0,56% | 1/177 |
| Gedichte vor 1800 | 64536 | 98 | 0,15% | 1/658 |
| Gedichte nach 1800 | 56246 | 614 | 1,09% | 1/92 |
| *Hyperion* | 89358 | 407 | 0,46% | 1/220 |
| Briefe | 134358 | 634 | 0,47% | 1/212 |
| *Apriorität/Germania* | | 281 | 12 | 4,27% | 1/23 |

Dagegen scheint sich das Verhältnis in der hymnischen Produktion zwischen 1806 und 1826[4] bei 2% zu stabilisieren; ein Anteil, der immer noch hochmaniert genannt werden müßte, wenn nicht der Dichter selbst die neuerworbene und annähernd korrekturlose Schreibart als *Neue Bildung*[5] bezeichnet hätte. Demgemäß kann nicht von einem ungesteuerten Sprachverhalten die Rede sein. Zu konstatieren vielmehr ein befreiender Akt, der absichtliche und rücksichtslose Bruch von Konventionen, die anderswo sorgfältig beachtet werden.

So verdichten sich in den 1805 geschriebenen Pindar-Kommentaren die essayistischen Stilmittel zum unwiederholbaren Muster; das *Aber* hingegen ist fast vermieden (1/976). Ähnlich auch in den 65 wissenden, dabei vollendet höflichen Briefen aus dem Turm, in denen sich der Dichter nur fünfmal zu jener sinnwendenden Figur hinreißen läßt[6].

---

3 Vgl. *Neun editorische Übungen* V/VI.
4 Vgl. *Zehn biographische Details* VIII.
5 Vgl. *Neun editorische Übungen* V/VI, Anm. zu II,v. 25.
6 Es sind didaktisch aufsteigende Paradigmen (Zählung nach der fortlaufenden Numerierung des Konvoluts der Turmbriefe):
6
*Ich bin dieser Tage nicht ganz wohl gewesen, bin aber jezt wieder besser.*
24
*Wenn Sie sich wohlbefinden, freuet es mich erstaunlich. Ich werde*

## Zwölf chymische Zettel XI

Das Erscheinen des Schwarms wäre demnach nicht Symptom einer fortschreitenden Sprachlosigkeit, sondern Audruck einer bestimmbaren Denk- und Argumentationsstruktur.

Bei monadologischen Textfeldern, etwa in den genannten Briefen oder bei den Reflexionen zu Pindar, bedarf es keiner kategorischen Wendung. Anders bei einer herbstlichen Arbeit, wenn der Geist die abgeernteten Begriffe durchfurcht und fragend aufwirft, wenn er die alten Vorstellungen Satz für Satz umpflügt, wenn er von einem Gegebenen aufs andere kommt, dann allerdings braucht er Winkel wie:

*aber umsonst nicht* [7].

Das Syntagma ist chemisch rein. Es vermittelt keinen Inhalt und führt keinen Beweis. Es ist das Axiom, auf dem der Gesang beruht, die Iris der Vokale in einem metalogischen Dreieck, das die Welt, wie sie ist, rechtfertigt.

Danach verliert der Schwarm seinen Schrecken. Die Raben verwandeln sich in Stare, die bei den ersten Zeichen des Frühlings den Totenacker verlassen:

*Drum wie die Staaren / Mit Freudengeschrei* [8]

---

*aber wieder schnell abbrechen müssen.*
33
*Nemlich der Mensch soll sich äußern, aus Verdienst etwas Gutes thun, gute Handlungen ausüben, aber der Mensch soll nicht nur auf die Wirklichkeit, er soll auch auf die Seele wirken.*
37
*Die Glüklichkeit ist für sich selbst glüklich, sie ist es aber auch durch Betrachtung, sie ist es auch durch die Hoffnung, sich im Guten durch andere unterstüzt zu finden.*
52
*Ich glaube nicht, daß meine Begriffe von Ihnen sehr irren in Rüksicht Ihrer Tugendhafftigkeit und Güte. Ich möchte aber wissen, wie das beschaffen wäre, daß ich mich befleißigen muß, jener Güte, jener Tugendhafftigkeit würdig zu seyn.*

7 *Friedensfeier*, v. 49-54:
*Ach! aber dunkler umschattete, mitten im Wort, dich
Furchtbarentscheidend ein tödtlich Verhängniß. So ist schnell
Vergänglich alles Himmlische; aber umsonst nicht;*
8 *Das Nächste Beste*, v. 8,9; vgl. *Der Rosse Leib*.

Zehn Knechte liegen beim König, den sie erschlugen. Die Gelehrten beim Gegenstand der exegetischen oder historisch-kritischen Ausbeutung. Auf der anderen Seite ist Frühling – eine verbotene Vorstellung, solange aus den obskuren Nischen *Bis zu Schmerzen der Nase aber*[9] das Gerede aufsteigt.

---

[9] Vgl. *Neun editorische Übungen* V/VI, Anm. zu II, v. 28.

## XII
*Und die Vollkommenheit ist ohne Klage*[1]

Seine Besucher entscheiden sich meistens für eine der Jahreszeiten, seltener für *Zeitgeist*, *Höhere Menschheit*, *Aussicht* oder *Freundschafft*. Der Augenschein erlaubt kein Verstehen. Sie falten die Blätter zusammen, die der Wind durch die Antiquariate wirbeln wird, bis sie endlich, vollständigkeitshalber, im Anhang der Editionen erscheinen.

Mörike sprach noch von *mattem Zeug*[2], doch langsam zeigt sich, was da verkannt wird: der *lapis* selbst, der perlmuttschimmernd in der Asche liegt.

---
1 *Der Herbst*, v. 13-16:
*Der Erde Rund mit Felsen ausgezieret*
*Ist wie die Wolke nicht, die Abends sich verlieret,*
*Es zeiget sich mit einem goldnen Tage,*
*Und die Vollkommenheit ist ohne Klage.*
2 Im Brief an Hermann Kurz, 26.6.1838: *Ich habe dieser Tage einen Rummel Hölderlinischer Papiere erhalten, meist unlesbares, äußerst mattes Zeug.*

Weil gelernt ist, was zu lernen war, darf von Vollkommenheit gesprochen werden. Das Einfache, in dem sich die Kritik verbirgt, ist dem täglichen Umgang vorbehalten; das Streitbare dem Widerspruch, wenn einer nicht begreifen will, daß er ein anderer geworden ist. Dennoch fehlt den stillen Betrachtungen nichts. Das Irre, woran Menschen leiden, das Leiden selbst verbirgt sich in Zeichen, die heimlich mit früher verwandten zusammenhängen. Ist, wie in der zitierten Strophe, *Der Erde Rund mit Felsen ausgezieret*[3], wird auch das ironische Wort aus *Tinian* mitzudenken sein. Dort wurden die Alpen als *Muttermaal* (*Weß Geistes Kind/ Die Abendländischen sein*) und, in höchster Blasphemie, als unsere *Zierde* bezeichnet[4]. Auch die *Felsen* verlieren ihren Staffagecharakter, wenn ein für allemal festgesetzt ist, was Fels bedeutet[5]. Auf einmal, ohne auch nur etwas von seiner Schönheit zu verlieren, gewinnt der Vers Bestimmtheit und Tiefe. Wie könnte es anders sein? Immer noch gilt das dichterische Gesetz, nicht als ein Kalkül, den man sich als ausgedacht, mit Mühe vergegenwärtigt und schnell vergessen vorstellt, sondern als der eingeatmete, unverlierbare *Othem der Gesänge*[6]. Womöglich noch konziser, einfacher, auf weniger beschränkt steht fest, daß *immerdar den Sinn Natur und Geist geleiten*[7] – ein poetologisches Diktum, das jene schöngebogene Zeile wunderbar und beispielhaft erfüllt.

Um dahin zu gelangen, mußte er närrisch werden[8].

Der Geisteszustand, der im Gerede ist, trifft zu als Begriff. Die Diagnosen dagegen, als Gebilde eines Bewußtseins, das im

---

3 Vgl. Anm. 1.
4 Vgl. *Gebirge*, Innentitel.
5 Vgl. *Vieles wäre zu sagen davon*, Anm. 5.
6 *Das Nächste Beste*, v. 36, 37; vgl. *Der Rosse Leib*.
7 *Der Frühling (Wenn aus der Tiefe...)*, v. 5-8:
 *Das Leben findet sich aus Harmonie der Zeiten,*
 *Daß immerdar den Sinn Natur und Geist geleiten,*
 *Und die Vollkommenheit ist Eines in dem Geiste,*
 *So findet vieles sich, und aus Natur das Meiste.*
8 Vgl. *Neun editorische Übungen* V/VI, Anm. III, v. 13; 1. Kor. III, 16 ff.

Wahn lebt, es sei als einziges dem Dasein adäquat und das deshalb nichts unterläßt, um die Augen auszutilgen, denen das Gegenteil klar wurde (etwa die Diagnose der *Wahnbildung* als der vergebliche Versuch des Kranken, eine angeblich nur in ihm zerbrochene Welt zu heilen[9]), bedürfen selbst der Diagnose. Der allgemeine Wahn traut der normativen Kraft des Schattens, den er wirft. Daß jene Vorstellung falsch, alles anders sein könnte, das Irre die Regel und das Ende der Verirrung die Ausnahme, ist ihm undenkbar. Sein Begriff vom Allgemeinen enthält den Betrug. Was sich als Objektives ausgibt, ist kollektive Gemeinheit und diese selbst immer mittelmäßig. Dieses Wahnbewußtsein nährt sich vom Abstand zur Bewußtlosigkeit — diese wieder ein Korrelat des Ausmaßes und der Form des bürgerlichen Verrats: Überhebung, Ausnutzung, Verantwortung. Die Sorge, von der das getragen sein soll, ist Lüge. Aber die finstere Totalität, mit der sich das Gemeine zum Ziel und jederzeit ins Recht setzt, duldet keine kategorischen Verschiebungen. Durch sie geriete eine Wirklichkeit ins Blickfeld, vor der sie nicht bestehen kann — der erkrankte Dichter als Spiegel und Wunderzeichen[10].

Vier Schwestern sitzen am runden Tisch. Was die ersten bereiten, verzehrt die vierte. Im Ulmer Exemplar ziert ein Tintenfleck die Stuhllehne des Winters.

---

[9] So Sigmund Freud in *Psychonanalytische Bemerkungen über einen autobiographisch beschriebenen Fall von Paranoia (Dementia paranoides)* [Daniel Paul Schreber, *Denkwürdigkeiten eines Nervenkranken*, Leipzig 1903], Frankfurt 1973, Bd. VII, S. 193: *Was wir für Krankheitsproduktion hatten, die Wahnbildung, ist in Wirklichkeit der Heilungsversuch, die Rekonstruktion. Diese gelingt nach der Katastrophe mehr oder minder gut, niemals völlig...*
[10] Vgl. Ez. XII, 1-7.

# II

## SIEGEL

*Es möchten alle Länder der Welt ihre Arzneibäume rühmen, wie sie wolten, so reichte doch keiner hierinnen seinem an allen Zäunen und Gräben wachsenden Holder-Baum das Wasser.*

D. C. Lohenstein, *Arminius II*, 234

Exkurs

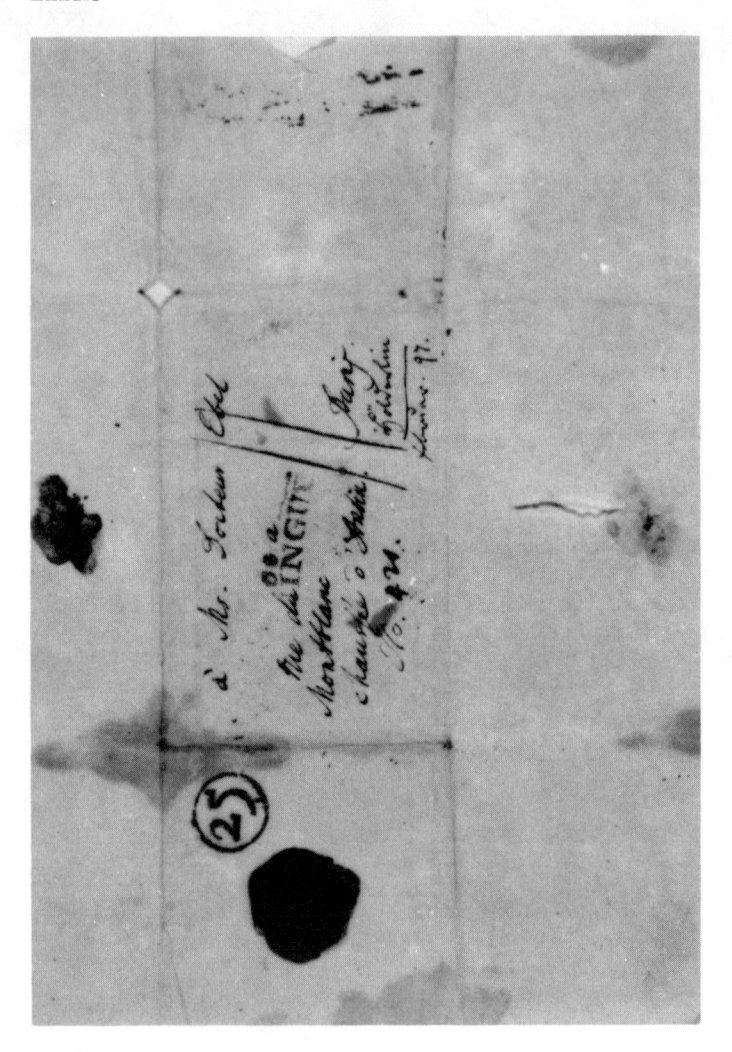

Zwei Siegel

*Unbezifferter Exkurs über die Kunst, einen Brief zu falten*

Hier ist den Accessoires einer versunkenen Kunst nachzutrauern, benennbaren Kleinigkeiten, alltäglichen Gepflogenheiten, die kaum Spuren hinterließen. Dem Tintenfaß etwa, dem Federkiel, dem Federmesser (zugleich den verschiedenen Arten, eine Feder kunstgerecht zuzuschneiden[1]), der Streusanddose für die geschäftsmäßige Eile, dem Siegellack und dem Petschaft (zumeist ein Siegelring mit Wappen oder Emblem), vor allem den handgeschöpften Papieren mit ihrem fasrigen Rand, keineswegs so blendendweiß und glatt, wie unsere kalandrierte Zellulose, vielmehr wie Elfenbein, in allen Schattierungen der Wüste, schon vor dem ersten Federzug gegliedert durch die feinen Querrippen des Siebs, die senkrechten Linien der Bindedrähte und die durchscheinenden Konturen des Wasserzeichens.

Nachzutrauern auch den alternierenden Formaten, den hohen Foliobogen (in ihrer Monumentalität für Urkunden geeignet, jedoch nicht für Briefe), aus denen man für gewöhnlich acht Seiten im ausgeglichenen Quartformat, war Sparsamkeit geboten, sechzehn schmale Oktavseiten gewann[2]. Doch das doppelte Quartblatt, dessen vierte Seite gern leergelassen wurde, blieb der Briefbogen schlechthin und bestimmte in dieser Gestalt den Umfang ungezählter Briefe; denn sobald man die Ränder der letzten Seite nach vorn falzte, etwa so, daß sie sich in der Mitte der ersten Seite fingerbreit überdeckten, die En-

---

[1] Vgl. Werner Doede, *Bibliographie deutscher Schreibmeisterbücher von Neudörffer bis 1800*, o. J. bei Hauswedell, Hamburg; Tafel 14: *Stoy, Formular Buch 1639.*
[2] Die Formate waren nicht genau festgelegt. Beim *Homburger Folioheft* betragen die Maße 24 x 39 cm (2°); entsprechend Quart 19,5 x 24 (4°) und Oktav 12 x 19,5 (8°). Während bei der 1922 eingeführten DIN A Reihe das Teilungsverhältnis annähernd konstant bleibt (1:Wurzel-2 = ∿1:1,41), wechseln die alten Formate zwischen annähernd 1:1,63 (Folio, Oktav) und 1:1,23 (Quart).

den der nun länglichen, ringsum unbeschriebenen Hülle anderthalb fingerbreit übereinanderklappte und zusammensteckte, erhielt man einen Umschlag, der nur noch adressiert und gesiegelt werden mußte[3]. Allein im Zauber dieser Verwandlung, in seiner Auflösung durch reziproke Wiederholung, bestand eine andere, dinglich-magische Korrespondenz.

Manchmal zerriß der Brief beim Entsiegeln. Es war darum angebracht, den Siegellack etwas neben die Fuge zu träufeln. Beim Petschieren quoll dann nur noch ein wenig der zähen, nachher jedoch spröden Masse auf den Verschluß – genug immerhin, um die Botschaft, vertraulich oder nicht, vor neugierigen Augen zu schützen.

Der Brief, auch das gehörte zu jenen unwägbaren Dingen, war kleiner als die Hand, die ihn empfing. Nur bei umfangreicheren Sendungen wählte man das unhandliche Format, das jetzt postalische Vorschrift ist (dessen sich seinerzeit nur Ämter und Würdenträger bedienten). Den Absender anzugeben, hielt man für überflüssig, möglicherweise sogar für unschicklich. Selbst bei den unverfänglichen Nachrichten, wie sie Verwandte auszutauschen pflegen, wurde die Diskretion gewahrt. Die Handschrift vorn und das Siegel hinten genügten vollauf. Überhaupt nützte und nützt das neuere Reglement weniger den Briefschreibern als gewissen Behörden. Vor allem die maschinell gefertigten Kuverts, die sich ohne Schwierigkeit öffnen und wieder verschließen lassen.

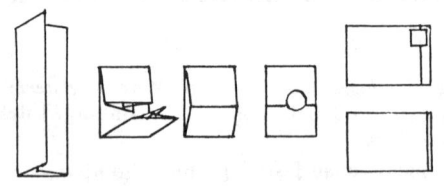

---

[3] Das ebenso einfache wie sparsame Verfahren kann nachgeahmt und abgewandelt werden. Statt des Siegels würde ein Aufkleber oder die Briefmarke genügen (dann ist der Verschluß nahe des rechten Rands anzubringen). Bei Drucksachen ist schon die Faltung ausreichend; der Verschluß sollte am rechten oder linken Rand liegen.

I

# HOLUNDER

Wer einen Brief lesen wollte, mußte zuvor das Siegel erbrechen. Daß mit den etwas mehr als dreihundert Briefschaften zwei unversehrte Siegel überliefert sind, ist deshalb fast schon ein Wunder (das nur von einem noch seltsameren übertroffen wird: dem Abdruck seiner linken Hand auf dem Manuskript einer Ode[1]). Sie befanden sich, unbeachtet, im Nachlaß Johann Gottfried Ebels, mit dem der Dichter, Anfang Juni 1795 aus Jena kommend, in Heidelberg zusammengetroffen war[2]. Isaak von Sinclair, seit der Jenenser Zeit Hölderlins engster Freund, hatte die Begegnung vermittelt. Ebel, der im Hause Gontard, aber auch mit dessen Freunden verkehrte, wird Hölderlin über die frei werdende Hofmeisterstelle in Frankfurt informiert haben[3]. Dieser Angelegenheit galten die ersten drei aus Nürtingen geschriebenen Briefe; alle drei in Oktav. Nur den Umschlag zum mittleren, der mit dem Bekenntnis zu *einer unsichtbaren, streitenden Kirche* schließt[4], hat jener umsichtige, ungewöhnliche Mann aufbewahrt: er ist mit dem väterlichen Familienwappen gesiegelt.

---

[1] Genauer: die linke Hälfte der linken Hand; Handballen, Handlinien, der kleine Finger, der Ringfinger; Abb. in HKA 4/5 *Oden* (Entwurf zu *Stimme des Volks*).
[2] Früher im Ebel-Archiv der Familie Escher-Blaß, Zürich, jetzt größtenteils im Besitz der Zentralbibliothek Zürich, durch deren Entgegenkommen Zuordnung und Erstedition der Siegel möglich wurde.
[3] Franz Wilhelm Jung (vgl. Sinclairs Briefe in *Le pauvre Holterling 4/5,* hg. von B. Dirnfellner), schreibt am 13. Juni 1795: *Sie sind doch glüklich wieder von Heidelberg zurükgekommen?* und am 20. Juni, wiederum an Ebel: *Hölderlin hätt' ich auch so gerne kennen gelernt Ich beneide Sie darum.*
[4] d. 9. Nov. 95... *Sie wissen, die Geister müssen überall sich mittheilen, wo nur ein lebendiger Othem sich regt, sich vereinigen mit allem, was nicht ausgestoßen werden muß, damit aus dieser Vereinigung, aus dieser unsichtbaren streitenden Kirche das große Kind der Zeit,*

Auf einem mit reichen Ornamenten umrankten Schild, den, nicht sicher erkennbar, ein Helm mit Genius krönt, befindet sich eine Holunderdolde. Es läßt sich nicht feststellen, wann ihm die Mutter das Siegel des Vaters aushändigte[5], bedeutsam jedoch, daß der unergründliche Name in *Der Wanderer*, der ersten Elegie Hölderlins erscheint, die, nach eigenem Zeugnis, schon in Nürtingen konzipiert wurde:
>               *wo die Ulme das alternde Hoftor*
> *Übergrünt und den Zaun wilder Holunder umblüht,*
> *Da empfängt mich das Haus und des Gartens heimliches*
> *Dunkel,*
> *Wo mit den Pflanzen mich einst liebend mein Vater erzog.*[6]

Warum sollte er nicht in das tiefe Labyrinth seines Namens hinabgestiegen sein? Das verwirrende und widersprüchliche Geflecht von Bedeutungen und Beziehungen liegt ja deutlich genug am Tage. Schon das zitierte Bild — der wilde Holunder oder *Hirschholder*, mit seinen scharlachroten Beeren, wächst

---

*der Tag aller Tage hervorgehe, den der Mann meiner Seele, (ein Apostel, den seine jezigen Nachbeter so wenig verstehen, als sich selber) die Zukunft des Herrn nennt. Ich muß aufhören, sonst hör'ich gar nicht auf./Ihr/wahrer Freund/Hölderlin. // Tausend herzliche Grüße an Sinklär, wenn Sie ihn sprechen sollten, ehe der Brief an ihn, mit dem ich dißmal nur zur Hälfte fertig wurde, nach Homburg kömmt.*

5 Auf Maulbronner Briefen ist ein bedeutungsloses Siegelmotiv — ein Halbmond mit zwei Sternen — zu erkennen.
6 I, v. 77-80; vgl. HKA 6, S. 53; KTA S. 24.

an Waldrändern und Wegen, weit draußen, nicht in den Dörfern[7]. Dort ist der schwarze oder zahme zu finden (freilich gegenüber dem Zierflieder verwildert, mit dem ihn der Volksmund verwechselt[8]), in dessen Schatten nichts gedeiht. Dagegen galt die Zeit seiner Blüte als Ernteorakel[9]. Wegen seiner vielfältigen und wohltuenden Wirkungen hieß er in manchen Gegenden *Heiland*. Doch der Teufel, der in Schwaben auch den Beinamen *Holderlein* führt, muß den Neunzehnjährigen geritten haben, als er einem armen *Provisor*, der den Herrn *Stipendiaten* nicht grüßen wollte, den Hut vom Kopfe schlug und damit dem Sprichwort Geltung verschaffte: *Vor Holunder soll man den Hut abziehen und vor Wacholder die Knie beugen*[10]. Viel Ungereimtes: die Legende will, daß sich Judas

---

7 Lohenstein behauptet, er habe noch nie *die Hähne krähen hören*.
8 Der Flieder (*Syringe*) wurde erst 1555 von dem Flamen Ghislaim de Busbecq, aus dem Orient, nach Mitteleuropa gebracht.
9 Das frühe und gleichzeitige Aufblühen der Dolde versprach eine rechtzeitige und gute Ernte.
10 Im Tübinger Stift befindet sich noch das Protokoll vom 16. November 1789: *Vorigen Dienstag, den 10ten dieses, brachte bey mir dem* Ephoro *bey einbrechendem Abend der hiesige Mägdlein* Provisor *Majer folgende Klage an. Er sey die Münzgasse herunter gegangen, neben ihm her sey ein Stipendiat gekommen, vom Neuenbau gegenüber sey dieser von einer Seite der Straße auf die andre auf ihn zugeloffen, und hab ihm den Hut von dem Kopf auf den Boden geschlagen, mit den Worten: weiß er daß es seine Schuldigkeit ist vor einem Stipendiaten den Hut abzunehmen. Er Kläger habe sich sodann gegen den* Stipendiaten *erklärt, er wolle sogleich eine Anzeige bey dem* Ephoro *machen, der Stipendiat habe erwiedert: es sey ganz recht, er wolle mit ihm gehen. So seyen sie beyde durch den Burschhof gegen das Ephorat Hauß gegangen: unter dem Hauß aber habe sich der Stipendiat getrennt und sey zum Klosterthor hereingegangen. Er,* Provisor, *habe gleich unter dem Thor gefragt, wer der* Stipendiat *sey, und zur Antwort bekommen: Er heiß C. Hoelderlin. Da er doch in einer öffentlichen Schule stehe; so sey ihm darum zu thun, Satisfaction zu haben. Ich der* Ephorus *ließ sogleich nach geendigtem Abendessen den C. Hoelderlin vortreten. Er läugnete auch die Sache nicht, und berief sich nur darauf, daß der* Provisor *sichs ganz eigentlich zur Gewohnheit mache, vor keinem* Stipendiaten *den Hut abzunehmen. Überhaupt aber bezeigte sich der Beklagte bey seiner Ent-*

an ihm erhängte und scherzhaftzärtlich hatte ein schwäbisches Mädchen seinen *Holderstock*. Dazu erhielt sich in alten Sagen eine Erinnerung an die mit Holunderblut blauschwarz gefärbten Gesichter der nächtlich opfernden oder kämpfenden Sueven lebendig[11].

Nicht nur die wohlduftenden *Syringen aus Persien*[12], auch der übelriechende Attich heißt wie er — Αττις auch der Jüngling, der sich im Wahnsinn entmannte und dessen Feiern an seinem Geburtstag ihren Höhepunkt erreichten.

Ebenso heilig war der Holunder. Man hütete sich, ihn zu verstümmeln, sein Holz zu verbrennen. Unweigerlich zog das Unglück und Tod nach sich. Aber die Toten wurden von Alters her in seinem Schatten begraben. *An Thills Grab* ruft ihn der junge Dichter[13] und Jahrzehnte später denkt er sich den gleichen Ort und denselben Baum. Nur den Namen verschweigt er besser:

*Wie still ists nicht an jener grauen Mauer,*
*Wo drüber her ein Baum mit Früchten hängt;*
*Mit schwarzen thauigen, und Laub voll Trauer,*

---

   *schuldigung anständig und bescheiden.*
   C. Hoelderlin incarc[eretur] horas VI ob publicas injurias erga ludimagistrum.
   *Dem Provisor soll aber auch, durch den Herrn Special Dr. Märcklin, bediten werden, daß er es künftig an der Höflichkeit gegen die Stipendiaten nicht ermangeln lassen soll* (StA 7.1 S. 402f.).
11 Klopstock zitiert in den Anmerkungen zu *Hermanns Schlacht* eine Tacitus-Stelle: *Suevien wurde durch ein langes Gebirge geteilt. Zu den Sueven, die jenseits desselben wohnten, gehörten die Arier. Diese hatten schwarze Schilde und wählten die Nacht zu ihren Schlachten. Keiner ihrer Feinde konnte den fürchterlichen Anblick ihrer Heere aushalten.*
12 307/69:7
13 Johann Jakob Thill, ein schwäbischer Dichter der Generation vor Hölderlin, ebenfalls Schüler des Stifts, starb 1772, fünfundzwanzigjährig, und liegt in Großheppach, nahe Stuttgart, begraben. Im Sommer 1789 besuchte Hölderlin mit Neuffer das Grab. Die Ode ist im gleichen Jahr entstanden; v. 21, 22:
   *O wohl dir! wohl dir, guter! du schläfst so sanft*
     *Im stillen Schatten deines Holunderbaums.*

*Die Früchte aber sind sehr schön gedrängt.*[14]
Die Stelle hat sich erhalten, an der das Verbot die Syntax durchbrach. Begriffe wie Fehlleistung oder Phobie tabuisieren nur die animistische Scheu vor den Sprache gewordenen Dingen. Nennbar jetzt nur noch die Beeren (gerötet wie Παν, an dessen Färbung Vergil einen ganzen Hexameter wendet[15]) und jene Eigenschaft, von der einige das Wort *Holder*[16] herleiten:

*Wunderbar*
*Aber über Quellen beuget schlank*
*Ein Nußbaum und sich Beere, wie Korall*
*Hängen an dem Strauche über Röhren von Holz*[17]

Nur die entdinglichte Essenz ist im *und* übrig geblieben. Der editorische Eingriff, hier notwendig erscheinend, tilgt das befremdende Wunder[18] (dies übrigens in jedem Fehler). Ähnlich bestürzend der Buchstabenzauber, als sich Ebel (*Sambucus ebuli*) und Hölderlin, zur Zeit der Fliederblüte, in Heidelberg begegnen:

*Sträuche blühten herab bis im heitern Thal*
  *An den Hügel gelehnt, oder dem Ufer hold*
    *Deine fröhlichen Gassen*
      *Unter duftenden Gärten ruhn*[19].

---

14 *Der Kirchhof*, v. 8-12
15 X. Ekloge, v. 27: sanguineis ebuli bacis minioque rubentem (*Puterrot wie Korall der Beeren des wilden Holunder*; vgl. *Einwärts*).
16 Aus *hohl* und *dra* = Baum; Holunder wurde zu Hölderlins Zeit gelegentlich noch auf der ersten Silbe betont (Gr.Wb.).
17 *Germania*; vgl. *Neun editorische Übungen* V/VI, II, v. 19-22.
18 Vgl. *Nordost*, Anm. 1.
19 *Heidelberg*, v. 29-32.

## II

## ΗΡΑΚΛΗΣ ΣΩΤΗΡ

Ein Jahr später, auf dem doppelt versiegelten Umschlag zu jenem Brief, den Ebel in Paris erhielt und den in ganzer Länge zu lesen dem geneigten Fußnotenleser zugemutet wird[1], führt

---

1 Dbl. 4°

*Mein Theurer!*

487/1
*Frankfurt.*
*d. 10. Jan. 9(6)7.*

*Ich zögerte blos deswegen so lange mit einer Antwort auf Ihren* 5
*ersten Brief, weil ich fühlte, wie viel darauf zu antworten*
*war, und weil mir /kein/ Moment, wo ich Muße hatte, Ihnen zu*
*schreiben, reich genug war, um Ihnen alles zu sagen, was ich*
*wünschte.*
*Es ist herrlich, lieber Ebel! so getäuscht und so gekränkt* 10
*zu seyn, wie Sie es sind. Es ist nicht (j)Jedermanns Sache, (ein)für*
*Wahrheit und Gerechtigkeit sich so zu interessiren, daß*
*man auch da sie siehet, wo sie nicht ist, und wenn der*
*beobachtende Verstand vom Herzen so bestochen wird,*
*so darf man wohl sich sagen, daß das Herz zu edel* 15
*sei für sein Jahrhundert. Es ist fast nicht möglich,*
*unverhüllt die schmuzige Wirklichkeit zu sehen, ohne*
*selbst darüber zu erkranken(,); (und) das Auge thut wohl,*
*so lange es kann, dem Splitter sich zu verschließen, und*
*dem Rauch und Staube, der sich ihm aufdrängt, und* 20
*so ists auch ein schöner Instinkt des Menschen, manches,*
*was nicht unmittelbar sein Stoff ist, fröhlicher anzu-*
*sehen. Aber Sie halten denn doch es au(ch)s ()und ich*
*schäze Sie eben so sehr darum, daß Sie jezt noch*
*sehen mögen, als darum, daß Sie zuvor nicht* 25
*ganz so sahn.*

487/2

*Ich weiß, es schmerzt unendlich, Abschied zu nehmen,*
*von einer Stelle, wo man alle Früchte und Blumen*
*Der Menschheit, in seinen Hoffnungen wieder aufblühn*
*sah. Aber man hat sich selbst, und wenige Ein-*
*zelne(.), und es ist auch schön, in sich selbst und* 5
*wenigen Einzelnen eine Welt zu finden.*
*Und was das Allgemeine betrift, so hab' ich Einen*

## Zwei Siegel II

Hölderlin ein anderes Siegel: die oval gefaßte Gemme mit dem

*Trost(.), (Den)daß nemlich jede Gährung und Auflösung entweder zur Vernichtung oder zu neuer Organisation nothwendig führen muß. Aber Vernichtung giebts nicht(.), also muß die Jugend der Welt aus unsrer Verwesung wieder kehren. Man kann wohl mit Gewißheit sagen, daß die Welt noch nie so bunt aussah, wie jezt. (I)(Ein)Sie ist eine ungeheure Mannigfaltigkeit von Widersprüchen und Kontrasten. Altes und Neues! Kultur und (Einfalt d)Rohheit! Bosheit und Leidenschaft! Egoismus im Schaafspelz, Egoismus in der Wolfshaut! Aberglauben und Unglauben! Knechtschaft und Despoti(e)sm(,)! unvernünftige Klugheit, unkluge Vernunft(,)! geistlose Empfindung, empfindungsloser Geist! (Er-)(fahr) Geschichte, (ohne) Erfahrung, Herkommen*

487/3

*ohne Philosophie, Philosophie ohne Erfahrung(,)! Energie ohne Grundsäze, Grundsäze ohne Energie! Strenge ohne Menschlichkeit, Menschlichkeit ohne Strenge! heuchlerische Gefälligkeit, schaamlose Unverschämtheit! altkluge Jünglinge, läppische Männer! – Man könnte die Litanei von Sonnenaufgang bis um Mitternacht fortsezen und hätte kaum ein Tausen(t)dtheil de(r)s menschlichen Chaos genannt. Aber so soll es seyn! Dieser Karakter des bekannteren Theils des Menschengeschlechts ist gewiß ein Vorbote außerordentlicher Dinge. Ich glaube an eine künftige Revolution der Gesinnungen und ()Vorstellungsarten, die alles bisherige schaamroth machen wird. Und dazu kann Deutschland vieleicht sehr viel beitragen. Je stiller ein (deutsche) Staat aufwächst, um so herrlicher wird er, wenn er zur Reife kömmt. Deutschland ist still, bescheiden, es wird viel gedacht, viel gearbeitet, und große Bewegungen sind in den Herzen der Jugend(.), ohne daß sie in Phrasen übergehen, wie sonstwo. Viel Bildung, und noch unendlich mehr! bildsamer Stoff! – Gutmütigkeit und Fleiß, Kindheit des Herzens und Männlichkeit des Geistes sind die Elemente, woraus ein vortreffliches Volk sich bildet. Wo findet*

487/4

*man das mehr als unter den Deutschen? Freilich hat die (N) infame Nachahmerei viel Unheil unter sie gebracht,*

nemäischen Herakles[2]. Der Heros hat Bogen und Keule beiseite geworfen und hält den Löwen umklammert, der nur so, waffenlos zu bezwingen ist.

*aber je philosophischer sie werden, um so selbstständiger(,). Sie sagen es selbst, lieber! man solle von nun an dem Vaterlande leben. Werden Sie es bald thun? Kommen Sie! Kommen Sie hieher! Ich begreife nicht, wenn Sie nicht hieher kommen. Sie sind ein armer Mann in Paris. Hier ist ihr Herz sehr, sehr reich, reicher, als Sie vieleicht selbst einsahn, und (i)Ihr Geist darbt, wie ich meine doch auch nicht. Sie haben Freunde hier, haben noch mehr. Ich wußte nicht, böser Mensch, wie ungenügsam Sie waren. Jezt weiß ichs. Ich messe die Menschen mit keinem kleinen Maasstaab und kenne gewiß Ihr Innerstes, lieber Ebel! und so muß ich sagen, ich begreife nicht, wie sie unzufrieden seyn konnten mit Menschen, oder vielmehr mit Einer Seele, – das gute Mädchen sagte mir neulich, sie wisse keinen vollkommeneren Menschen, als Ebel, und die Thränen standen ihr in den Augen(.); aber das sollt' ich wohl eigentlich nicht verrathen. – Auch sonst w(i)erden Sie ganz sich wieder finden in unserem Cirkel. Hegel ist, seit ich den Brief anfieng, hiehergekommen. Sie werden ihn gewiß liebgewinnen. HE. u. Fr. Gontard läßt sich durch mich grüßen. Auch Henry! Leben Sie wohl! Kommen Sie bald.*
*(Mo)*
        *Hölderlin.*
*Hegel (ist) war mit Gogel von hier in ein Verhältniß getreten, eh' (i)Ihr lezter Brief ankam.*
*Ich suche aber (etwas) (et) /einen/ andere(s)n, (f) der Ihnen/ /konveniren könnte.*

2 Das Motiv läßt sich auf zahlreichen antiken Steinen nachweisen; sehr ähnlich ist eine in Göttingen befindliche Gemme (Nr. 280 im Kat. der dt. Kunstsammlungen).

Schon die 1793 entstandenen Reimhymnen *Dem Genius der Kühnheit* und *Das Schiksaal*[3] besingen die Taten des Halbgotts, mit denen, nach dem Ende des goldenen Zeitalters, der noch andauernde Menschenkrieg mit der *Noth*[4] begann. Doch erst nach seiner Ankunft in Frankfurt entwirft Hölderlin jenes überschriftlose Gedicht, in welchem er sich selbst, in beispielloser Emphase, dem gottgleichen Helden an die Seite stellt.
Nur so hat der Mythos Sinn: Ηρακλης σωτηρ!
Der vergöttlichte Mensch kehrt als vermenschlichter Gott zurück. Nicht als Vereinzelte, wie die Göttersöhne des vorigen Zeitalters, sondern tausendfach[5]. Deren Vorbote ist der Dichter; er ruft sie und wagt es selbst[6].

---

3 In *Dem Genius der Kühnheit* lautet die Herakles-Stelle der zweiten Strophe (v. 13-14; HKA 2, 189; KTA 130):
*Als von der Meisterin, der Noth, geleitet,*
*Dein ungewohnter Arm die Keule schwang,*
*Und drohend sich, vom ersten Feind erbeutet,*
*Die Löwenhaut um deine Schulter schlang.* –
In der Hymne *Das Schiksaal* heißt es an gleicher Stelle (v. 13-16; HKA 2, 195; KTA 134):
*Der hohen Geister höchste Gaabe,*
*Der Tugend Löwenkraft begann*
*Im Siege, den ein Götterknabe*
*Den Ungeheuern abgewann.*
4 Vgl. *menschlich*, d. h.
5 Motto; HKA 6, 259; KTA 117.
6 Brod und Wein I, v. 37-49 (HKA 6, 239; KTA 98):
*Komm! wir bergen umsonst das Herz im Busen, umsonst nur*
*Fesseln die Seele wir, Männer und Schüler, noch jezt.*
*Wer mags hindern und wer mag uns die Freude verbieten?*
*Treiben die Himmlischen doch alle bei Tag und bei Nacht*
*Aufzubrechen, so komm! daß wir das Unsrige schauen*
*Daß wir heiligen, was heilig den Unsrigen ist.*
*Oder ists noch immer die Zeit und die Stunde der Zeit nicht?*
*Wer kanns wissen und wo fehlt das Gemessene nicht?*
*Vor der Zeit! ist Beruf der heiligen Sänger und also*
*Dienen und wandeln sie großem Geschike voran.*
*Drum! und spotten des Spotts mag gern frohlokender Wahnsinn*
*Wenn er in heiliger Nacht plözlich die Sänger ergreift.*
*Hin an den Isthmos! komm dorthin wo das offene Meer rauscht*

Das Siegel, das er von Susette Gontard erhielt[7], ist die entsiegelte Wahrheit.

Das Neue beginnt; vorerst nur ein Entwurf, schwerlich zur Publikation bestimmt[8]. Er unterbricht die offensichtlich zur Erprobung des elegischen Versmaßes begonnene Übersetzung *Dejanira an Herkules* aus Ovids *Heroiden*[9]. Auf ihrer Flucht nach Kassel[10], wo der Reiniger in die Geschichte zurückschaut, im Gebüsch, der Nachtigall nahe, oder wo das Muschelhorn des Kentauren tönt, wenn das Wasser sich Bahn macht[11]. Zeichen der Hamonischen Diotima[12], ebenso wahr, wie die Lehre der Mantineischen[13].

Es sind die schönen Vorstellungen, die zwischen bornierter Gewißheit und Unwissenheit liegen; wenigstens *unschädlich*[14],

---

7 Auch Marie Rätzer erhielt von ihr *einige Gemmen* (vgl. HJb. 9, 125).
8 Die bisher geäußerte Hypothese, Hölderlin habe das Gedicht mit Dem Lied *Diotima* und dem polemischen Gedicht *An die klugen Rathgeber* (vgl. *Irrhaus*) an Schiller geschickt, ignoriert den Widerspruch zwischen der Euphorie des Textes und den – allerdings zweideutigen – Zeilen des Begleitschreibens (*Cassel, d. 24. Jul. 96*): *Ich wollte Ihnen einmal wieder in meiner ganzen Bedürftigkeit erscheinen...*
9 Im gleichen Heft (HK 32) steht auch die Übersetzung der *Nisus und Euryalus*-Episode aus der *Aeneis*, die schon in Neuffers Übertragung vorlag. Das Gedicht *Die Eichbäume*, das vmtl. zu der in Anm. 8 erwähnten Sendung an Schiller gehörte, wird während der Arbeit an Vergil konzipiert (vgl. KTA 3, 43).
10 Vgl. *Diotima*.
11 Vgl. *Chiron*.
12 Ez. XXXIX, 16 u. H. Heine, *Deutschland. Ein Wintermährchen, Caput XXIII*, v. 107.
13 Diotima im Gespräch mit Sokrates; *Symposion*, 202a f.: *Oder hast du nicht gemerkt, daß es etwas mitteninne gibt zwischen Weisheit und Torheit? – Was wäre das? – Wenn man richtig vorstellt, ohne jedoch Rechenschaft davon geben zu können, weißt du nicht, daß das weder Wissen ist – denn wie könnte etwas Grundloses eine Erkenntnis sein? – noch auch Unverstand, denn da sie doch das Wahre enthält, wie könnte sie Unverstand sein? Also ist offenbar die richtige Vorstellung so etwas zwischen Einsicht und Unverstand. – Richtig, sprach ich.*
14 *Elegie*, v. 41-45 (HKA 6, 161; KTA 67):

weder geschärft noch stumpf; nicht gemeingefährlich, nicht beliebig verfügbar. Solange noch so zu denken verboten, verlacht oder allenfalls in kulturellen Ecken geduldet wird, hat die *künftige Revolution der Gesinnungen und Vorstellungsarten, die alles bisherige schaamroth machen wird*[15], immer noch nicht begonnen.

---

*Aber wir, unschädlich gesellt, wie die friedlichen Schwäne,*
  *Wenn sie ruhen am See, oder auf Wellen gewiegt,*
*Niedersehn in die Wasser, wo silberne Wolken sich spiegeln,*
  *Und das himmlische Blau unter den Schiffenden wallt,*
*So auf Erden wandelten wir.*

15 Vgl. Anm. 1; 487/3: 11-13.

## ZU SCHIFF

*Vous êtes embarqué. Lequel prendrez-vous donc?*

---

Blaise Pascal, *Pensées*, Brunschvicg 233

16

*Zu Schiff aber steigen*
*ils crient rapport, et fermés maison,*
*tu es un saisrien*

*Kolomb*, 307/79:1-3

## Zu Schiff

Das Pascalsche Axiom, der Wette, ob Gott sei oder nicht, gilt nach wie vor[1], auch für die Wahrnehmung einer Sprache, die im Widerstreit von *Vernunft und Offenbarung*[2] zerbrach und in dieser vorweggenommenen Katastrophe zum Medium einer *höheren Aufklärung*[3] wurde.

Zwischen Hölderlins Wahrsinn[4] und dem Wahnsinn der ausweglosen, entscheidungsunfähigen, selbstzerstörerischen Vernunft gibt es keine Vermittlung. Die Hinwendung zum einen ist Abkehr vom anderen. Beides zugleich ist unmöglich. Man sitzt falsch zwischen den Kategorien.

Wer Wahrsinn wettet, setzt nicht viel aufs Spiel. Vielleicht wird er von denen, die sich klüger vorkommen, für unzurechnungsfähig gehalten, aber was ist das gegen die Aussicht, die sich vor seinen Augen öffnet? Wer dagegen auf Wahnsinn setzt, weigert sich nur zu sehen. Dem geringen Einsatz steht unendlicher Gewinn gegenüber, dem gesparten unendlicher Verlust. Der Infinitesimalkalkül zwingt zum Einsatz.

Ein Denken, das sich dem entzieht, ist weniger vernünftig, als es denkt.

Im Zweifel gilt Sinn.

---

1 *Pensées*, Hg. E. Wasmuth, Recl. 1956, Nr. 211 (L. Brunschvicg: 233)
2 Vgl. den Brief an I. Niethammer vom 24. Februar 1796. *In den philosophischen Briefen will ich das Prinzip finden, das mir die Trennungen, in denen wir denken und existiren, erklärt, das aber auch vermögend ist, den Widerstreit verschwinden zu machen, zwischen dem Subject und dem Object, zwischen unserem Selbst und der Welt, ja auch zwischen Vernunft und Offenbarung...*
3 Vgl. *Zwölf chymische Zettel* X, Anm. 9.
4 Hierzu: Platon, *Phaidros*, Steph. 244a-245a

## X
## BIOGRAPHISCHE DETAILS

*ich sollte*

*Der Wünsche mich entwöhnen*

*Empedokles* I,156,157

17

*Ewig trägt im Mutterschoose,*
*Süße Königin der Flur!*
*Dich und mich die stille, große,*
*Allbelebende Natur;*
*Rose! unser Schmuk veraltet,*
*Stürm' entblättern dich und mich,*
*Doch der ew'ge Keim entfaltet*
*Bald zu neuer Blüthe sich.*
[Unter dem vmtl. von Neuffer stammenden Titel *An eine Rose*, der vmtl. der Anrede in v. 5 entnommen ist. Das in den Drucken stehende *Röschen!* könnte demnach von Neuffer herrühren.]


*Stirb! du suchst auf diesem Erdenrunde,*
*Edler Geist! umsonst dein Element.*
[*Griechenland.* / *An St.*, v. 39, 40]


*Hier unsern Hyperion, Liebe! Ein wenig Freude wird diese Frucht unserer seelenvollen Tage Dir doch geben. Verzeih mirs, daß Diotima stirbt. Du erinnerst Dich, wir haben uns ehmals nicht ganz darüber vereinigen können. Ich glaube, es wäre, der ganzen Anlage nach, nothwendig, Liebste!*
[An Susette Gontard; vmtl. Anfang November 1799]

I

*Daß das Wort aus begeistertem Munde schreklich ist,
und tödtet*[1]

Ludwig Neuffer veröffentlicht 1793 Hölderlins *Albumblatt für Rosine Stäudlin*[2], der Schwester ihres gemeinsamen Mentors Gotthold Friedrich Stäudlin. Ein Jahr darauf meldet der Freund die Krankheit und im Mai 1795 den Tod der Verlobten. Der Dichter schreibt in seinem Trostbrief von seiner *Verwirrung* darüber. Ein weiteres Jahr später, am 17. September 1796, ertränkt sich Stäudlin, wegen seiner politischen Gesinnung aus Württemberg verwiesen, am Rheinübergang bei Kehl.

Es irritiert, daß der Name dieses Toten nie mehr fällt, denn das Gegenteil von Verschweigen und Vergessen ist Sache des Dichters. Schon die Vorstellung muß falsch sein, er könnte diesem Mann den Dank schuldig geblieben sein, ihm das öffentliche Totenopfer verweigert haben.

Stäudlin hatte 1791 zu einer hohen, dem *Geist der Zeiten*[3]

---

1 *Anmerkungen zu Antigonä.*
2 Vgl. HKA 2, 183 (KTA 127).
3 In *Schubarts Chronik*, 15. 11. 1791, S. 749: *Wie kömmt es doch, (...) daß unsre besten Köpfe so selten den kühnen Sonnenflug des Adlers wählen (...) Man liest immer ein Duzend tändelnder, empfindsamer Liedchen, bis man ein einziges erhabnes lyrisches Stük zu Gesichte bekommt, das eines Klopstocks, Uzens und Ramlers würdig wäre! – Möchten doch unsre Dichter Klopstoks großes Wort beherzigen:// Die Dichter, die nur spielen,/ Verstehen nicht, was sie, und was die Leser sind./ Der rechte Leser ist kein Kind;/ Er mag sein männlich Herz viel lieber fühlen,/ Als spielen./ Wie außerordentlich reichen Stoff zu kühnen, auf alle Welt wirkenden Dichterwerken gibt nicht seit mehrern Jahren der Geist der Zeiten! und wie wenig wird er benüzt!* Wie tief sich Hölderlin diesen Aufruf zu eigen machte, bezeugen nicht nur seine Zitate des Klopstock-Epigramms (an den Bruder am 2. November 1797 und in das *Hyperion* Exemplar von Franz Wilhelm Jung), sondern auch die ironische Paraphrase des Stäudlinschen Apells im Brief an den Verleger Friedrich Wilmans Ende 1803: *Es ist eine Freude, sich dem Leser zu opfern, und sich mit ihm in die engen Schranken unserer noch kinderähnlichen Kultur zu begeben.*//

würdigeren Lyrik aufgerufen, seine ersten Hymnen veröffentlicht, zum *Hyperion* ermuntert und ihm schließlich den Weg zu Schiller geebnet. Der *Hyperion* birgt auch sein Gedächtnis:

> Weist du, wie Plato und sein Stella sich liebten?[4]
> So liebt' ich, so war ich geliebt. O ich war ein glüklicher Knabe!
> Es ist erfreulich, wenn gleiches sich zu gleichem gesellt, aber es ist göttlich, wenn ein grosser Mensch die Kleineren zu sich aufzieht.
> Ein freundlich Wort aus eines tapfern Mannes Herzen[5], ein Lächeln, worinn die verzehrende Herrlichkeit des Geistes sich verbirgt, ist wenig und viel, wie ein zauberisch Loosungswort, das Tod und Leben in seiner einfältigen Sylbe verbirgt, ist, wie ein geistig Wasser, das aus der Tiefe der Berge quillt, und die geheime Kraft der Erde uns mittheilt in seinem krystallenen Tropfen.[6]
> Wie hass' ich dagegen alle die Barbaren, die sich einbilden, sie seyen weise, weil sie kein Herz mehr haben, alle die rohen Unholde, die tausendfältig die jugendliche Schön-

---

*Übrigens sind Liebeslieder immer müder Flug, denn so weit sind wir noch immer, troz der Verschiedenheit der Stoffe; ein anders ist das hohe und reine Frohloken vaterländischer Gesänge.// Das Prophetische der Messiade und einiger Oden ist Ausnahme.*

4 Offensichtlich ein Anklang an das im Frühjahr 1794 entstandene Gedicht *Griechenland/An St.: Hätt' ich dich im Schatten der Platanen, Wo durch Blumen der Cephissus rann,/ Wo die Jünglinge sich Ruhm ersannen,/ Wo die Herzen Sokrates gewann,/ Wo Aspasia durch Myrthen wallte,/ Wo der brüderlichen Freunde Ruf/ Aus der lärmenden Agora schallte/ Wo mein Platon Paradiese schuf,// (...) Hätt' ich da, Geliebter! dich gefunden,/ Wie vor Jahren dieses Herz dich fand;/ Ach! wie anders hätt' ich dich umschlungen!* – (vgl. HKA 2, 199 (KTA 138)).

5 Vgl. Anm. 3.

6 Die Quellen am Teutoburger Wald erscheinen auch im Gesang *Die Titanen* (bisher *An die Madonna*): *voll geistigen Wassers/ Umher das Land* (vgl. *Bußort*).

> heit tödten und zerstören, mit ihrer kleinen
> unvernünftigen Mannszucht!⁷
> Guter Gott! Da will die Eule die jungen
> Adler aus dem Neste jagen, will ihnen den
> Weg zur Sonne weisen!⁸
> Verzeih mir, Geist meines Adamas! dass
> ich dieser gedenke vor dir. Das ist der Gewinn,
> den uns Erfahrung giebt, dass wir nichts tref-
> liches uns denken, ohne sein ungestaltes Ge-
> gentheil.
> O dass nur du mir ewig gegenwärtig wä-
> rest, mit allem, was dir verwandt ist, trau-
> render Halbgott, den ich meyne!

Nebenbei ist damit ein inhaltlicher Terminus post quem für die Niederschrift der endgültigen Gestalt von *Hyperion* I gegeben. Aber es bleibt nicht bei dieser einen Hekatombe. Die Reflexion des Freitods im *Empedokles*, die Stelle des Suizids in den Entwürfen zur Ode *Dichtermuth*⁹, zuletzt in der Nennung so gegensätzlicher Heroen wie Patroklus und Ajax im Gesang *Mnemosyne* von 1805, all das zielt auf Reales.

Was jedoch der im Titel zitierte Gedanke ausspricht, wird erst nach dem Tod Susette Borkenstein-Gontards Gewißheit. So *schreklich* ist die Faktizität der Vorstellungen, mit denen er umging, daß er, um die Erinnerung daran zu ertragen, Tod mit Narrheit vertauschen muß: *Und wisset Se, wies no ganga ist? Närret is se worde, närret, närret närret!*¹⁰

---

7 Hölderlin mißt Schiller an Stäudlin. Der letzte Anlaß seiner Empörung war dessen Aufsatz *Über den moralischen Nutzen ästhetischer Sitten*, der im April 1796 in den *Horen* erschienen war; vgl *Irrhaus*.
8 Eine Allusion an Staudlins Aufruf (Anm. 3) und den Entwurf *An Herkules* vom Frühjahr 1796 (vgl. *Zwei Siegel* II; Text HKA 2, 243).
9 Vgl. HKA 4/5 *Oden*, in Vorbereitung.
10 Im April 1843, überliefert in Johann Georg Fischers Aufsatz: *Aus Friedrich Hölderlins dunkeln Tagen*.

Daß Mißfallen an mir selbst und dem was mich umgiebt hat mich in die Abstraction hineingetrieben; ich suche mir die Idee eines unendlichen Progresses der Philosophie zu entwikeln, ich suche zu zeigen, daß die unnachläßliche Forderung, die an jedes System gemacht werden muß, die Vereinigung des Subjects und Objects in einem absoluten — Ich oder wie man es nennen will — zwar ästhetisch, in der intellectuellen Anschauung, theoretisch aber nur durch eine unendliche Annäherung möglich ist, wie die Annäherung des Quadrats zum Zirkel, und daß, um ein System des Denkens zu realisiren, eine Unsterblichkeit eben so nothwendig ist, als sie es ist für ein System des Handelns. Ich glaube, dadurch beweisen zu können, in wie ferne die Skeptiker recht haben, und in wie ferne nicht.

[Brief an Schiller vom 4. September 1795]

## EINEM JUNGEN FREUNDE
als er sich der Weltweisheit widmete

Schwere Prüfungen mußte der griechische Jüngling bestehen,
  Eh das Eleusische Haus nun den Bewährten empfieng.
Bist du bereitet und reif, das Heiligtum zu betreten,
  Wo den verdächtigen Schatz Pallas Athene verwahrt?
Weißt du schon, was deiner dort harret? Wie theuer du kaufest?
  Daß du ein ungewiß Gut mit dem gewissen bezahlst?
Fühlst du dir Stärke genug der Kämpfe schwersten zu kämpfen
  Wenn sich Verstand und Herz, Sinn und Gedanken entzweyn,
Muth genug, mit des Zweifels unsterblicher Hydra zu ringen,
  Und dem Feind in dir selbst männlich entgegen zu gehn,
Mit des Auges Gesundheit, des Herzens heiliger Unschuld
  Zu entlarven den Trug, der dich als Wahrheit versucht?
Fliehe, bist du des Führers im eigenen Busen nicht sicher,
  Fliehe den lockenden Rand, ehe der Schlund dich verschlingt.
Manche giengen nach Licht, und stürzten in tiefere Nacht nur;
  Sicher im Dämmerschein wandelt die Kindheit dahin.

[Schiller in *Die Horen*, 11. Stück 1795]

Zehn biographische Details II

Nehmen sie, ich bitte Sie, Ihre ganze Kraft und Ihre ganze Wachsamkeit zusammen, wählen Sie einen glücklichen poetischen Stoff, tragen ihn bildend und sorgfältig pflegend im Herzen, und lassen ihn in den schönsten Momenten des Daseyns ruhig der Vollendung zureifen. Fliehen Sie wo möglich die philosophischen Stoffe, sie sind die undankbarsten, und in fruchtlosem Ringen mit denselben verzehrt sich oft die beßte Kraft, bleiben Sie der Sinnenwelt näher, so werden Sie weniger in Gefahr seyn, die Nüchternheit in der Begeisterung zu verlieren, oder in einen gekünstelten Ausdruck zu verirren.
[Schiller an Hölderlin, 24. November 1796]


II
*Der falsche Messias zu Konstantinopel an H...*
*Als der Prophet nicht geriet, da ward er ein Türke zu Stambul;*
*Freund, sei vernünftig wie er, werde du jetzt Philosoph.* 1


Gemeint ist Hölderlin. Aber das Distichon erschien nicht im *Musenalmanach 1797*. Vermutlich lag es, mit einigen anderen, Schillers an Goethe gerichteten Brief vom 22. Januar

---

1 Das handschriftlich überlieferte Epigramm spielt auf den Juden Sabbatai Zevi (1626-1676) an, der sich zum Messias ausrief und vom Sultan gezwungen wurde, zum Islam überzutreten. Seine geheimen Anhänger, die Sabbatianer, wirkten bis in die Zeit der Französischen Revolution. Nach Erscheinen des „Xenien'-Almanachs im November 1796 notierte Hölderlin seinerseits fünf Distichen gegen Schiller:
Guter Rath.
Hast du Verstand und ein Herz, so zeige nur eines von beiden,
    Beides verdammen sie dir, zeigest du beides zugleich.
[Vgl. *Einem jungen Freunde...*, v. 8]
Advocatus Diaboli.
Tief im Herzen haß ich den Troß der Despoten und Pfaffen
    Aber noch mehr das Genie, macht es gemein sich damit.
[Vgl. *Grabschrift für einen Dichter* XXV.]

93

1796 bei und wurde erst im Sommer, bei Redaktion der *Xenien* ausgeschieden[2].

Hölderlin hatte Jena Ende Mai 1795 verlassen[3], seine Briefe an Schiller waren ohne Antwort geblieben. Dafür konnte er Mitte Dezember einen öffentlichen Reflex auf den philosophischen Exkurs in seinem Brief vom 4. September lesen: die

---
     Lieben Brüder!
Lieben Brüder! versucht es nur nicht, vortreflich zu werden
 Ehrt das Schiksaal und tragts, Stümper auf Erden zu seyn
Denn ist Einmal der Kopf voran, so folget der Schweif auch
 Und die klassische Zeit deutscher Poëten ist aus.
    Die beschreibende Poësie.
Wißt! Apoll ist der Gott der Zeitungsschreiber geworden
 Und sein Mann ist, wer ihm treulich das Factum erzählt.
    Falsche Popularität.
O der Menschenkenner! er stellt sich kindisch mit Kindern
 Aber der Baum und das Kind suchet, was über ihm ist.
[Vgl. *Einem jungen Freunde...*, v. 16]

2 Während der *Xenien*-Redaktion traf ein am 24. Juli in Kassel abgeschickter Brief Hölderlins ein. Erst auf eine Anfrage im November teilt Schiller mit, daß die beiliegenden Gedichte für den Almanach zu spät gekommen seien. Anzunehmen, daß er seinen ehemaligen Schützling nicht doppelt verletzen wollte und daß darum der Angriff auf Hölderlin unterblieb. Zur Datierung der Schillerschen Hs vgl. Schiller, Nationalausgabe 28, S. 170f., 510 und Hans Wahl, *Ur-Xenien. Nach der Handschrift*, Weimar 1934. Der bisherige Kommentar zu *an H...: noch unbekannt.*

3 Das Motiv der überstürzten Abreise ist zweimal angedeutet. Im Entwurf der Ode *Heidelberg: Ein vertriebener Wandrer/ Der vor Menschen und Büchern floh* (vgl. HKA 4/5; in Vorbereitung); im Brief an Hegel vom 20. November 1796: *Es ist recht gut, daß mich die Höllengeister, die ich aus Franken mitnahm, und die Luftgeister, mit den metaphysischen Flügeln, die mich aus Jena geleiteten, seitdem ich in Frankfurt bin, verlassen haben.* Nach Adolf Becks sorgfältiger und zugleich einfühlsamer Untersuchung erwartete Wilhelmine Marianne Kirms, die Gesellschafterin Charlotte von Kalbs in Waltershausen ein Kind, das, nach Angaben der Mutter (im Sterberegister am 20. September 1796) am 14. Juli 1795 geboren wurde (vgl. HJb 1957, S. 46ff.). Hölderlin kam Ende 1793 in Walterhausen an und siedelte Anfang November 1794 mit seinem Zögling nach Jena über. Dort schloß er sich Schiller, Fichte, Niethammer und vor allem Sinclair an, der Jena wenig später, wegen Beteiligung an Studententumulten, verlassen mußte.

hexametrische Belehrung: *Einem jungen Freunde, als er sich der Weltweisheit widmete*[4].

Jener *Xenien*-Entwurf zielt, wenn auch ungleich gehässiger, in dieselbe Richtung.

Wie es scheint, blieb Hölderlin unbeeindruckt, denn schon am 24. Februar 1796, acht Wochen nach seiner Ankunft in Frankfurt, schreibt er an Immanuel Niethammer in Jena, daß *die Philosophie wieder einmal fast* seine *einzige Beschäftigung* sei. Die *Neuen Briefe über die ästhetische Erziehung des Menschen*, für das *Philosophische Journal*, werde er allerdings erst später liefern können[5].

Unüberhörbar der Affront gegen Schiller. Dieser wiederum mokiert sich Cotta gegenüber: *Es ist unendlich lächerlich, die Anfänger in der Philosophie und die Schmierer zu Leipzig und Halle über meine aesthetischen Briefe ergrimmt zu sehen*[6].

Hölderlins umständliche Entschuldigung im ersten Nürtinger Brief vom 24. Juli 1795 deuten auf einen Disput hierüber[7].

---

4 *Die Horen*, 11. Stück, S. 41-42. Das Gedicht liegt offenbar schon bei Abfassung des Briefs an Wilhelm von Humboldt vom 5. Oktober 1795 vor: *Es sind unterdessen auch 6 biß 8 kleinere Stücke* [nach dem Vorhergegangenen in Distichen] *fertig geworden*. Damit ist auch die zeitliche Beziehung zu Hölderlins philosophischem Exkurs im Brief vom 4. September gesichert. Eine weitere Pikanterie liegt in der Form des Gedichts. Schiller hatte sich bisher eindeutig zur gereimten Lyrik bekannt und die Verwendung griechischer *Sylbenmaße* verworfen (vgl. KTA 6, 17). Noch im Frühjahr hatte er Hölderlin zur Übertragung von Ovids *Phaëton* in Stanzen[!] veranlaßt und die am 23. Juli 1795 abgelieferte Arbeit kommentarlos beiseite gelegt. Der nun sichtbare Gesinnungswandel erklärt zugleich, warum die ‚parodistische' Übersetzung im *Musenalmanach 1796* fehlte.

5 Der Titel der Schillerschen Briefe, erschienen im 1., 2. und 6. Stück der Horen (Januar, Februar und Juli 1795), lautet: *Über die asthetische Erziehung des Menschen in einer Reihe von Briefen*. Von Hölderlins Projekt ist nur ein *Fragment philosophischer Briefe* erhalten (vgl. *menschlich, d. h* und HKA 14, 11ff.).

6 Brief vom 30. Oktober 1795.

7 Möglicherweise wurde Hölderlins Ablehnung der Schillerschen These ‚Kunst als Spiel mit dem Schein' von Niethammer kolportiert.

Als sich Schiller im November 1796 schließlich zu einer Antwort auf Hölderlins vierten Brief herbeiläßt, fordert er ihn nochmals auf, die *philosophischen Stoffe* zu meiden[8]. Aber das war fruchtlos. Spätestens nach dem im April 1796 erschienenen Aufsatz *Über den moralischen Nutzen ästhetischer Sitten*[9], wußte Hölderlin, woran er mit ihm war[10].

---

8 Vgl. Innentitel, dritter Text.
9 In *Die Horen* 1796, 3. Stück.
10 Vgl. **Irrhaus.**

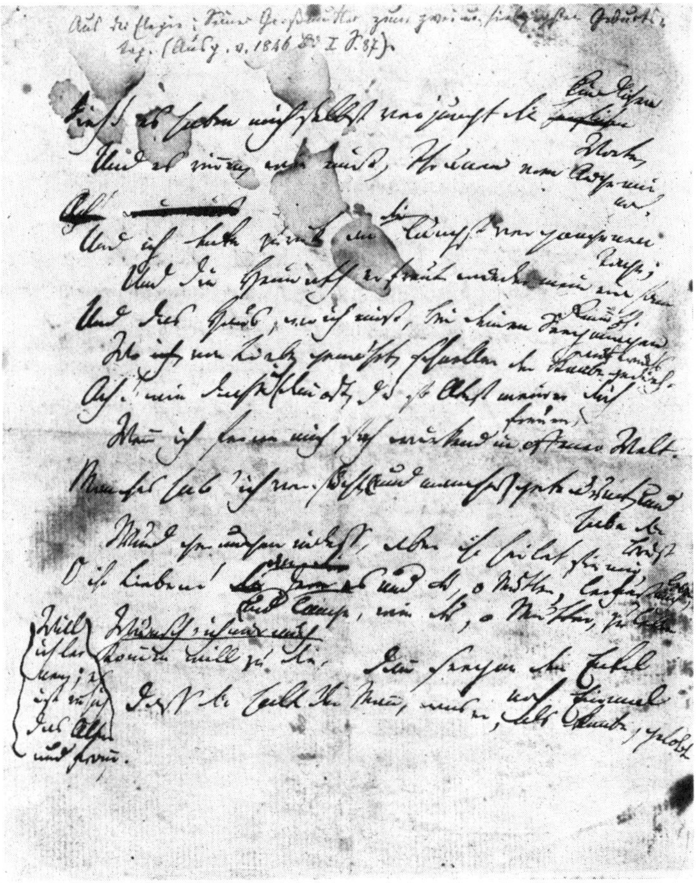

## III
## *Memorial*

Im September 1798 hatte er das Gontardsche Haus verlassen müssen. Er lebt jetzt in Homburg und schreibt Anfang des neuen Jahres ein Geburtstagsgedicht für die im Haus der Mutter lebende Großmutter Johanna Rosina Heyn.

Von seiner Hand ist nur die zweite Hälfte der Elegie überliefert; sie ist, was nicht verschwiegen wird, voller Tränen.

Doch erst gegen Schluß verwirrt sich und stockt der Entwurf. Es bleibt eine Lücke, die, Schrift und Feder nach, erst später geschlossen wird. Zuvor streicht er das Ende des letzten Satzes: *und lange, wie du, o Mutter, zu leben, / Wünsch' ich mir auch.* Die neue Zeile: *Will ich lernen; es ist ruhig das Alter und fromm*, steht, von zwei züngelnden Linien eingerahmt, am Rand der Seite. Dem Bruder berichtet er, so gut es geht, von dem Vorfall[1].

---
1 Begonnen am 31.12.1798; fortgesetzt am 1. Januar und nochmals einige Tage später: *Du wirst mir verzeihen, liebster Bruder! daß ich so langsam und fragmentarisch mit meinem Briefe bin. Es wird vieleicht wenigen der Übergang von einer Stimmung zur andern so schwer, wie mir; besonders kann ich mich nicht leicht aus dem Raisonnement in die Poësie heraus finden, und umgekehrt. Auch hat mich dieser Tage ein Brief von unserer lieben Mutter, wo sie ihre Freude über meine Religiosität äußerte, und mich unter anderm bat, unserer theuern 72jährigen Grosmutter ein Gedicht zu ihrem Geburtstage zu machen, und noch manches andere, in dem unaussprechlich rührenden Briefe so ergriffen, daß ich die Zeit, wo ich vieleicht an Dich geschrieben hätte, meist mit Gedanken an sie und euch Lieben überhaupt zubrachte. Ich habe auch denselben Abend noch, da ich den Brief bekommen, ein Gedicht für die guten Mütter angefangen, und bin in der Nacht beinahe damit fertig geworden. Ich dachte, es müßte die guten Mütter freuen, wenn ich gleich den Tag darauf einen Brief und das Gedicht abschikte. Aber die Töne, die ich da berührte, klangen so mächtig in mir wieder, die Verwandlungen meines Gemüths und Geistes, die ich seit meiner Jugend erfuhr, die Vergangenheit und Gegenwart meines Lebens wurde mir dabei so fühlbar, daß ich den Schlaf nachher nicht finden konnte, und den andern Tag Mühe hatte, mich wieder zu sammeln. So bin ich. Du wirst Dich*

*wundern, wenn Du die poëtisch so unbedeutenden Verse zu Gesicht bekommst, wie mir dabei so wunderbar zu Muthe seyn konnte. Aber ich habe gar wenig von dem gesagt, was ich dabei empfunden habe. Es gehet mir überhaupt manchmal so, daß ich meine lebendigste Seele in sehr flachen Worten hingebe, daß kein Mensch weiß, was sie eigentlich sagen wollen, als ich* (vgl. HKA 6, 105; KTA, 52).

*Depuis environs dix heures et demie du soir jusques environ minuit et demi,*

*Feu.*

*Dieu d'Abraham, Dieu d'Isaac, Dieu de Jacob\*, non des philosophes et des savants.*

. . .

*Joie, joie, joie, pleurs de joie.*

Mémorial de Pascal, 23. November 1654 (II)

---

\* Paraphrase des Bescheids Jesu an die Sadduzäer, Matth. XXII, 31, 32: *Habt ihr nicht gelesen von der Toten Auferstehung, was euch gesagt ist von Gott, der da spricht: „Ich bin der Gott Abrahams und der Gott Isaaks und der Gott Jakobs"? (Exod. III, 6) Gott aber ist nicht ein Gott der Toten, sondern der Lebendigen.*

## Achill.

Herrlicher Göttersohn! da du die Geliebte verloren,
  Giengst du ans Meergestad, weintest hinaus in die Fluth,
Weheklagend, hinab verlangt in den heiligen Abgrund
  In die Stille dein Herz, wo, von der Schiffe Gelärm
Fern, tief unter den Woogen, in friedlicher Grotte die blaue
  Thetis wohnte, die dich schüzte, die Göttin des Meers.
Mutter war dem Jüngling sie, die mächtige Göttin,
  Hatte den Knaben einst liebend, am Felsengestad
Seiner Insel, gesäugt, mit dem kräftigen Liede der Welle
  Und im stärkenden Bad' ihn zum Heroën genährt.
Und die Mutter vernahm die Weheklage des Jünglings,
  Stieg vom Grunde der See, trauernd, wie Wölkchen, herauf,
Stillte mit zärtlichem Umfangen die Schmerzen des Lieblings
  Und er hörte, wie sie schmeichelnd zu helfen versprach.

Göttersohn! o wär ich, wie du, so könnt' ich vertraulich
  Einem der Himmlischen klagen mein heimliches Laid.
Sehen soll ich es nicht, soll tragen die Schmach, als gehört ich
  Nimmer zu ihr, die doch meiner mit Thränen gedenkt
Gute Götter! doch hört ihr jegliches Flehen des Menschen,
  Ach! und innig und fromm liebt' ich dich heiliges Licht,

## Zehn biographische Details IV

*Seit ich lebe, dich Erd' und deine Quellen und Wälder,*

*Vater Aether und dich fühlte zu sehnend und rein*

*Dieses Herz — o sänftiget mir, ihr Guten, mein Laiden,*

*Daß die Seele mir nicht allzufrühe verstummt,*

[An dieser Stelle bricht die Elegie ab. Der bisher gedruckte Schluß wurde von Christoph Theodor Schwab, dem Herausgeber der Ausgabe von 1846, ergänzt, er selbst schreibt, was den späteren entging, im Vorwort des ersten Bandes: Nirgends wagte ich ein Wort, das mir nicht aus den Papieren selbst gekommen wäre; nur Einmal habe ich eine Ausnahme von der Regel gemacht in einem lyrischen Gedichte, wo ich ein vollständiges Conzept in Prosa und eine nicht ganz bis zum Ende gebrachte Ausführung in Versen fand; hier erlaubte ich mir einige kleine Versetzungen, um den Vers und damit die Harmonie des Ganzen herzustellen. Die Kritiker werden sie herausfinden. Der Schluß jenes Prosaentwurfs lautet: *und stärkt mir das Herz, damit/ ich nicht ganz verstumme, daß ich/ leb, und eine kurze Zeit/ mit frommem Gesang euch Himm-/ lischen danke, für Freuden/ vergangener Jugend, und/ dann nimmt gütig zu/ euch den Einsamen auf.* Vgl. HKA 6, 111, KTA, 55.]

20

*Am Feigenbaum ist mein*
*Achilles mir gestorben*

*Mnemosyne*, v. 35,36

## IV
## *Achill*

Mit wem sonst soll sich der Dichter vergleichen, wenn nicht mit Achill? Wie diesem wird ihm die Geliebte genommen. Wie dieser findet er nicht seinesgleichen, weiß, was ihm blüht und sitzt die Hälfte der Zeit betäubt und einsam, fällt, von *Apollo geschlagen*[1]. *Am Feigenbaum*[2]. Dies letzte ist mehr als eine literarische Reminiszenz[3].
Anderes stimmt nicht überein. Achills Mutter war die Meergöttin Thetis, sein Vater der sterbliche Peleus. Bei ihm scheint es nur ähnlich: sein Vater starb früh und lebt deshalb wie verklärt, niemand, den man versehentlich im Hohlweg erschlägt[4];

---

1 Brief an Casimir Ulrich Böhlendorff im Herbst 1802: *Das gewaltige Element, das Feuer des Himmels und die Stille der Menschen, ihr Leben in der Natur, und ihre Eingeschränktheit und Zufriedenheit, hat mich beständig ergriffen, und wie man Helden nachspricht, kann ich wohl sagen, daß mich Apollo geschlagen.*

2 In der Übersetzung aus den *Bacchantinnen* des Euripides, der Ankunft des Dionysos in Theben, der Heimatstadt seiner Mutter, setzt Hölderlin συκον *Feigenbaum* für σηκος = Heiligtum (Semeles Grab): *Ich lobe doch den heilgen Kadmos, der im Feld hier/ Gepflanzt der Tochter Feigenbaum.* Daß sich der Dichter der wirklichen Wortbedeutung wohl bewußt war, bezeugt nicht nur der übrige Text (vorher *Grabmal*), sondern auch die beide Bedeutungen vereinigende Paraphrase in *Andenken: Im Hofe aber wächset ein Feigenbaum.* Demgegenüber ist die ebenso tiefsinnige Anspielung auf den Feigenbaum vor Troja (nicht bei oder nach Einnahme der Stadt) die äußere Sinnschicht. Zur Wortverwechslung s. Norbert von Hellingrath, *Pindarübertragungen von Hölderlin* in: *Hölderlin-Vermächtnis*, hg. von Ludwig von Pigenot, München 1936, 2. Aufl. 1944, S. 90.

3 Vgl. *Bäume*.

4 Wegen der Weissagung, Thetis' Sohn werde stärker als sein Vater, standen Zeus und Poseidon von einer Werbung ab. Ebenso mußte Hölderlin einen vergöttlichten Vater überwinden und nicht – wie Ödipus oder Achill – einen sterblichen, leichter besiegbaren. *Phaëton-Segment* III: *Natürlich dieses Leiden, das hat Oedipus. Natürlich ist's darum. Hat auch Herkules gelitten? Wohl. Die Dioskuren in ih-*

seine Mutter dagegen lebt, überlebt ihn faktisch auf dem Erbteil des Vaters[5], und ist doch nur eine Sterbliche.

Nach jener Tränennacht[6] geht er zum Strand hinab, wagt es, macht sie zu seiner *Vertrauten*[7], gesteht ihr, daß ihm seine

---

*rer Freundschaft haben die nicht Leiden auch getragen? Nemlich wie Herkules mit Gott zu streiten, das ist Leiden. Und die Unsterblichkeit im Neide dieses Lebens, diese zu theilen, ist ein Leiden auch.* Dies Letzte bezieht sich offenbar nicht nur auf das Schicksal der Dioskuren, im übrigen Halbgötter wie Herakles, sondern auf das ödipale Problem der Halbgötter überhaupt, nämlich wenn ihr Vater ein Gott ist. Wie tief Hölderlin diese Kongruenz empfindet, zeigt sich am Schluß des Segments *Sonst nemlich, Vater Zevs...* (vgl. *Zwölf chymische Figuren* X, Anm. 3): *Denn alles fassen muß/ Ein Halbgott oder ein Mensch, dem Leiden nach.*

5 Sie lebte vom Vermögen ihres ersten Mannes, d.h. von den Zinsen des Kapitals, für dessen Hälfte (die andere fiel der Schwester zu) Hölderlin 1828, nach ihrem Tod, keine Verwendung hatte.

6 Vgl. III.

7 Brief Anfang Januar 1799:
*Aber ich weiß jezt so viel, daß ich tiefen Unfrieden und Mißmuth unter anderm auch dadurch in mich gebracht habe, daß ich Beschäfftigungen, die meiner Natur weniger angemessen zu seyn scheinen, z. B. die Philosophie, mit überwiegender Aufmerksamkeit und Anstrengung betrieb und das aus gutem Willen, weil ich vor dem Nahmen eines leere Poëten mich fürchtete. Ich wußte lange nicht, warum das Studium der Philosophie, das sonst den hartnäkigsten Fleiß, den es erfordert, mit Ruhe belohnt, warum es mich, je uneingeschränkter ich mich ihm hingab, nur immer um so friedensloser und selbst leidenschaftlich machte; und ich erkläre mir es jezt daraus, daß ich mich in höherm Grade, als es nöthig war, von meiner eigentümlichen Neigung entfernte, und mein Herz seufzte bei der unnatürlichen Arbeit, nach seinem lieben Geschäffte, wie die Schweizerhirten im Soldatenleben nach ihrem Thal und ihrer Heerde sich sehnen. Nennen Sie das keine Schwärmerei! Denn warum bin ich denn friedlich und gut, wie ein Kind, wenn ich ungestört mit süßer Muße diß unschuldigste aller Geschäffte treibe, das man freilich, und diß mit Recht, nur dann ehrt, wenn es meisterhaft ist, was das meine vieleicht auch aus dem Grunde noch lange nicht ist, weil ichs vom Knabenalter an niemals in eben dem Grade zu treiben wagte, wie manches andre, was ich vieleicht zu gutmüthig gewissenhaft meinen Verhältnissen und der Meinung der Menschen zu lieb trieb. Und doch erfordert jede Kunst ein ganzes Menschenleben, und der Schüler muß alles, was er lernt, in Beziehung auf sie lernen, wenn er die Anlage zu ihr*

### Zehn biographische Details IV

*Neigung* keinen Mittelweg erlaube, er lebe nur um zu dichten, und bittet um nichts weiter als ihr Verständnis.

Die Antwort darauf ist nicht erhalten, doch der Inhalt seines nächsten Briefes, sein Schweigen danach, läßt ahnen, welcher Art sie war: *Es könnte mich unmännlich machen, wenn ich denken müßte, daß Ihr Herz den Sorgen unterliege. Denken Sie, daß ich keinen Vater habe, der mir mit Muth im Leben vorangeht, und geben Sie mir in der schönen Gestalt des ruhigen Duldens ein Beispiel des Muths. Ich brauch' ihn auch, wenn ich nicht lässig werden will, in dem, was meine Sache ist.*[8]

Was die Briefe verschweigen, steht im Gedicht. Die zur gleichen Zeit, im Frühjahr 1799 entstandene Elegie *Achill* beklagt nicht den Verlust der Geliebten, sondern die Existenz einer Mutter, die nicht heraufsteigt, wenn er sie ruft, ihm nicht, unter Tränen, glänzendere Waffen verspricht und bringt.

Dies kaum Erträgliche unterscheidet ihn von Achill.

---

*entwikeln und nicht am Ende gar erstiken will.// Sie sehen, liebste Mutter! Ich mache Sie recht zu meiner Vertrauten, und ich fürchte nicht, daß Sie mir diese ehrlichen Geständnisse übel auslegen werden. Es giebt so wenige, vor denen ich mich öffnen mag. Warum sollt' ich denn mein Sohnsrecht nicht benüzen, und Ihnen zu meiner Beruhigung meine Anliegen nicht sagen. Und glauben Sie nur nicht, daß ich Absichten dabei habe. Ich mag Ihnen nur gerne mit voller Wahrheit schreiben, und da müssen sie mich eben haben, wie ich bin.*
8 Brief Anfang März 1799.

21

Aber ich thue, was ich kann, so gut ichs kann, und denke, wenn ich sehe, wie ich auf meinem Wege auch dahin muß wie die andern, daß es gottlos ist und rasend, einen Weg zu suchen, der vor allem Anfall sicher wäre, und daß für den Tod kein Kraut gewachsen ist.

Und nun leb wohl, mein Theurer! bis auf weiteres. Ich bin jezt voll Abschieds. Ich habe lange nicht geweint. Aber es hat mich bittre Thränen gekostet, da ich mich entschloß, mein Vaterland noch jezt zu verlassen, vieleicht auf immer. Denn was hab' ich lieberes auf der Welt? Aber sie können mich nicht brauchen. Deutsch will und muß ich übrigens bleiben, und wenn mich die Herzens- und Nahrungsnoth nach Otaheiti triebe.

[Brief an Casimir Ulrich Böhlendorf
Nürtingen bei Stutgard.
d. 4 Dec. 1801.]

*Das Fest verhallt, und jedes gehet morgen*
*Auf schmaler Erde seinen Gang.*
[*An Landauer*, v. 23, 24; HKA 2, 301 (KTA 186)]

## V
*Aber sie können mich nicht brauchen.*

Das überschriftlose Lied *An Landauer* entstand im Dezember 1801 (nicht, wie bisher angenommen ein Jahr zuvor), zum 32. Geburtstag des befreundeten Kaufmanns Christian Landauer, der sich so viele Freunde einlud, wie er Jahre zählte. Dies ergibt sich aus der Lage des Entwurfs im *Stuttgarter Foliobuch*[1] und noch schlüssiger aus den letzten Zeilen des Gedichts. Sein Weg von Nürtingen nach Frankreich hat nicht an den in Stuttgart versammelten Freunden vorbeigeführt.

Daß diese Verse am Abend des 11. Dezember 1801 *gesungen* wurden[2], daß er fähig war, sie mit fester Stimme zu Ende zu lesen, ist zu bezweifeln.

Am nächsten Morgen brach er auf und meldete sich nach drei Tagen, 21 Meilen weiter, in der Mairie von Strasbourg.

---

1 6/47,46; am Ende der ursprünglich zur Fortsetzung des *Empedokles* offen gehaltenen Lücke zwischen den Entwürfen *Das untergehende Vaterland* und *Wenn der Dichter einmal des Geistes mächtig...* (vgl. *Elf Bemerkungen zum Stuttgarter Foliobuch* 1).

2 StA 2.2, S. 659: *Das Lied, sicherlich nach bestehender Melodie in geselliger Runde von den 31 Festgästen gesungen, verwendet den lang entwöhnten Reim, der dann erst in den spätesten Gedichten wiederaufgenommen wird.*

Vom Abgrund nemlich haben wir angefangen
[*Die Apriorität des Individuellen*, v. 1]


Ein wilder Hügel aber stehet über dem Abhang
Meiner Gärten. Kirschenbäume. Scharfer Othem aber wehet
Um die Löcher des Felses. Allda bin ich
Alles miteinander.

[*Germania*, v. 1-4]

Da rief ich den Nahmen der Helden
In des hohlen Felsen finstres Geklüft,
Und siehe! der Helden Nahmen
Rief ernster zurük
Des hohlen Felsen finstres Geklüft.

[*Am Tage/Der Freundschaftsfeier. 1788*, v. 94-98]

ich hoffe immer wan der gute nicht mehr so angestrengt arbeiten würde, wovon ihn all unser Bitten seit einem Jahr nicht abbringen konnte, (weil er nach seiner Aeußerung doch nicht viel aufweisen könne wegen seiner geschwächten Sinnen) seine Gemüthsstimmung würde sich auch bessern aber leider wurde ich in meiner Hoffnung getäuscht. seit 4 Wochen arbeitet er sehr wenig u. geht beynahe den ganzen Tag aufs Feld, wo er aber eben so ermüdet nach Hauß komt, als ihn vorher das Arbeiten anstrengte.

[Hölderlins Mutter an Isaak von Sinclair; August 1803]

## VI
### *Die Tek*[1]

Die topographisch exakte Beschreibung der Stelle, an welcher das schmale Plateau der Teck nach Süden hin abbricht. Unmittelbar an einer senkrecht ins Berginnere führenden Höhle gestatten Durchbrüche im schwefelgelben Kalk den Zugang zu einem über den Abgrund hinausragenden altanähnlichen Felsvorsprung: *Allda bin ich/ Alles miteinander*[2].

---

1 Hexametrisches Gedicht von 1788; v. 37-41:
*Biß ich dreimal gesiegt, verlaß' ich das stolze Gebirge.*
*Unerträglich! stärker als ich, die trozende Felsen,*
*Ewiger, als mein Nahme, die tausendjährige Eichen!*
*Biß ich dreimal gesiegt, verlaß' ich das stolze Gebirge.*
*Und er gieng und schlug, der feurige Fürst des Gebirges.*
2 Vgl. *Neun editorische Übungen* V/VI, Anm. zu III, v. 4.

23

*Ein sonderbarer Zufall trug auch dazu bey, Sinclair sehr mißtrauisch zu machen. Sein Cammerad Friderich Hölderlin von Nürtingen, der von der ganzen Sache ebenfalls unterrichtet war, ist in eine Art Wahnsinn verfallen, schimpft beständig auf Sinclair und die Jacobiner und ruft zu nicht geringem Erstaunen für hiesige Einwohner in einem fort: ich will kein Jacobiner bleiben.*

[Aus dem zweiten Verleumdungsbrief des Denunzianten]

## VII
*Ich will kein Jacobiner seyn.*
*Vive le Roi!*

Hölderlin erhebt das verräterische Geschrei, auf das sich der Denunziant Sinclairs, wenn auch nur nebenbei, mehrfach beruft[1], nach der Rückkehr des Freundes aus Paris, wo dieser Napoleons Kaiserkrönung beigewohnt hatte. Wie man berichtet, schrie er *beynahe unausgesetzt*[2], wahrscheinlich, sobald jemand in seine Nähe kam, im Januar und Februar 1805 und noch einige Tage nach der Verhaftung Sinclairs, den er tagszuvor noch heftig beschimpft hatte[3]. Um wenigsten den Dichter

---

1 Ein gewisser Blankenstein, der sich Sinclairs Vertrauen erschlichen hatte, und der sich, nachdem dieser dessen undurchsichtigen Gesschäfte mit dem immer in Schwierigkeiten befindlichen Homburger Hof zu durchkreuzen drohte, auf diese Weise an dem Vertrauten der landgräflichen Familie und zugleich höchsten Hofbeamten zu rächen suchte (vgl. Werner Kirchner, *Der Hochverratsprozeß gegen Sinclair*, Marburg 1949).
2 Im Bescheid des Landgrafen an den Bevollmächtigten des Kurfürsten: *Der Freund des von Sinclair M. Hölderlin aus Nürtingen befinde sich zu Homburg seit dem Monat July des vorigen Jahrs. Seit einigen Monaten seye derselbe in einem höchsttraurigen Gemüthszustand verfallen, so daß er als wirklich Rasender behandelt werden müsse. Er rufe beynahe unausgesetzt:* (vgl. Text zu Anm. 4).
3 Daß es Hölderlins Reden waren, die Sinclair seit Wochen kompromittierten, geht mittelbar aus dem Brief hervor, den die Landgräfin Caroline am Vortag am 25. Februar, dem Vortag der nächtlichen verhaftung, an den Landgrafen schrieb: *Ich hoffe, daß man ihm Unrecht tut, aber ich wußte schon einige Zeit, daß man ihn dessen beschuldigt. (...) Möchte Deine Gesundheit nicht unter dieser Aufregung leiden, die Du vorausgesehen haben mußtest. Schon die Anschuldigung ist abscheulich. Das erinnert mich an Reden Hölderlins in seinem Wahnsinn. Gestern besuchte er ihn übrigens. Als er weggegangen war, belegte er Sinclair laut mit Beinamen, die nicht ehrenvoll waren* (ebd. S. 63). Wenn an der Verschwörung Sinclairs etwas Wahres war, dann war es Hölderlin, der den verzweifelten, die Zeit übereilenden und doch schon längst verspäteten Ansatz zu einer Revolution in Deutschland, den einzigen überhaupt, verraten hat.

vor der Auslieferung an die Württemberger zu bewahren, läßt der Landgraf von Homburg die ausführlichste Version mitteilen: *Ich will kein Jacobiner seyn! fort mit allen Jacobinern! Ich kann meinem gnädigsten Churfürsten mit gutem Gewissen unter die Augen tretten*[4].

Zwar scheint offensichtlich, wer mit dem *gnädigsten Churfürsten* gemeint ist, nämlich Friedrich II. (erst 1803 in diesen Stand erhoben; 1805 zum König von Württemberg avanciert), derselbe also, dessen Ermordung Sinclair von langer Hand vorbereitet haben soll, eindeutig jedoch nur für solche, die von Doppelsinn und Ironie nur von ferne gehört haben.

Im Entwurf *Heimath*, vielmehr bei jenen Ergänzungen, unter denen auch die Widmung *Dem Fürsten* erscheint, heißt es vielsagend *Mein Churfürst!* und dieser wird zugleich als *König zu Jerusalem* angeredet[5].

*Laß in der Wahrheit immerdar / Mich bleiben*

Schon dieser Beginn — imaginäre Verdichtung des gewalti-

---

4 ebd. S. 76 (vgl. Anm. 2). Der Beauftragte des Landgrafen fährt fort: *Der Landgraf wünschen, daß die Auslieferung dieses Menschen, wenn bey Untersuchung der Sache die Sprache von ihm werden sollte, umgangen werden könnte. Wenn man solche aber nöthig finden sollte, so müßte der Unglükliche ganz und auf immer übernommen und versorgt werden, weil demselben in diesem Fall die Rükkehr nach Homburg nicht mehr gestattet werden könne.*

5 Vgl. *Neun editorische Übungen* IV; 307/58: 2-15:

               *fast hatte*
*Licht meines Tags tieffurchend*
*Der Tag von deinem Herzen*
*Mein Churfürst! mich*
*Hinweggeschwazt und auch die süße Heimath\* wo* [ ]
*Viel Blumen blühen gesehn*
*Als wie im Geseze deiner Gärten, in der Gestalt*
*Des Erdballs*
        *König*
*Zu Jerusalem*
            *der müde Sohn*
           *der Erde*
                *der Meister aber*
*In der Weinstadt bleibet*            \* Vgl. *Verlorne Liebe.*

gen Psalms CXIX — ist mehr als eine Rechtfertigung vor dem Stuhl eines kleindeutschen Tyrannen, sei er inzwischen Kurfürst oder napoleonischer König.

Zweifellos, von beiden Fürsten, dem weltlichen, insgeheim noch immer von Gottesgnaden, und dem geistigen ist im Gesang die Rede, wobei, angesichts der lachhaften Deutungen, nicht unentschieden bleibt, welche von beiden Reden nur vorgeschützt war: diejenige, die ihren Zweck nicht verfehlt hat.

Beide verstoßen, in ihrer Doppelzüngigkeit, gegen das geltende Recht, die politische als Kritik am herrschenden Grundsatz, die heilige, wie eh und je, als Lästerung in den Augen der Pharisäer.

Nach den Feierlichkeiten ist das royalistische Bekenntnis, das die Schlachtopfer unter dem Fallbeil schrien, so wahnsinnig und furchtbar wahr, wie das Blut, das nach dem Schrei hervorschoß. Das pathetische Für und Wider verfliegt als ein Witz, über den keiner lacht, weil ihn niemand versteht. Dreißig Jahre bevor Büchner den *gräßlichen Fatalismus der Geschichte* vor Augen führte[6], erzeugt das Desaster der Vernunft einen Blitz, dessen transzendentale Ironie dem umnachteten Bewußtsein in die Stirne fährt[7].

Der Entwurf *Apriorität*, allen Zeichen nach erst 1806 entstanden[8], klärt das Zweideutige auf. Er richtet seinen *Fürsten die Hüfte*. Der Dichter heilt, was der Engel an dem Menschen verrenkte, der seither den prophetischen Namen Israel trägt. Vor diesem Sinnbild gerinnt der progressivste Name der Revolution zum Anachronismus, zum Makel des alten, sich selbst stets unbekannt gebliebenen Leidens[9].

---

6 Brief an Minna Jaeglé, Mitte März 1834; Anfang 1835 *Dantons Tod*.
7 Vgl. *Wüste*, Innentitel.
8 Vgl. *Neun editorische Übungen* V/VI, Anm. zu III, v. 2.
9 Vgl. *Hüfte*.

24

*Noch zu Zeiten seines Wahnsinns, wohl nach mehr als 20 Jahren, wurden Briefe bey ihm gefunden, die ihm seine Geliebte Diotima geschrieben, und die er bis jetzt verborgen gehalten.*
Wilhelm Waiblinger
*Friedrich Hölderlins Leben, Dichtung und Wahnsinn*


*Hölderlin's Familie wußte von der Hölderlin'schen Liebschaft in Frankfurt nichts; erst als die Mutter den ihm von Frankreich nachgeschickten Koffer öffnete, fand sie in einem geheimen Behälter desselben diese Briefschaften.*
Richard Hamel, Bad Homburger Stadtarchiv


Nicht *nach mehr als zwanzig Jahren . . bey ihm aufgefunden,* sondern in Nürtingen 1802, *als die Mutter den ihm von Frankreich nachgeschickten Koffer öffnete.* Von dem Fund mag Waiblinger durch Schwab, dieser von Gok erfahren haben.
Adolf Beck in StA 7.3, S. 83

## VIII
## *So durchlauf ich des Lebens Bogen*[1]

Der biographischen Skizze Wilhelm Waiblingers, 1827/28 in Rom geschrieben[2], ging eine fünfjährige Bekanntschaft mit dem Dichter voraus. Im Tagebucheintrag des ersten Besuchs ist von sechzehnjährigem Wahnsinn die Rede. Diese offenbar von Zimmer stammende Angabe stimmt genau mit der Einlieferung ins Autenriethsche Clinicum überein. Demnach fiele die Auffindung der Briefe Susette Gontards erst ins Jahr 1826, wahrscheinlich kurz bevor Waiblinger nach Italien reiste, wo er Anfang 1830, sechsundzwanzigjährig, starb.

Wenn Adolf Beck den jungen genialischen Dichter des Irrtums in dieser zweifelsfrei scheinenden Sache bezichtigt, hat er mindestens einen gewichtigen Grund: Beißner hatte die Entwürfe *Was ist der Menschen Leben...*[3] und *Was ist Gott...*[4]

---

1 *Lebenslauf* I, v. 3
2 Vgl. Wilhelm Hoffmann, *Wann hat Wilhelm Waiblinger seinen Lebensabriß Hölderlins verfaßt?* in HJb 1950, S. 127.
3 436/2:
*Was ist der Menschen Leben ein Bild der Gottheit.*
*Wie unter dem Himmel wandeln die Irrdischen alle, sehen*
*Sie diesen. Lesend aber gleichsam, wie*
*In einer Schrift, die Unendlichkeit nachahmen und den Reichtum*
*Menschen. Ist der einfältige Himmel*
*Denn reich? Wie Blüthen sind ja*
*Silberne Wolken. Es regnet aber von daher*
*Der Thau und das Feuchte. Wenn aber*
*Das Blau ist ausgelöschet, das Einfältige, scheint*
*Das Matte, das dem Marmelstein gleichet, wie Erz,*
*Anzeige des Reichtums.*
5 417/1:
*Was ist Gott? unbekannt, dennoch*
*Voll Eigenschaften ist das Angesicht*
*Des Himmels von ihm. Die Blize nemlich*
*Der Zorn sind eines Gottes. Jemehr ist eins*
*Unsichtbar,    schiket es sich in Fremdes. Aber der Donner*
*Der Ruhm ist Gottes. Die Liebe zur Unsterblichkeit*
*Das Eigentum auch, wie das unsre,*
*Ist eines Gottes.*

auf 1802 datiert und zwischen die hymnischen Entwürfe des Homburger Foliohefts eingeordnet. So fehlt in der Abteilung *Späteste Gedichte* (die mit einer Ausnahme[5] nur gereimte Gedichte und einige Oden enthält) die stilistische Rubrik der *Vaterländischen Gesänge*[6], die der Herausgeber wohl noch der Krise, aber nicht mehr den späteren *Krankheitsjahren*[7] zuordnen mochte.

Nur darum wurde die zeitgleiche, schon deshalb authentischere Mitteilung Waiblingers zugunsten der Aufzeichnung des Homburger Bibliothekars Richard Hamel von 1856 ignoriert. Diesem hatte Hölderlins Neffe Fritz Breunlin, zum Zeitpunkt des übermittelten Vorfalls vier Jahre alt, die Sache mit dem Gepäck aus Bordeaux erzählt. Der Koffer war noch vor dem Dichter (welcher nach Pierre Bertaux' Vermutung von Kehl aus[8] zunächst nach Frankfurt geeilt war und sich erst nach dem Tod Susette Gontards am 22. Juni 1802 nach Württemberg wendete) in Nürtingen eingetroffen und von der Mutter oder der verwitweten Schwester geöffnet worden. Nur darum, folgert Bertaux, habe der Zurückgekehrte seine Verwandten im Zorn auf die Straße gejagt. An dem Skandal selbst ist kaum zu zweifeln, zumal ihn Waiblinger und nach ihm auch Christoph Theodor Schwab, wenn auch nicht in der von Hölderlins Halbbruder überwachten Druckfassung seiner biographischen Skizze berichtet.

---

5 Das Fragment *Freundschaft, Liebe...* (ebd.), das Mörike mit dem Anm. 6 zitierten von Waiblinger oder aus Waiblingers Nachlaß erhielt (vgl. Anm. 12).

6 Zu dem in der StA mißverständlichen Begriff vgl. I, Anm. 3; vorzuschlagen wäre stattdessen ‚hesperische Gesänge' — ein aus Hölderlins Kunstanschauung entlehnter Begriff.

7 StA 2.2, S. 992: *...die reimlosen und unmetrischen Niederschriften der ersten Krankheitsjahre* [unterscheiden sich] *ebendadurch* [] *von den Vaterländichen Gesängen* [], *daß deren strenges Baugesetz nun nicht mehr beachtet wird. Es fehlt daher an jedem* gesezlichen Kalkul.

8 7. Juni 1802; doch er trifft erst in den ersten Julitagen in Stuttgart ein (vgl. Pierre Bertaux, *Friedrich Hölderlin*, Frankfurt 1978, S. 538).

## Zehn biographische Details VIII

Dennoch ist die Annahme, man habe ihm jene kompromittierenden Briefschaften schon damals abgenommen, ganz unbegründet, schief und unglaubhaft. Dies geschah erst vierundzwanzig Jahre später.

War aber Hölderlin bis 1826 im Besitz seiner Papiere, ist auch jene säuberliche, von der Philologie gezogene Grenze unhaltbar geworden. Die Gesänge verstummten nicht etwa um 1804[9] oder 1806.

Unwiderlegbare Belege hierfür sind die von Waiblinger benutzten *Phaëton-Segmente*[10], vor allem das stilverwandte Blatt *Was ist Gott...*, auf dessen Rückseite Hölderlins Kostherr, der Schreinermeister Zimmer, eine an ihn gerichtete Ode abschrieb, bevor er das Blatt Waiblinger überließ[11].

Die Datierung der späten Eintragungen im Homburger Folioheft und einigen Einzelhandschriften (z. B. *Griechenland*) ist danach offener denn je. Nicht nur er selbst, auch sein Werk kehrte, woher es kam.

---

9 Bisher wurde kein einziger hymnischer Text definitiv später als 1804 datiert.

10 Waiblinger hatte unmittelbar nach dem ersten Besuch, am 3. Juli 1822 den Vorsatz gefaßt, einen Roman über Hölderlins Schicksal zu schreiben und diesen noch im gleichen Jahr ausgeführt. Die im Roman zitierten Blätter des wahnsinnig gewordenen Bildhauers *Phaëton* hat er offenbar schon bei der ersten Begegnung erhalten. Im Tagebuch heißt es: *Ich erbat mir auch einen solchen Bogen. Merkwürdig ist das nach Pindarischer Weise oft wiederkehrende: nemlich* [vgl. *Im Saussen des Rohrs*, Innentitel] *– er spricht immer von Leiden, wenn er verständlich ist, von Oedipus, von Griechenland* (vgl. HKA 9, Phaëton-Segment III).

11 Mörike erhielt 1838 *einen Rummel Hölderlinischer Papiere, meist unlesbares oder mattes Zeug.* Dann zitiert er das in Anm. 7 genannte Fragment und die zweistrophige Ode *An Zimmern*, von der er allerdings schon einmal 1832 berichtet hatte (vgl. StA 7.3, S. 170).

## [ETHICA IN NUCE]

### [Propositio I]
*Herrn von Sillaer*

*Omnes homines sunt praecipue boni.*
[Alle Menschen sind vornehmlich gute.]

### [Propositio II]
*Herrn von Martizaer.*

*Homines sunt eis praecipue non infensi.*
[Die Menschen sind sich gewöhnlich nicht feind.]

### [Propositio III]
*Herrn von Sommineer.*

*Quomodo homines sunt, ita eis est participatum.*
[Wie Menschen sind, so sind sie teilhaftig.]

### [Propositio IV]
*Herrn von Paristeer.*

*Homines sunt tales, quomodo illi praecipue sunt inter se.*
[Menschen sind so, wie sie gewöhnlicherweise untereinander sind.]

### [Propositio V]
*Herrn von Zirwizaer.*

*Homines sunt praecipue tales, quomodo illi sunt inter se boni.*
[Die Menschen sind es vorzüglich insofern, als sie einander gut sind.]

1826

## IX
### *Wahre Sätze für Sadduzäer*

Die angegebenen Namen sprechen und entsprechen in anderer Logik den fünf fundamentalen Sätzen über das Menschsein. Zugleich kontrastiert das Irrationale an ihnen den streng rational formulierten Gedanken. Im Widerspiel geometrischer und inkommensurabler Ausdrucksformen besteht nach wie vor künstlerische Textur. Erst dieser Kontrast, dessen Lücke der Nachvollzug zu füllen hat, erlaubt überhaupt erst die äusserste Verdichtung, bei ungekürztem Gehalt. Kraft dieser Mechanik macht Dichtung den *Sauerteig der Pharisäer*, das unentwegt Diskursive entbehrlich[1]; und an Schriftgelehrte sind jene Grundsätze, schon ihrer Sprache nach, gerichtet; nicht etwa an einen als dessen Privatsache, sondern an vorgeblich fünf phänomenologische Schattenrisse der Kaste[2].

Auf deren Parteien, die skeptizistische der Sadduzäer und die dogmatische der Pharisäer[3] zielen auch die Endungen mit

---

1 Vgl. Matth. XVI, 6.
2 Weil immer noch fast nichts begriffen ist und weil die Wirkung zum Werk gehört, kann nicht übergangen werden, wie das Blatt 1961 kommentiert wurde. So viel die neue Ausgabe der älteren schuldet (sie ist ohne die Arbeit Friedrich Beißners und Adolf Becks nicht denkbar), so notwendig ist auch eine Revision, die nicht nur den gültigen Text, sondern zugleich auch die dazugehörige Denkweise der Kritik unterzieht, denn solche Irrtümer sind niemals nur subjektiv; sie zeigen vielmehr, wie unwidersprochen falsch etwas sein darf, sobald es wissenschaftliche Geltung erlangt hat: *Der kranke Dichter redete seine Besucher, wie mehrfach bezeugt ist, oft mit hohen Titeln an. Aus dem jungen Joh. Paul Lebret z.B. machte er den gnädigsten Herrn von Lebret. Ähnliches mögen hier fünf Studenten erfahren haben, die sich aus Laune, mit fingierten (von ihnen vielleicht für niederländisch gehaltenen) Namen eingeführt und beim Abschied um ein Andenken gebeten hatten. Was so entstand, ein Sammel-Xenion gewissermaßen, kann nicht gut ein „Stammbuchblatt" genannt werden. (...) Vielleicht war der damals 18jährige D. Fr. Strauß, der das Blatt aufbewahrt hat, einer der fünf Besucher.* (StA 4.2, S. 808)
3 Vgl. *Meister des Forsts*, Innentitel.

fast schmerzender Deutlichkeit. Ebensowenig belanglos die generös verliehenen Adelprädikate, die gemeinhin nur den Strebsamsten, Erfolgreichsten und Dienstwilligsten, sozusagen als Krönung ihrer bürgerlichen Existenz, zuteil wurden[4]. Nichts weniger als *komplimentös*[5], bezeichnen sie die gesellschaftliche Geltung als Surrogat einer inneren, jenen äußeren Wertbegriff als Inbegriff einer Lüge, die sich des inneren Werts, dem veräußerlichten zuliebe, überhebt und damit dem Doppelsinn des Moralbegriffs *boni* verfällt[6]. Daß die dergestalt entstellten, d.h. mit kritischen Akzidenzien versehenen Namen gleichfalls einer kritischen Sinnschicht angehören, daß auch sie kompromittierend gemeint sind, ist immerhin anzunehmen.

## Kommentar zu I

Für einen schon Verschiedenen, sofern die Silbe *Sill* auf lat. *sil* = *still* und ihre sprachlich manifeste Bedeutung *tot* hinweist[7]. Der erste Lehrsatz ist eine Definition.

### Erweis

Nur insofern Menschen gut sind, sind sie auch Menschen. Sind sie nicht gut, gehören sie nur dem Namen, nicht dem Wesen nach zur Gattung. Im Zustand des Nichtguten sind sie demzufolge Unmenschen. Umgekehrt sind alle Menschen, insofern sie Menschen sind, auch gut. Weil es jedoch, nach aller Erfahrung, keine schlechthin guten Menschen geben kann, wäre eine uneingeschränkte Definition ohne Gegenstand[8]. Deshalb ist eine Relativierung des moralischen Anspruchs *per definitionem* notwendig. Anders gefaßt: Alle Menschen, sofern sie es sind, sind zum Guten geneigt. *Inclina cor meum, Deus*[9]

---

4 Auch Hölderlins Bruder wurde als württembergischer Rat geadelt.
5 Vgl. X, Anm. 5.
6 Aristokraten
7 *silentes* = die Schweigenden, Toten
8 Vgl. 307/67:18,20: *Nicht/ Ohn' Einschränkung*
9 Ps. CXIX, 36

Kommentar zu II
An einen Streitsüchtigen, sofern das Wort *Marti* auf die Abhängigkeit vom Kriegsgeist deutet. Wie zu zeigen, ist auch der zweite Satz eine Definition.

Erweis
Das demonstrative *eis* statt *se*, also: die Menschen sind ihnen, statt sich, mit Einschränkung nicht feind, bezieht sich auf die Bestimmung des ersten Satzes. Die Menschen sind den Menschen, sofern sie gut sind, nicht feind. Damit wiederum ist gesagt, was Gutsein heißt: nicht gehässig gegen die Menschen, insofern sie es sind. Die Edlen, um einen Begriff einzuführen, den Hölderlin andernorts mit *höhere Menschheit* umschreibt[10], sind den Guten nicht abgeneigt. Daraus ergäbe sich der Folgesatz: die Menschen, sofern sie es sind, sind den Unguten feind. Ebensowenig jedoch unter Menschen von Guten schlechthin, kann auch von Bösen schlechthin die Rede sein. Daraus folgt jedoch, daß die Menschen sofern sie es sind, dem im gewöhnlichsten Sinn Menschlichen nicht abgeneigt sind, und in dieser Unterscheidungslosigkeit wieder wäre auch die Bestimmung des Gutseins als den Guten nicht abgeneigt sein nichtig. Denn wenn das Allzumenschliche eine Mischung von Gutem und Ungutem ist, käme der Satz heraus: die Menschen, sofern sie es sind, sind sowohl den Guten, sofern sie es sind, als auch den Unguten, sofern sie es sind, nicht abgeneigt. Darum ist auch hier eine Einschränkung nötig: Menschen, die selbst nur mit Einschränkung gut sind, sind allen anderen, die

---

10 20. Januar 1841:
*Höhere Menschheit.*

*Den Menschen ist der Sinn ins Innere gegeben,*
*Daß sie als anerkannt das Beßre wählen,*
*Es gilt als Ziel, es ist das wahre Leben,*
*Von dem sich geistiger des Lebens Jahre zählen.*

*Scardanelli.*

25

es auch nur mit Einschränkung sind oder nicht sind, mit ebendieser Einschränkung, im Hinblick auf ihr Gutes, nicht feind.

### Kommentar III
An einen Wähnenden, sofern die Silben *Sommin* auf lat. *somnium*, und nicht auf dt. *Sommer* hindeuten. Der dritte und mittlere Satz ist Folgesatz und Axiom zugleich.

### Erläuterung
Zunächst scheint der Satz nur das zu bestätigen, was sich aus den ersten beiden Definitionen des Menschlichen und Edelmütigen von selbst ergibt. Tatsächlich besteht die Wahrheit jedes Satzes darin, daß alle Sätze, in welche Richtung auch immer, aus ihm und dem Grund, auf dem er beruht, abzuleiten sind. Welcherart, d.h. in welchem Grad Menschen es sind, so ist auch ihr Anteil. Ergänzt man nach den obigen Sätzen: am Guten, ergibt sich ein Zirkel, der nichts weiter als die Relatvität des Menschlichen ausdrückt. Aber auch hier weist das *eis* auf die Bestimmung des vorigen Satzes zurück: welcherart Menschen sind, so haben sie (nämlich diejenigen, die den Guten, so weit sie können und dürfen unfeindlich sind) Anteil an etwas, das, im Gegensatz zur negativen Bestimmung der zweiten Definition, positiv sein muß. Daraus folgt zwingend die verschwiegene Ergänzung zu *est participatum*: sofern das Gegenteil von Feindschaft Gemeinschaft ist, haben sie, die Ungehässigen, Anteil an der Gemeinschaft derjenigen, die ihnen darin gleichen. Genau darauf weist jener unvollständige Ausdruck: *Nonne communicatio sanguinis Christi est et panis quem frangimus nonne participatio corporis Domini est?*[11]

### Kommentar zu IV
An einen Untertan oder, was beim hier Verhandelten fast schon das Gleiche ist, an einen Überzeuger, sofern das Wort

---

11 1. Kor. X,16

*Parist* auf lat. *paruisti = du hast dich unterworfen* oder auf gr. παριστημι = *sich unterwerfen* o. *jd. unterwerfen, überreden* hinweist. Nach den drei vorbereitenden Sätzen folgt nun der erste, noch unvollständige Lehrsatz.

Erweis

Was im dritten Satz aus dem zweiten geschlossen werden konnte, ist hier gesagt: ob sie Menschen sind, zeigt sich an ihrem Verhalten untereinander. Der Satz stimmt hier wieder mit Fichtes Bestimmung überein: *weil die Menschen gar nicht isolirt seyn können, und kein Mensch möglich ist, wenn nicht mehrere bei einander sind, ist ein Recht...*[12]. Diesem Satz hatte Hölderlin 1796/97, im *Fragment philosophischer Briefe*, widersprochen: *jene zarteren Verhältnisse, d. h. solche sind, wo die Menschen, die in ihnen stehen, insofern wohl ohne einander bestehen können*[13]. Spätestens bei Umformung des Beginns von *Patmos: Nah ist/ Und schwer zu fassen der Gott* zu *Voll Güt' ist; keiner aber fasset/ Allein Gott*[14], ist die Möglichkeit der *Eremitage* und damit die als möglich vorgestellte Überlebensform des *Hyperion* wieder verworfen, ersichtlich zu Gunsten der empedokleischen Konsequenz, die auch ihm keinen anderen Raum mehr ließ als den äußersten Rand.

Kommentar zu V

An einen Tollen, sofern die Silben *Zirwiz* von lat. *cirrus = Tolle* (s. D. Fr. Strauß) o. *cerritus = toll* o. *cervisia =* übertr. *trunken* abgeleitet sind. Noch wahrscheinlicher aber an einen Lästigen, der ihm im Nacken sitzt, sofern besagte Silben auf lat. *esse in cervicibus* hinzielen. Der fünfte Satz ist der Lehrsatz zur Bestimmung des Menschen in seiner schlechthin vollendeten, d. h. endgültigen Form.

---

12 Rezension von Kants Schrift *Zum ewigen Frieden, Philosophisches Journal* 1796
13 Vgl. HKA 14, S. 11.
14 *Patmos*, lezte Fassung.

### Zusatz

Aber es bleibt ein Lehrsatz für einen, dem er es ansieht, was aus ihm wird. Der Satz bleibt wahr, obwohl er, die Liebe meidend, nur eine Hälfte des neuen Gesetzes umschreibt. Die andere, die der menschlichen entspricht, ist schon in der Mitte verschwiegen[15].

Zum Schluß ist von der furchtbaren Ironie dieser Zeilen zu sprechen. Mit diesem Zettel in der Tasche wurde David Friedrich Strauß zur Zielscheibe Nietzsches und es berührt merkwürdig, wenn dieser seine Polemik mit dem *Andenken* an einen *ächten Nicht-Philister – den herrlichen Hölderlin* eröffnet[16]. Zu bewundern auch dessen Hellsichtigkeit dort, wo er den Widerspruch zwischen Straußens positivistischem Weltbild und philiströser Ethik an einem Satz aufdeckt, der sich als mi-

---

15 Joh. XV, 12
16 *Unzeitgemäße Betrachtungen, Erstes Stück: David Strauß, der Bekenner und der Schriftsteller 2.:*
*Hier und da werden nämlich die Philister, vorausgesetzt, daß sie unter sich sind (...) ehrlich, redselig und naiv; dann kommt mancherlei an's Licht, was sonst ängstlich verborgen wird, und gelegentlich plaudert selbst einer die Grundgeheimnisse der ganzen Brüderschaft aus. Einen solchen Moment hat ganz neuerdings einmal ein namhafter Aesthetiker aus der Hegel'schen Vernünftigkeits-Schule gehabt. Der Anlaß war freilich ungewöhnlich genug: man feierte im lauten Philisterkreise das Andenken eines wahren und ächten Nicht-Philisters, noch dazu eines solchen, der im allerstrengsten Sinne des Wortes an den Philistern zu Grunde gegangen ist: das Andenken des herrlichen Hölderlin, und der bekannte Aesthetiker hatte deshalb ein Recht, bei dieser Gelegenheit von den tragischen Seelen zu reden, die an der „Wirklichkeit" zu Grunde gehen, das Wort Wirklichkeit nämlich in jenem erwähnten Sinne als Philister-Vernunft verstanden (...)* Ich weiß nicht, *sagt Fr. Vischer,* ob seine weiche Seele so viel Rauhes, das an jedem Kriege ist, ob sie soviel des Verdorbenen ausgehalten hätte, das wir nach dem Kriege auf den verschiedensten Gebieten fortschreiten sehen. Vielleicht wäre er wieder in die Trostlosigkeit zurückgesunken. Er war eine der unbewaffneten Seelen, er war der Werther Griechenlands, ein hoffnungslos Verliebter; es war ein Le-

serable Paraphrase der ironischen Weisheit entpuppt, die der dem Wissenden abgenötigt hatte[17].

ben voll Weichheit und Sehnsucht, aber auch Kraft und Inhalt war in seinem Willen, und Größe und Fülle und Leben in seinem Stil, der da und dort sogar an Äschylus gemahnt. Nur hatte sein Geist zu wenig vom Harten; es fehlte ihm als Waffe der Humor; er konnte es nicht ertragen, daß man noch kein Barbar ist, wenn man ein Philister ist. *Dieses letzte Bekenntniß, nicht die süßliche Beileidsbezeigung des Tischredners geht uns etwas an. Ja man giebt zu, Philister zu sein, – aber Barbar! Um keinen Preis. Der arme Hölderlin hat leider nicht so fein unterscheiden können. Wenn man freilich bei dem Worte Barbar an den Gegensatz der Civilisation und vielleicht gar an Seeräuberei und Menschenfresser denkt, so ist jene Unterscheidung mit Recht gemacht; aber ersichtlich will der Aesthetiker uns sagen: man kann Philister sein und doch Culturmensch – darin liegt der Humor, der dem armen Hölderlin fehlte, an dessen Mangel er zu Grunde gieng.* Der schlimmste Scherz an alledem ist aber immer noch der, daß von den hier verbreiteten nicht Nietzsches, sondern Vischers Urteil haften blieb und Klischee wurde.

[17] ebd. 7.: Alles sittliche Handeln, *sagt Strauß*, ist ein Sichbestimmen des Einzelnen nach der Idee der Gattung. (...) *Strauß hat noch nicht einmal gelernt, daß nie ein Begriff die Menschen sittlicher und besser machen kann, und daß Moral predigen eben so leicht als Moral begründen schwer ist, seine Aufgabe wäre vielmehr gewesen, die Phänomene menschlicher Güte, Barmherzigkeit, Liebe und Selbstverneinung, die nun einmal thatsächlich vorhanden sind, aus seinen darwinistischen Voraussetzungen ernsthaft zu erklären und abzuleiten: während er es vorzog, durch einen Sprung ins's Imperativische sich vor der Aufgabe der Erklärung zu flüchten. Bei diesem Sprunge begegnet es ihm sogar, auch über den Fundamentalsatz Darwin's leichten Sinnes hinwegzuhüpfen.* Vergiß, *sagt Strauß*, in keinem Augenblicke, daß du Mensch und kein bloßes Naturwesen bist; in keinem Augenblicke, daß alle anderen gleichfalls Menschen, das heißt bei aller individuellen Verschiedenheit dasselbe wie du, mit den gleichen Bedürfnissen und Ansprüchen wie du, sind – das ist der Inbegriff aller Moral. *Aber woher erschallt dieser Imperativ? Wie kann ihn der Mensch in sich selbst haben, da er doch, nach Darwin, eben durchaus ein Naturwesen ist und nach ganz anderen Gesetzen sich bis zur Höhe des Menschen entwickelt hat, gerade dadurch, daß er in jedem Augenblick vergaß, daß die anderen gleichartigen Wesen ebenso berechtigt seien, gerade dadurch, daß er sich dabei als den Kräftigeren fühlte und den Untergang der anderen schwächer gearteten Exemplare allmählich herbeiführte* (vgl. *Feindseligkeitsrecht*).

*Zimmer's Tochter sagte mir, ich solle ihn bitten, den Namen H. drunter zu schreiben. Ich gieng zu ihm hinein u. that es, da wurde er ganz rasend, rannte in der Stube herum, nahm den Sessel u. setzte ihn ungestüm bald da bald dorthin, schrie unverständliche Worte, worunter: „Ich heiße Skardanelli" deutlich ausgesprochen war, endlich setzte er sich doch u. schrieb in seiner Wuth den Namen Skardanelli darunter.*

[Chr. Th. Schwab, Tagebuch 21. 1. 1841]

*Hat auch Herkules gelitten? Wohl. Die Dioskuren in ihrer Freundschaft haben die nicht Leiden auch getragen? Nemlich wie Herkules mit Gott zu streiten, das ist Leiden. Und die Unsterblichkeit im Neide dieses Lebens, diese zu theilen, ist ein Leiden auch.*

[*Phaëton-Segment* III]

## X
*Schrie unverständliche Worte*

Das Blatt, von dem der jüngere Schwab berichtet, hat sich erhalten. Die ersten Buchstaben der zornigen Unterschrift sind gesperrt: *Scardanelli*[1].

---

1 Nach Hölderlins Einlieferung in das Autenriethsche Klinikum dichtete Isaak von Sinclair, was dem aufgegebenen Dichter nicht verborgen blieb, unter dem Pseudonym *Crisalin*. Nach anagrammatischer Regel ist, was so brüderlich scheinen will, eine ungleiche Teilung. An Hölderlin erinnert nur die Endung; unter der gekünstelten Figur bleibt Sinclair unangetastet. Das biographische Detail, wahrgenommen im Zenith der Krise (J. Kerner zeigte ihm Seckendorfs Taschenbuch für 1807; vgl. KTA 6, 138) ist für die Dechiffrierung der drei Jahrzehnte später erfundenen Namen bedeutsam; doch ebenso auch das Strauß'sche Stammbuchblatt von 1826 (vgl. IX). Dort wurden lateinische Wörter entstellt und mit hebräischen Endungen versehen; die sinnlos wirkenden Namen durchleuchten den Adressaten (der davon nichts bemerkt) und dürfen als modellhafte Antizipation der letzten Umbenennungen gelten. Daß die bisherigen Deutungsversuche beim Vordergründigen stehen blieben, mag am fehlenden Verständnis für poetische Mechanik liegen, für jene kombinatorische Kunst, die vom einfachen Ausdruck (verbum simplex) zur Trope (verbum alienum) führt — für die Formen des Winters, angekündigt schon in *Hälfte des Lebens*: *Weh mir, wo nehm' ich, wenn/Es Winter ist, die Blumen...*
Das Insistieren auf bloßer Ähnlichkeit verkennt das eisige Moment einer Verstellung, deren elaboriertes Ergebnis eben jene täuschenden Ähnlichkeiten sind.
Es fällt auf, daß die für sich undeutbare, italienisch anmutende Silbe SCA (mit der auch *Scarivari* und *Scaliger* beginnt) sich aus den Elementen des *Dioskuren*-Namens Sinclair zuammensetzt, die nicht zugleich auch zur Signatur des Namens Hölderlin gehören. Demgemäß wäre die Silbe als synekdochische Verkürzung, d.h. als stellvertretender Teil des insgeheim zitierten Namens zu lesen. So könnte man SCARIVARI als Katachrese, d.h. als mißbräuchliche Vermengung der anagrammatischen Substanz des Namens Isaak von Sinclair und dem spöttischen Larifari (it. Geschwätz, Unsinn) erklären — bis auf das anagrammatische Moment das gleiche Verfahren, das auch den David Friedrich Strauß angehängten Spottnamen zugrunde liegt. SCALIGER dagegen kann als Parallele zu *Crisalin* aufgefaßt werden, allerdings an zwei Stellen, ähnlich den Strauß'schen Modellen, verfremdet. Als ebenso beziehungsreich erweisen sich anagrammatische Auflösungen des endgültig gewählten Namens SCARDANELLI.

Drei Stammbucheinträge sind mit *Buonarotti*[2] unterzeichnet. Besucher notieren die Namen *Scarivari*[3], *Salvator Rosa*,

---

Wie eindimensional auch diese Erklärungen bleiben, zeigt sich bei einem weiteren Versuch: der italienische Diminuitiv entspricht auffällig den sprachfremden Pharisäer/Sadduzäer-Endungen der Spottnamen von 1826. In dieser Analogie ist die Folgerung, die ganze Trope sei italienisch, zumindest voreilig. Entsprechend dem dechiffrierten Modell liegt ein lateinischer Wortstamm näher. Durch anagrammatische Vertauschung und Entstellung (wie bei *Scaliger* und *Zirwizäer* (vgl. IX)) entsteht das Gerundium SCELERENDI: des Frevels wegen.

2 Ein Blatt (für Carl Künzel) trägt das Datum 7. April 1837; bei einem zweiten ist die Unterschrift zu *Buarotti* verkürzt. Der Hinweis auf den Revolutionär Filippo Buonarotti (1767-1837), wie auf Michelangelo, mißkennt die ironische Maske. Das Vorhandene ist nur Material des Nachdenkens: *Das Product dieser schöpferischen Reflexion ist die Sprache.* Dieses Diktum aus dem Poetik-Entwurf von 1800 (vgl. HKA 14,321,f.) erhebt die neologische Behandlung der vorhandenen Sprache zum Prinzip der Dichtung. Insofern ist stets nach der neuen und nicht nach der alten Bedeutung zu suchen. BUONAROTTI als Seitenstück zu Buonaparte, dessen vollständiger Name übrigens als abgewandeltes Anagramm von Napoli und Parthenope zu lesen ist (ein Umstand, auf den der mehrdeutige Vers 16 der *Friedensfeier* zielen könnte: *Doch wenn du schon dein Ausland gern verläugnest*). Mit dieser Perspektive tritt plötzlich die Konstellation Vergil-Augustus ins Blickfeld. Im genauen Gegensinn kann sich der gefallene Dichter mit dem gestürzten Helden vergleichen. Demgemäß ist das Segment ROTTI gegen die andere Variable PARTE zu halten. Im Italienischen heißt *rotta* soviel wie Zusammenbruch. Das stimmt zur vorhergesagten Katastrophe (vgl. *Dem Allbekannten*; HKA 3,258; KTA, 124). Liest man lt. *rota* = Rad, Rund, und *pars* = Teil, ergibt sich die ontologische Duale von Ganzheit und Vereinzelung: Εν και παν.

3 Johann Georg Fischer in *Hölderlin's letzte Verse: Seine Gedichte waren bei Cotta in Miniaturausgabe erschienen und Christ. Schwab überreichte ihm ein Exemplar. In demselben hin und her blätternd sagte er:* Ja, die Gedichte sind von mir; aber der Name ist gefälscht, ich habe nie Hölderlin geheißen, sondern Scardanelli oder Scarivari oder Salvator Rosa oder so was. Für *Scarivari* ist noch auf it. *chiaro* = hell, aufgeklärt (im Gegensatz zu *oscuro*) und die zahlreichen Ableitungen hinzuweisen. Christoph Theodor Schwab berichtet in *Hölderlin's Leben* (1846, II, S. 328): *Einer meiner Bekannten redete ihn einst italienisch an und fragte ihn, ob er die Sprache nicht früher gesprochen habe:* Si, Signore, e parlo ancora *war die Antwort.*

## Zehn biographische Details X

*Scaliger Rosa*[4] und *Rosetti*[5]; dies alles seit 1837, in den sechs letzten Lebensjahren.

Die Erklärung des Phänomens als schizophren erklärt nichts, sondern verdrängt nur das Selbstbetreffende. So wiederholt sich die Verformung im Verwaltungsakt, der die heimatlichen Namen als irrelevant liquidiert und durch verwaltungsgemässere ersetzt. Sind die Zeichen der Identität, der Autonomie, beliebig verfügbar, so auch die Menschen. Es ist der bekannte, furchtbare Ungeist, der sich an den Wörtern vergreift, wie vorher an den Körpern. Das rückwärtsgewandte Entsetzen verbirgt sich nur die Gegenwart des Greuelhaften: Vergasung und Entnamung unterscheiden sich in der Kategorie des Namenlosen, sonst in gar nichts.

Adornos auf Hölderlin gemünzter Satz vom Individuum, das untergehend seiner Zeit vorauseile[6], wird an konkreten Beispielen wahr. Was irrwitzig schien, hat längst prognostische Qualität. *Die Zeit ist buchstabengenau und allbarmherzig.*[7]

---

4 Zu *Salvator* vgl. *Zwei Siegel* I: Holunder als *Heiland*; der Name des Malers (1615-1673) ist ebenso vorgeschoben, wie das veroneser Geschlecht der Scaliger. Fischer erwähnt den zweiten Namen zweimal, anstelle von *Salvator Rosa*.
5 Ferdinand Schimpf berichtet von einem Besuch am 13. Juli 1842: *Wenn wir ihn bei s. Namen nannten, ließ er's nicht gelten, sondern erwiderte: Sie sprechen mit HE. Rosetti. Er war schrecklich komplimentös.*
Auch hier täuscht die Assonanz an den italienischen Familiennamen. Hört man jedoch den Anklang an *Susette,* die französische Koseform für *Susanne,* aus hebräisch *Lilie,* tritt das verschwiegene Andenken an Susette Gontard hervor. So ist auch der zweifach bezeugte Eigenname *Rosa* (mglw. auch *Scaligerosa*) als metaphorische Verschiebung erklärbar (vgl. hierzu *Albumblatt für Rosine Stäudlin,* I, Innentitel).
6 *Negative Dialektik,* Frankfurt 1970, S. 299: *Noch dem individuellen Untergang des Individuums, das mit dem Weltgeist ist, gerade weil es seiner Zeit vorauseilt, gesellt sich zuweilen das Bewußtsein des nicht Vergeblichen.*
7 Hölderlins letzter Brief an die Mutter, die 1828 starb:
*Verzeihen Sie, liebste Mutter! wenn ich mich Ihnen nicht für Sie sollte ganz verständlich machen können.*
*Ich wiederhohle Ihnen mit Höflichkeit was ich zu sagen die Ehre*

haben konnte. Ich bitte den guten Gott, daß er, wie ich als Gelehrter spreche, Ihnen helfe in allem und mir.
Nehmen Sie sich meiner an. Die Zeit ist Buchstabengenau und allbarmherzig.
      *Indessen*
          *Ihr*
            *gehorsamster Sohn*
            *Friedrich Hölderlin.*

# WÜSTE

*und was höckericht ist, soll schlicht werden*

---

Jes. XL, 4

27

*Einfall**
*Die neueren philosophischen Systeme haben weit mehr Narren gemacht als die älteren miteinander gescheite Menschen.*

*Tiresias oder Germanische Annalen*
[Dieses gegen Sinclair und Hölderlin gerichtete Pamphlet erschien in Homburg, Januar 1805. Zu den Herausgebern gehörte der Lotteriebetrüger Blankenstein, der Sinclair, nach Konfiszierung der Lotterie und Verbot des *Tiresias*, beim württembergischen Kurfürsten denunzierte (vgl. Werner Kirchner: *Der Hochverratsprozess gegen Sinclair*, Marburg 1949, S. 49f.).]

---

* Vgl. *Arm*, Titel.


*Bei Thebe und Tiresias!*
*Mir will der Boden zu kahl seyn.*
                              Homburger Folioheft 31:20,21

*Bei Thebe u. Tiresias*
*Zu kahl ist der Boden.*
                              Homburger Folioheft 36:15,16

Wüste

Israels Wahnsinnige werden nicht müde, das Ende der Täuschung anzukündigen. In der prophezeiten Umkehrung aller Verhältnisse käme heraus, was längst schon da ist, als wahre Gestalt einer geistesgestörten Gesellschaft. Vorher fällt das geheime Leiden nur den Ausgestoßenen ins Auge: dem Blinden, der klarer sieht, als der aufgeklärte Herrscher[1], dem Mädchen, das einer Zärtlichkeit wegen sterben muß. Sieht Tiresias, ist Kreon blind. Ist Antigonä unschuldig, trifft das Urteil die Stadt[2].

---

1 So klug sind Kreon und seinesgleichen, daß ihr Verstand die Sonne verdunkelt:
     Nicht lang mehr brütest
  In eifersüchtger Sonne du.
*Auf der Erde, unter Menschen, kann die Sonne, wie sie relativ physisch wird, auch wirklich relativ im Moralischen werden.*
Hölderlins Übersetzung weicht kommentierend vom Text ab; sein lapidarer Kommentar in den *Anmerkungen* gilt dieser Abweichung.
   ην πολλους ετι
 τροχους αμιλλητηρας ηλιου τελων
[Doch du sei dir gewiß] daß oft von nun an noch wetteifernd ihre Bahn zu Ende geht die Sonne
2 Das Wort *Wüste* fehlt im Text. Mit Antigonäs Reden erklärt Hölderlin sein eigenes:
Ich habe gehört, der Wüste gleich sei worden etc.
*Wohl der höchste Zug an der Antigonä. Der erhabene Spott, so fern heiliger Wahnsinn höchste menschliche Erscheinung, und hier mehr Seele als Sprache ist, übertrifft alle ihre übrigen Äußerungen; und es ist auch nöthig, so im Superlative von der Schönheit zu sprechen, weil die Haltung unter anderem auch auf dem Superlative von menschlichem Geist und heroischer Virtuosität beruht.// Es ist ein großer Behelf der geheimarbeitenden Seele, daß sie auf dem höchsten Bewußtseyn dem Bewußtseyn ausweicht, und ehe sie wirklich der gegenwärtige Gott ergreift, mit kühnem oft sogar blasphemischem Worte diesem begegnet, und so die heilige lebende Möglichkeit des Geistes erhält.//In hohem Bewußtseyn vergleicht sie sich immer mit Gegenständen, die kein Bewußtseyn haben, aber in ihrem Schiksaal des Bewußtseyns Form annehmen. So einer ist ein wüst gewordenes Land, das in ursprünglicher üppiger Fruchtbarkeit die Wirkungen des Sonnenlichtes zu sehr verstärket, und darum dürre wird. Schiksaal der Phrygischen Niobe... So versteinert wie die ist das Land geworden.*

## WURF DES SÄEMANNS

*was ist diß?*

Patmos

Es ist der Wurf
152 Es ist der Wurf des Säemanns, wenn er faßt
**Es ist der Wurf, das eines Sinns, wenn der**
wenn er faßt mit der Schaufel den Waizen
153 Mit der Schaufel den Waizen,
**Mit der Schaufel\* fasset den Waizen,**
und ans Ende der Tenne
154 Und wirft, dem Klaren zu, ihn schwingend über die Tenne.
**Und wirft schwingend dem Klaren zu ihn über die Tenne.**
die Spreu fällt ihm zu Füßen
155 Ihm fällt die Schaale vor den Füßen, aber
**Ein furchtbar Ding, Staub fällt.**

156 Ans Ende kommet das Korn,
**Korn aber kommet ans Ende.**

157 Und nicht ein Übel ists, wenn einiges
**Nicht gar ein Übel ists, wenn einiges**

158 Verloren gehet und von der Rede
**Verloren gehet manchmal von Reden**

159 Verhallet der lebendige Laut,
**Verhallet der lebendige Laut.**
Denn göttliches Werk auch gleichet dem unsern.
160 Denn göttliches Werk auch gleichet dem unsern,
**Göttliches Werk auch gleichet dem unsern.**

|  | Erster Entwurf |
|---|---|
|  | Reinschrift |
| [*Patmos*, v. 152-160] | **Neufassung** |

---

\* Die bisherige Lesart: *Es ist der Wurf das eines Sinns, der mit/ Der Schaufel fasset den Waizen* (StA 2.1, 177), verbirgt sich den furchtbaren Sinn. Der *mit der Schaufel* und der *Meister des Forsts* (ebd.) erscheinen gleichsinnig in der Rede des Täufers: *Und er hat seine Wurfschaufel in der Hand; er wird seine Tenne fegen und den Weizen in seine Scheune sammeln; aber die Spreu wird er verbrennen mit ewigem Feuer* (Matth. III, 12). Des Brands wegen, der zu besänftigen ist, setzt er *Meister* für *Axt* und *Staub* für brennbare *Schaale*.

## Wurf des Säemanns

*Für Ruth-Eva Schulz Seitz*

Ihnen ist die Unstimmigkeit des Bildes aufgefallen: daß die Spreu dem vor die Füße fällt, der das Korn mit der Wurfschaufel faßt und zum Ende hin wirft. In der Windstille muß der Schwung des Wurfs[1] den Wind ersetzen.
*Still Geist ists traun*[2].
Noch befremdender, das Hölderlin vom *Säemann* spricht, obwohl auf der *Tenne* nichts aufgeht. Es ist immer derselbe, der die Arbeit tut, jede zur rechten Zeit. Er sät im Frühjahr, schneidet im Sommer und worfelt im Herbst. Immerhin erklärt das einfache Bild die feurige Stimme desjenigen, der aus dem Glanz heraus sagt, wer er ist[3].

Das alte Gleichnis gilt noch und läßt sich variieren: Hölderlin dichtete, während Deutschland schlief[4]. Ähnlich spricht der Platonische Sokrates vom Ernst des Künstlers, der das schale Spiel nicht mitspielt, sondern anderes sät[5].

---

1 J.Joyce, *Ulysses*, Penguin 1977, 343 (Schluß der Zyklopen-Episode): *like a shot off a shovel.*
2 Vgl. *Meister des Forsts*, Titel.
3 Apoc. I, 8
4 Vgl. *Lese*, Innentitel.
5 *Phaidros*, Steph. 276ef.: *Weit herrlicher aber, denke ich, ist der Ernst mit diesen Dingen, wenn jemand nach den Vorschriften der dialektischen Kunst, eine gehörige Seele dazu wählend, mit Einsicht Reden säet und pflanzt, welche sich selbst und dem, der sie gepflanzt, zu helfen imstande und nicht unfruchtbar sind, sondern einen Samen zu tragen, vermittels dessen einige in diesen, andere in anderen Seelen gedeihend, eben dieses unsterblich zu erhalten vermögen und den, der sie besitzt, so glückselig machen, als einem Menschen nur möglich ist.*

## WOLKEN

*Durch die Wolken wird der buchstäbliche Sinn des Wortes, durch die Herrlichkeit sein geistiger angedeutet.*

E. Swedenborg zu Matth. XXIV, 30

29

*Denn manches von ihnen ist*
*In treuen Schriften überblieben und manches*
*In des Raumes Grenzen und in Gestalten der Zeit.*
*Viel offenbaret der Gott.*
*Denn lang schon wirken*
*Die Wolken hinab*
*Und es wurzelt vieles bereitend heilige Wildniß.*

*Die Titanen*, 307/29

*Wolken, Gewölk* = Schriften[1].

Betroffen macht, daß das Vorhergesagte nicht nur geistig, sondern buchstäblich eintrifft. Das *Antliz*[2] erscheint tatsächlich, wenn auch nur in den Magazinen.

---

1 Vgl. auch *Zehn biographische Details* VIII, Anm. 3 und *Reegen*.
2 Vgl. *Zwölf chymische Zettel* X, Anm. 3,4.

## WALD

*Leben! Leben der Welt! du liegst wie ein heiliger W*[     ]
*Sprech ich dann und es nehme die Axt, wer will dich zu eb*[ ]*en*
*Glüklich wohn' ich in dir,*

*Die Muße*

30

*Im Reegen der Grotte bildete sich*
*Als auf dem wohlgestimmten Saitenspiel ein Menschenbild*
*Aus Eindrüken des Walds*
[aus dem Gesang *Kolomb*]

Wald

*Wie eines Hains gesellige Gipfel*[1]: Gesellschaft. Aber nicht nur in dem funktionalen Sinn, den ihr die Verwaltung auf der einen und die Wissenschaft auf der anderen Seite als einziggültigen aufnötigt.

Die Katachresen[2] in *Kolomb* umschreiben das Ineinander des weltlichen und gegenweltlichen Gesellschaftsbegriffs mit Bildern aus Platons *Phaidon*. Bevor er den Giftbecher trinkt, vergleicht Sokrates das Wesen der Seele mit der Stimmung des Saitenspiels und bestimmt die Erde als Grotte[3] (eine im ‚Höhlengleichnis' von *Politeia*[4] weiter ausgeführte Metapher). *Reegen* und *Wald* sind der prophetischen Rede entlehnt[5]. Hölderlin meint die Komponenten einer Bildung, zu der die *einsame Schule*[6] ebenso gehört, wie die öffentliche.

---

1 In der Ode *Diotima*.
2 Falsche Bilder als Mittel, das Verbotene zu sagen.
3 Steph. 109ff.
4 VII. Buch, Steph. 514ff.
5 Vgl. *Reegen* und *Meister des Forsts*.
6 Vgl. *Untreue der Weisheit*.

## VÖGEL

*Und Ek um Eke*

*Das liebere gewahrend*

*Denn immer halten die sich genau an das Nächste*

*Sehn sie die heiligen Wälder und die Flamme blühendduftend*

*Des Wachstums und die Wolken des Gesanges fern und athmen Othem*

*Der Gesänge. Menschlich ist*

*Das Erkenntniß. Aber die Himmlischen*

*Auch haben solches mit sich und des Morgens beobachten*

*Die Stunden und des Abends die Vögel. Himmlischen auch*

*Gehöret also solches. Wolan nun. Sonst in Zeiten*

*Des Geheimnisses hätt ich, als von Natur, gesagt,*

*Sie kommen, in Deutschland.*

---

*Das Nächste Beste*

*optimum aves ducunt.*

339/4

*Gezähmet aber, noch zu sehen, und genährt hat mich*
*Die Rappierlust und gebraten Fleisch der Tafel und Trauben, braune*
*Längst auferziehen       \* und Mond und Schiksaal*
*Und Gott, euch aber, o leset*
*Ihr Blüthen von Deutschland*

Germania, v.14-18

---

\* Am Schluß des vorhergehenden Segments *Apriorität* wird *Schiksaal* und *Sonne* gleichgesetzt. Nimmt man das gesprungene Bild *Mond und Schiksaal* als gegebene Struktur, schließt sich die Lücke. So wie *Mond* den Gegenbegriff zu *Schiksaal* (= Sonne) metaphorisch umschreibt, ist der Begriff *Gott* durch die Metapher eines analogen Gegenbegriffs zu ergänzen...

# Vögel

*Für M. u. F.*

Überflüssig, all die Stellen anzuführen, an denen Engel und auch Dichter mit Vögeln verglichen werden, mit Zugvögeln vor allem, die ihre Zeit genau wissen[1], oder auch mit den lauten Schwärmen, die morgens und abends[2], vom Stadtwald her und zurück, über das Haus ziehen.

Zu fragen eher nach dem Doppelsinn des Ziehens[3]: wohin und wozu.

---

1 Jer. VIII, 7: *Ein Storch unter dem Himmel weiß seine Zeit, eine Turteltaube, Kranich und Schwalbe merken ihre Zeit, wann sie wiederkommen sollen; aber mein Volk will das Recht des Herrn nicht wissen.*

2 Die von Hölderlin so nachdrücklich betonte Wendung *des Morgens ... und des Abends* erinnert an Elia, der während der angekündigten Dürre von Raben ernährt wird (1. Kön. XVII, 1 ff.). Beide Motive – und ein drittes (vgl. *Bußort*; auch *Zwölf chymische Figuren* XI) – kommentieren die Metapher.

3 Auferziehen, erziehen, ziehen. Im Pindar-Kommentar *Untreue der Weisheit* übersetzt Hölderlin θρεφαν (Pyth. O. IV, 103) zuerst mit *genährt*, dann erst mit *erzogen* (vgl. Fr. Beißner, *Hölderlins Übersetzungen aus dem Griechischen*, 2. Aufl. 1961, S. 50).

## IV

## VATERLÄNDISCHE THESEN

*Ich glaube an eine künftige Revolution der Gesinnungen und Vorstellungsarten, die alles bisherige schaamroth machen wird.*

---

An Ebel; 487/3: 11-13

Präambel

*Die Art des Hergangs in der Antigonä ist die bei einem Aufruhr, wo es, so fern es vaterländische Sache ist, darauf ankommt, daß jedes, als von unendlicher Umkehr ergriffen, und erschüttert, in unendlicher Form sich fühlt, in der es erschüttert ist. Denn vaterländische Umkehr ist die Umkehr aller Vorstellungsarten und Formen. Eine gänzliche Umkehr in diesen ist aber, so wie überhaupt gänzliche Umkehr, ohne allen Halt, dem Menschen, als erkennendem Wesen unerlaubt. Und in vaterländischer Umkehr, wo die ganze Gestalt der Dinge sich ändert, und die Natur und Nothwendigkeit, die immer bleibt, zu einer andern Gestalt sich neiget, sie gehe in Wildniß über oder in neue Gestalt, in einer solchen Veränderung ist alles blos Nothwendige, partheiisch für die Veränderung, deswegen kann, in Möglichkeit solcher Veränderung, auch der Neutrale, nicht nur, der gegen die vaterländische Form ergriffen ist, von einer Geistesgewalt der Zeit, gezwungen werden, patriotisch, gegenwärtig zu seyn, in unendlicher Form, der religiösen, politischen und moralischen seines Vaterlands. (προφανητι θεος.) Es sind auch solche ernstliche Bemerkungen nothwendig zum Verständnisse der griechischen, wie aller ächten Kunstwerke. Die eigentliche Verfahrungsart nun bei einem Aufruhr, (die freilich nur Eine Art vaterländischer Umkehr ist, und noch bestimmteren Charakter hat) ist eben angedeutet.*

*Ist ein solches Phänomen tragisch, so gehet es durch Reaction, und das unförmliche entzündet sich an allzuförmlichem. Das Karakteristische dabei ist deswegen das, daß die in solchem Schiksaal begriffenen Personen, nicht wie im Oedipus, in Ideengestalt, als streitend um die Wahrheit, stehen, und wie eines, das sich des Verstandes wehret, auch nicht, wie eines, das sich des Lebens oder Eigenthums oder der Ehre wehret, wie die Personen im Ajax, sondern daß sie als Personen im en-*

*geren Sinne, als Standespersonen gegeneinander stehen,
daß sie sich formalisiren.*

*Anmerkungen zur Antigonä*

## Präambel

Hölderlins Anmerkungen zur Revolution verdienen alle Aufmerksamkeit, nicht, weil das partielle Phänomen die Gemüter beherrscht und es Mode ist, alles dem anzugleichen, vielmehr, weil hier als partielle Erscheinung erfaßt ist, was in den Nachwehen der idealistischen Spekulation als historische Mechanik entdeckt und verabsolutiert wurde: die Personen, die sich als Protagonisten alter und neuer Ordnungen gegenüberstehen, entwickeln ein Klassenbewußtsein; sie haben sich als *Standespersonen* formalisiert. Hat Marx schon Hölderlin gelesen, braucht keiner mehr darauf zu warten[1]; es sei denn, er läse ein zweites Mal, doch diesmal genauer.

Die Konzepte zu den Anmerkungen stammen, wie Partien der Übersetzung selbst, schon aus den Jahren 1796/97. Darauf deutet die inhaltliche und wörtliche Kongruenz des Satzes *Ich*

---

1 Thomas Mann, *Goethe und Tolstoi* (1923); Stockh. Ausg. 1967, 269: *Unserem Sozialismus insbesondere, dessen geistiges Leben sich allzulange in einem inferioren Wirtschaftsmaterialismus erschöpft hat, ist nichts notwendiger, als Anschluß zu finden an jenes höhere Deutschtum, das immer „das Land der Griechen mit der Seele" gesucht hat. Er ist heute in politischer Hinsicht unsere eigentliche nationale Partei; aber er wird seiner nationalen Aufgabe nicht wahrhaft gewachsen sein, bevor nicht, um das Ding auf die Spitze zu stellen, Karl Marx den Friedrich Hölderlin gelesen hat, eine Begegnung, die übrigens im Begriffe scheint, sich zu vollziehen.* Nach dem Krieg fügte er hinzu (*Kultur und Sozialismus*, ebd. Aufsätze u. Reden II, 1965, 397: *Ich sagte, gut werde es erst stehen um Deutschland, und dieses werde sich selbst gefunden haben, wenn Karl Marx den Friedrich Hölderlin gelesen haben werde –, eine Begegnung, die übrigens im Begriffe sei sich zu vollziehen. Ich vergaß hinzuzufügen, daß eine einseitige Kenntnisnahme unfruchtbar bleiben müßte.*

*glaube an eine künftige Revolution der Gesinnungen und Vorstellungsarten*[2] mit der hier gegebenen Definition der *vaterländischen Umkehr*. Mit anderen gehört dieser Begriff zur Überarbeitung von 1803, bei der ein neues, geschlossenes Textfeld entsteht. So mißlingt der Versuch, etwa *Umkehr* durch *Revolution* zu ersetzen, vielmehr zeigt sich dabei, daß das hier verwendete Wort genauer und biegsamer ist, als der frühere Terminus. Die Vermutung, der deutsche Ausdruck habe nur die gefährliche Sache zu decken, erweist sich demgegenüber als halbwahr. Tatsächlich macht die Eindeutschung mit Fichtes Postulat ernst, daß eine Sprache, in der ein neues Denken sich bilde, diesem sehr wohl auch die Begriffe geben könne[3]. Wenn Hölderlin 1803 gegenüber Wilmans bemerkt, daß er jetzt *mehr aus dem Sinne der Natur und mehr des Vaterlandes* schreibe, verweist das darauf.

Vom Denken im Medium der Sprache, nicht von ihrem puristischen Gebrauch, den einige Zeitgenossen propagierten, ist die Rede. Wie sehr das verlernt ist, zeigt sich an der Schwierigkeit, die der Gesang, der so natürlich[4] und verständlich spricht, wie die Sprache, wenn sie spräche, dem gemeinen Verständnis entgegensetzt.

---

2 Vgl. HKA 14, *Fragment philosophischer Briefe*, S.12; auch das *Antigonä*-Zitat l. 122$_3$.
3 Vgl. *Verlorne Liebe*, Innentitel.
4 Zur *Friedensfeier*, die als Probe des neuen Gesangs erscheinen sollte, sagt er: *Ich bitte dieses Blatt nur gutmüthig zu lesen. So wird es sicher nicht unfaßlich, noch weniger anstößig seyn. Sollten aber dennoch einige eine solche Sprache zu wenig konventionell finden, so muß ich ihnen gestehen: ich kann nicht anders. An einem schönen Tage läßt sich ja fast jede Sangart hören, und die Natur, wovon es her ist, nimmts auch wieder.*

I

*Vaterländisch*: nicht synonym für *patriotisch*, das als politischer Begriff eingeführt ist, auch nicht als Gegenbegriff zu ausländisch. Der Gedanke erschüttert und ergreift, wenn die Entfremdung, die Differenz zwischen der gegenwärtigen Herrschaft und dem transzendental notwendigen Wechsel der Herrschaftsformen gefühlt wird. In sprachlich verbürgter Anschauung erscheint die historisch durchgängige Spannung zwischen monarchischer und demokratischer Herrschaft bei Trennung des Worts. Dem Absoluten im Vater-Imago, d.h. dem furchtbaren und undenkbaren Gedanken eines fürsichseienden Gottes, steht gegenüber, was Hölderlin und Freud übereinstimmend als *Horde* bestimmen, eine wirkliche, die dem Vater folgt und ihn schließlich erschlägt, oder jene geistige, die *über die Höhen* schweift[1]: kein Land, sondern Meer[2].

---

1 Vgl. *Gebirge*, Titel.
2 Jes. LVII, 20; vgl. *Meer*, Titel.

## II

*Umkehr*: an deutlichsten in der Bewegung des Pendels, oder den Wendepunkten der Ekliptik, der *exzentrischen Bahn*[1], die einen realen und einen imaginären Mittelpunkt umläuft. Nach dem Gesetz solcher Bewegungen ist *gänzliche Umkehr* (oder der Stillstand in einem der beiden Anziehungspunkte) der Natur unmöglich und *dem Menschen, als erkennendem Wesen unerlaubt.*

Wie das Patriotische im Vaterländischen ist auch hier der geltende Revolutionsbegriff in dem umfassenderen der *Umkehr* enthalten. Indem er hartnäckig von *Aufruhr* spricht, profaniert der Dichter das idealisierte *Phänomen*, reduziert es auf das, was es faktisch ist. In der dreifachen Umkehr — einer *religiösen, politischen und moralischen* — ist der Aufruhr nur ein abgesondertes Moment der politischen, das darum die kategorischen Bedingungen der *Revolution* im Sinne des Ebel-Briefs nicht erfüllt, ebensowenig wie religiöse Erweckung, die auf Sektiererisches und Fanatismus hinausläuft, oder eine isolierte Moralität, die in Misanthropie und Schwermut mündet.

---

1 In der vorletzten *Vorrede* zum *Hyperion* heißt es:
*Wir durchlaufen alle eine exzentrische Bahn, und es ist kein anderer Weg möglich von der Kindheit zur Vollendung.*
*Die seelige Einigkeit, das Seyn, im einzigen Sinne des Worts, ist für uns verloren und wir mußten es verlieren, wenn wir es erstreben, erringen sollten. Wir reißen uns los vom friedlichen Εν και παν der Welt, um es herzustellen, durch uns Selbst. Wir sind zerfallen mit der Natur, und was einst, wie man glauben kann, Eins war, widerstreitet sich jetzt, und Herrschaft und Knechtschaft wechselt auf beiden Seiten. Oft ist uns, als wäre die Welt Alles und wir Nichts, oft aber auch, als wären wir Alles und die Welt nichts. Auch Hyperion theilte sich unter diese beiden Extreme.*
*Jenen ewigen Widerstreit zwischen unserem Selbst und der Welt zu endigen, den Frieden alles Friedens, der höher ist, denn alle Vernunft, den wiederzubringen, uns mit der Natur zu vereinigen zu einem unendlichen Ganzen, das ist das Ziel all' unseres Strebens, wir mögen uns darüber verstehen oder nicht.*

## III

*Blos Nothwendige*: vor diesem Begriff, auf dem das ganze vorübergehende Phänomen der Irrlehre beruht, erweist sich die geschichtsklitternde Definition der Geschichte als ununterbrochene Folge von Klassenkämpfen, mit einer Herrschaft des Proletariats an ihrem Ende, einerseits so trivial und falsch, andererseits, in höherer Ironie, so prophetisch und wahr, daß der verbreitete und anhaltende Glauben daran schon wieder wie ein Wunder wirkt. Dabei ist es nichts weiter als der Denkfehler am idealistischen Modell, den Hölderlin an der Spekulation seiner nächsten Umgebung erkannte und den der materialistische Gegenentwurf nur seitenverkehrt projiziert: der Trug eines vollendbaren, theoretisch schon vorgefertigten Systems und die Halluzination eines Ziels am Horizont, das alles, auch das Unmenschlichste rechtfertigt[1].

Zuletzt wird die verbrannte Erde zu still sein, um einen Irrtum anzuklagen — auf eine halbgelehrte Verblendung mehr oder weniger kam es schon längst nicht mehr an.

---

[1]  *Hermokrates an Cephalus*
*Du glaubst also im Ernste, das Ideal des Wissens könnte wohl in irgend einer bestimmten Zeit in irgend einem Systeme dargestellt erscheinen, das alle ahndeten, die Wenigsten durchaus erkennten? Du glaubst sogar, diß Ideal sei jezt schon wirklich geworden, und es fehle zum Jupiter Olympius nichts mehr als das Piedestal?*
*Vieleicht! besonders, nachdem man das leztere nimmt!*
*Aber wunderbar wäre es dann doch, wenn gerade diese Art des sterblichen Strebens ein Vorrecht hätte, wenn gerade hier die Vollendung, die jedes sucht und keines findet, vorhanden wäre?*
*Ich glaubte sonst immer, der Mensch bedürfe für sein Wissen, wie für sein Handeln eines unendlichen Fortschritts, einer gränzenlosen Zeit, um dem gränzenlosen Ideale sich zu nähern; ich nannte die Meinung, als ob die Wissenschaft in einer bestimmten Zeit vollendet werden könnte, oder vollendet wäre, einen scientivischen Quietismus, der Irrtum wäre in jedem Falle, er mochte sich bei einer individuell gegebenen Gränze begnügen, oder die Gränze überhaupt verläugnen, wo sie doch war, aber nicht seyn sollte.*
(...) *1795.*

34·35

Ein Wort reichte aus, um die Veränderung zu ändern; eins, das sich *Schlangen gleich*[2] bewegt und mit einer einzigen Wendung die für einen geschichtlichen Augenblick geltenden Idole, Feind- und Götzenbilder gegenstandslos macht. Indem es sich so bewegt, denkt es sich selbst und in dieser Kategorie der Bewußtheit hört es auf, blind zu sein, sich zu winden[3].

---

2 Vgl. *Zwölf chymische Zettel* II.
3 Homburger Folioheft 48,49:
                    *Aber*
*Furchtbar ungastlich windet*
*Sich durch den Garten die Irre.*
*Die augenlose, da den Ausgang*
*Mit reinen Händen kaum*
*Erfindet ein Mensch. Der gehet, gesandt,*
*Und suchet, dem Thier gleich, das*
*Nothwendige.*

## IV

*Partheiisch für die Veränderung*: immer gegen das retardierende Moment, oder von dorther, immer gegen die Veränderung und beide Existenzformen treiben bewußtlos den Strom hinab. Selbst der Einsichtige kann sich dem nicht entziehen; immerhin der furchtbarsten aller Forderungen: dem verordneten *sacrificium intellectus* unter die Parteiraison.

Der plumpe Refrain: *Die Partei, die Partei hat immer recht*, denunziert nicht nur die Agitation im Inneren des geschlossenen Systems, sondern auch das intrigante Verwaltungsgebaren in liberaleren Gegenden. Selbst Hegels allwissender Gedanke verfiel an diesem Punkt der Beschränktheit: er übersah, daß es vernunftlos ist, parteiisch für die Vernunft zu sein.

## VIELES WÄRE ZU SAGEN DAVON

*Scharfer Othem aber wehet*
*Um die Löcher des Felses.*

*Germania*, v. 2,3

> denn nie genug
> Hatt' er von Güte zu sagen
> Der Worte, damals, und zu erheitern, da
> Ers sahe, das Zürnen der Welt.
> Denn alles ist gut. Drauf starb er. Vieles wäre
> Zu sagen davon.

[*Patmos*, v. 84-89]

> denn nie genug
> Hatt er, von Güte zu sagen
> Der Worte, damals, und zu bejahn schneeweiß. Aber nachher
> Sein Licht war Tod. Denn begrifflos ist das Zürnen der Welt, nahmlos.
> Das aber erkannt' er. Alles ist gut. Drauf starb er.

[*Patmos*, Neufassung]

> Der scheinet aber fast
> Rükwärts zu gehen und
> Ich mein, er müsse kommen
> Von Osten.
> Vieles wäre
> Zu sagen davon. Und warum hängt er
> An den Bergen gerad? Der andre
> Der Rhein ist seitwärts
> Hinweggegangen. Umsonst nicht gehn
> Im Troknen die Ströme.

[Der Ister, v. 41-50]

Vieles wäre zu sagen davon

Die Hebräerbrief-Allusion[1] verschwindet im Text von *Patmos* und erscheint an anderer Stelle, wie das im schwäbischen Karst versickerte Donauwasser im Rhein. Daß sich der geheime Zusammenhang, den der an beiden Stellen gleichlautende Satz nahelegt, nicht ohne weiteres erschließt, beweist fast die Wahrheit der Anspielung.

Der Lauf der Ströme widerspricht dem Gang der Gebirge; der Rhein geht seitwärts, die Donau rückwärts. Die *Güte* verfällt dem *Zürnen* einer Welt, die doch insgesamt göttlichen Ursprungs sein muß[2]; die Jünger gehen auseinander.

Ohne zu sagen wie, verschwindet die ungelöste Frage nach dem Sinn des Leidens, nach der Schuld in der Theodizee-Formel *Alles ist gut*, die schon Rousseau gegen Voltaire ins Feld führte[3]. Der Gesang fragt, wie sich das Licht verfinstern konnte; nach der kaum faßlichen Ironie Gottes[4], mit der er seine

---
1 Hebr. V, 11 ff.
2 Johann Georg Hamann, *Des Ritters von Rosencreuz letzte Willensmeynung über den göttlichen und menschlichen Ursprung der Sprache: Wenn man Gott zum Ursprung aller Wirkungen im Großen und Kleinen, oder im Himmel und auf Erden, voraussetzt; so ist jedes gezählte Haar auf unserm Haupte eben so göttlich, wie der Behemoth, jener Anfang der Wege Gottes. Der Geist der mosaischen Gesetze erstreckt sich daher bis auf die ekelsten Absonderungen des menschlichen Leichnams. Folglich ist alles göttlich, und die Frage vom Ursprung des Übels läuft am Ende auf ein Wortspiel und Schulgeschwätz heraus. Alles göttliche ist aber auch menschlich; weil der Mensch weder wirken noch leiden kann, als nach der Analogie seiner Natur.*
3 Brief vom 18. August 1756: *Si Dieu existe, il est parfait, il est sage, puissant et juste; s'il est sage et puissant, tout est bien.*
4 In Schellings *Philosophie der Offenbarung* treten vierzig Jahre später die entstellten Reste dieses Wissens zutage. Weswegen hatte Hölderlin seinen einstmaligen Freund besucht? Dieser schreibt am 11. 7. 1803 an Hegel. *Sein Anblick war für mich erschütternd: er vernachlässigt sein Äußeres bis zum Ekelhaften und hat, da seine Reden weniger auf Verrückung hindeuten, ganz die äußeren Manieren solcher, die in diesem Zustande sind, angenommen.* In der Nachschrift der Vorlesungen von 1841/42 findet sich der Satz: *Es ist in der Tat nicht Jedem gegeben, die tiefe Ironie Gottes... zu begreifen* (Frankfurt 1977, stw 256). Doch sein Werk weiß nichts von der Spur, die jene von Hölderlin erstmals gedachte *Untreue* auch hier hinterließ.

Nachfolge so zweideutig begründete, nach einer Kirche, die das menschlich Reine seiner Erscheinung zugleich bewahren, verkünden und auf so widerwärtige Weise verfälschen sollte. Er fragt nach dem Sinn der Umnachtung und ihrem Ende.

Moses beginnt seine letzte Rede mit den gewaltigen Sätzen: *Er ist ein Fels. Seine Werke sind unsträflich; denn alles, was er tut, das ist recht. Treu ist Gott und kein Böses an ihm*[5]. Danach kommt er auf den *falschen Felsen* zu sprechen, der den künftigen Zorn erregen wird. Genau in diesen *Hinterhalt*[6] gerät der Menschenfischer Simon, dem der Meister selbst die verbotene Gottchiffre beilegt. Aber das unergründliche Lächeln, der Zornausbruch ist prophetisch; er zielt auf die beiden Jahrtausende nach ihm. Am Scheideweg wird dann klar: der eine darf *rein* bestehen, der andere muß, *wohin er nicht will*[7]. Im Bild der seitwärts und rückwärts gehenden Ströme wiederholt sich die Form jener Trennung weniger unfaßlich. Im übrigen *brauchet aber Stiche der Fels*[8] und das göttliche Unrecht entsühnt die irregeleiteten Geister im voraus. Allerdings, mit dieser fragwürdigen Einsicht, endete auch die *Naivete*[9].

---

5  Deut. XXXII
6  Homburger Folioheft, 64 (An die Madonna):
*Doch himmliche, doch will ich*
*Dich feiern und nicht soll*
*Der Rede Schönheit mir*
*Die heimatliche, vorwerfen*
*Dieweil ich allein*
*Zum Felde gehe, wo wild*
*Die Lilie wächst, furchtlos,*
*Zum unzugänglichen,*
*Uralten Gewölbe,*
*Dem Hinterhalte*
*Der Himmlischen*
7  S. Matth. XVI, 18, 23; Joh. XXI, 18; vgl. *Seitwärts*.
8  *Der Ister*, v. 70
9  Vgl. *Kolomb.*

## VERLORNE LIEBE

*Aber ich habe wider dich, daß du die erste Liebe verlässest.*

Apoc. II, 4

*Ach! die Welt hat meinen Geist von früher Jugend an in sich zurükgescheucht, und daran leid' ich noch immer. Es giebt zwar einen Hospital, wohin sich jeder auf meine Art verunglükte Poët mit Ehren flüchten kann – die Philosophie. Aber ich kann von meiner ersten Liebe, von den Hofnungen meiner Jugend nicht lassen, und ich will lieber verdienstlos untergehen, als mich trennen von der süßen Heimath der Musen, aus der mich blos der Zufall verschlagen hat.*

Brief an Neuffer vom 12. November 1798

...wenn sich ferner unter einem bekannten Namen (dem der Philosophie) die Idee einer Wissenschaft vorfände, welche doch auch Wissenschaft seyn oder werden will, und welche über den Platz, wo sie sich anbauen soll, mit sich nicht einig werden kann: so wäre es nicht unschicklich, ihr den aufgefundenen leeren Platz anzuweisen. Ob man sich bisher bei dem Worte Philosophie eben das gedacht habe oder nicht, thut überhaupt nichts zur Sache; und dann würde diese Wissenschaft, wenn sie nur einmal Wissenschaft geworden wäre, nicht ohne Fug einen Namen ablegen, den sie aus einer keinesweges übertriebenen Bescheidenheit bisher geführt hat — den Namen einer Kennerei, einer Liebhaberei, eines Dilletantism. Die Nation, welche diese Wissenschaft erfinden wird, wäre es wohl werth, ihr aus ihrer Sprache einen Namen zu geben\*); und sie könnte dann schlechthin **die Wissenschaft**, oder **die Wissenschaftslehre** heissen. Die bisher sogenannte Philosophie wäre demnach **die Wissenschaft von einer Wissenschaft überhaupt**.

---

\* Sie wäre wohl auch werth, ihr die übrigen Kunstausdrücke aus ihrer Sprache zu geben; und die Sprache selbst, so wie die Nation, welche dieselbe redete, würde dadurch ein entschiedenes Uebergewicht über alle anderen Sprachen und Nationen erhalten.

[J.G. Fichte, *Ueber den Begriff der Wissenschaftslehre*, 1794]

---

Die wahre Gestalt, in welcher die Wahrheit existiert, kann allein das wissenschaftliche System derselben sein. Daran mitzuarbeiten, daß die Philosophie der Form der Wissenschaft näher komme — dem Ziele, ihren **Namen der Liebe zum Wissen** ablegen zu können und **wirkliches Wissen** zu sein —, ist es, was ich mir vorgesetzt.

[G.W.F. Hegel, *Vorrede* zum *System der Wissenschaft, Erster Theil, die Phänomenologie des Geistes*, 1807]

*Verlorne Liebe / Wissenschaft*[1]

---
1 Homburger Folioheft 68; vgl. *Aegypterin*.

## VATERLAND

*Mein ist*

*Die Rede vom Vaterland. Die neide*

*Mir keiner. Auch so machet*

*Das Recht des Zimmermannes*

*Das Kreuz.*


*Daß aber uns das Vaterland nicht werde*

*Zum kleinen Raum.*

*Homburger Folioheft*, 76

38

*Denn die solches sagen, die geben zu verstehen, daß sie ein Vaterland suchen.*
Hebr. XI, 14.


*Den juridischen Staat bildet eine geschlossene Menge von Menschen, die unter denselben Gesetzen und derselben höchsten zwingenden Gewalt stehen. Diese Menge von Menschen soll nun auf gegenseitigen Handel und Gewerbe unter und füreinander eingeschränkt, und jeder, der nicht unter der gleichen zwingenden Gesetzgebung und zwingenden Gewalt steht, vom Antheil an jenem Verkehr ausgeschlossen werden. Sie würde dann einen* **Handelstaat**, *und zwar einen* **geschlossenen** *Handelsstaat bilden, wie sie jetzt einen geschlossenen juridischen Staat bildet.*
J. G. Fichte, *Der geschlossene Handelsstaat*
Tübingen 1800; *Vorläufige Erklärung des Titels*

## Vaterland

Keine Utopie. Fichtes Staatsentwurf, einem preußischen Minister gewidmet, wurde zum philosophischen Kassiber des Nationalsozialismus. Seine Leitsätze gehören längst zum Repertoire des totalitären Staatsdirigismus.

All das ist ihm nicht unmittelbar zu entnehmen. Autarkie durch Planwirtschaft, Arrondierung und Isolation erscheinen auf den ersten Blick als vernünftige Schritte zum *ewigen Frieden*[1], jedenfalls weniger usurpatorisch als der wahnhafte Griff nach der Weltherrschaft, pragmatischer als der Traum vom föderalistischen Vaterland der verbrüderten Völker. Das Furchtbare, das er in die Wege leitet, kann nicht nur eine zufällige Begleiterscheinung sein; ihm muß ein fundamentaler Denkfehler zugrunde liegen.

Tatsächlich entspricht die vorgeschlagene Reorganisation des Staats von oben, Fichtes spekulativem Modell.

Der Staat setzt sich, wie das Fichtesche Ich, als ein absolutes Subjekt und alles übrige, im Inneren und Äußeren, als Objekt. Die willkürliche Abtrennung des Subjekts von der wahrgenommenen Welt wird, im vergrößerten Maßstab des Staatsentwurfs, als Herrschaftsstruktur sichtbar. Was vorher nur Subjekt war, erscheint jetzt als nach außen isolierte, nach innen uneingeschränkt geltende Souveränität. Die spekulative Grenze zwischen dem Ich und seinen Gegenständen wird zur Demarkationslinie, die nach außen und innen zu schützen ist, denn wie sich eine Vielzahl solcher Ichs durch ihre bloße Existenz gegenseitig einschränken (dies der Grundsatz der Fichteschen Rechtslehre), muß alles Innenliegende Ichbesitz sein, alles Außenliegende, wiederum in Gestalt befestigter Subjekte, eine latente Bedrohung. Das Bewußtsein, das sich selbst als Ich setzt, erscheint in der Analogie des geschlossenen Staats als

---

[1] Die Grundidee des Entwurfs, die freiwillige Beschränkung des saturierten Staats auf sich selbst, ist schon am Schluß der Rezension von Kants Schrift *Zum ewigen Frieden* (im *Philosophischen Journal* vom Juni 1796) angedeutet.

hypertrophes Nationalgefühl, dem Fremdenhaß korrespondieren muß. Der Vergleich ließe sich fortsetzen. Beispielsweise die Einführung einer nicht konvertierbaren, nur im Landesinneren zirkulierenden Währung ist, übertragen aufs Individuelle, ein autistisches Symptom.

Fichtes Staatsentwurf ist unmenschlich, weil er sich nicht auf menschliches Maß verkleinern läßt[2]. Wie in Platons positiven Staatsentwürfen der Verrat an der reinen Negativität der Sokratischen Reflexion herauskommt, durchkreuzt hier ein beflissen pragmatischer Vorschlag die sittlichen Maximen der Kantischen Kritik: die vorgeschlagene Weltordnung läßt sich nicht umkehren. Angewandt auf die Gemeinschaft von Individuen (die, um einander ja nicht zu nahe zu treten, den Verkehr miteinander abbrechen) erscheint das System als das was es ist, falsch und verhängnisvoll, schlimmer als die Drachensaat realer Macht, die nachher aus dergleichen aufgeht.

Dagegen hat sich Hölderlin gewendet, bevor dem unmenschlichen Gedanken Arme anwuchsen. Der vaterländischen Hoffnung, die Hölderlin und seine Freunde beflügelte, waren Grenzen nicht wesentlich. Im Gegenteil: zuvor mußten die dynastischen Zäune weggerissen und die falschen *Väter*[3] entthront

---

2 Wer daran vorbeigeht, muß wissen warum: die Mauern der vom Engel vermessenen Stadt haben menschliches Maß – Γαβριελ und Ληνω irritierenderweise die gleiche Zahl (s. Apoc. XXI, 17).

3 Das Konzept zur Ode *Die Schlacht/Der Tod fürs Vaterland* lautet:
*O Schlacht fürs Vaterland,*
  *Flammendes blutendes Morgenroth*
    *Des Deutschen, der, wie die Sonn, nun endlich erwacht*
      *Mit siegendem Leben*
      *Die Gespensterfeindin*

*Der nun nun nimmer zögert, der nun*
  *Länger das Kind nicht ist,*
    *Denn die sich Väter ihm nannten,*
      *Diebe sind sie,*
        *Die den Deutschen das Kind*
          *Aus der Wiege gestohlen,*

werden. Der gemeinsame *Aether* wäre schon Vater genug –
Die Ode *Der Tod fürs Vaterland*, die für den Arrondierungszweck im Fichteschen Sinne mißbraucht werden konnte, weil in Neuffers Taschenbuch die erste, unmißverständliche Strophe fehlt[4], besingt in ihrer unverstümmelten Gestalt die einzige *Schlacht*[5] und den Tod derjenigen, die sich einem Vaterland zuliebe wagten, das zugleich *heilig Herz der Völker*[6] und *Echo des Himmels*[7] ist.

Später durchschaut er die Umsturzversuche als *furchtsamgeschäfftiges*[8] und führt ihr Mißlingen auf das partikular-politische ihrer Ziele zurück[9]. Was soll ein Aufstand, wenn er die Zustände nicht *von Grund aus* verändert?

Von unbegriffener Bedeutung für die Kritik der postidealistischen Republiken ist sein Einwand gegen die Fichtesche

---

*Und das fromme Herz des Kinds betrogen*

*Wie ein zahmes Thier, zum*
 *Zum Dienste gebraucht,*
4 *O Morgenroth der Deutschen, o Schlacht! du kömmst*
 *Flammst heute blutend über den Völkern auf,*
  *Denn länger dulden sie nicht mehr, sind*
   *Länger die Kinder nicht mehr, die Deutschen.*
5 Möglicherweise stammt die handschriftlich nicht überlieferte Überschrift *Der Tod fürs Vaterland* von Neuffer.
6 Am Beginn der Ode *Gesang des Deutschen* (Herbst 1799):
*O heilig Herz der Völker, o Vaterland!*
7 In der Ode *Ermunterung* (Herbst 1800):
*Echo des Himmels! Heiliges Herz! warum,*
 *Warum verstummst du unter den Lebenden,*
  *Schläfst, freies! von den Götterlosen*
   *Ewig hinab in die Nacht verwiesen?*
8 Am Schluß der *Friedensfeier*; angeredet ist die mütterliche *Natur*.
*Denn es haßt dich, was*
*Du, vor der Zeit*
*Allkräftige, zum Lichte gezogen.*
*Nun kennest, nun lässest du dies;*
*Denn gerne fühllos ruht,*
*Bis daß es reift, furchtsamgeschäfftiges drunten.*
9 Vgl. *Vier vaterländische Thesen* II. t II.

Spekulation, in der sich die Vereinzelung verschärft, und die nur unfreiwillig, im Ruin der Idee, dem heraufziehenden *Gemeingeist*[10] Bahn macht. Unbeachtet auch seine Kritik am erstarrten Rechts- und Pflichtbegriff und der Ansatz zu einer Phänomenologie menschlicher Gemeinschaft, in welcher, zum ersten Mal, die Umbildung der Gesellschaft von innen heraus gedacht ist[11].

Der Weg dorthin führt in die falsche Richtung; so scheint es. Als die Nachricht vom erblichen Kaisertum eintrifft, zerreißt Beethoven die Titelseite der *Eroica*; im Manuskript radiert er die Zeile *intitolata Buonaparte* so wütend aus, daß ein Loch anstelle des Namens zurückbleibt[12]. Wenn er geplant war, verrät Hölderlin den ersten Versuch einer Revolution in Deutschland[13]. Sinclair wird verhaftet. Sie rannten gegen Mauern, die noch nicht fallen sollten. Das Wahre *ereignet* sich[14] anders als erwartet.

*Wie Bäche reißt das Ende von Etwas mich dahin, welches sich wie Asien ausdehnet.*[15]

---

10 Vgl. *Neun editorische Übungen* IV, v. 103.
11 Vgl. *Menschlich, d. h.*
12 Im Besitz der *Gesellschaft für Musikfreunde*, Wien.
13 Vgl. *Zehn biographische Details* VII.
14 *Mnemosyne*, v. 8-15 (Rekonstruktion):
     Zweifellos
 Ist aber Einer, der
 Kann täglich es ändern. Kaum bedarf er
 Gesez. Und es tönet das Blatt. Es möchten aber
 Viel Männer da seyn wahrer Sache. Eichbäume wehn dann neben
 Den Birnen. Denn nicht vermögen
 Die Himmlischen alles. Nemlich es reichen
 Die Sterblichen eh' an den Abgrund. Also wendet es sich, das Echo
 Mit diesen. Lang ist
 Die Zeit, es ereignet sich aber
 Das Wahre.
15 *Phaëton-Segment* III.

## UNTREUE

Es kommt alles darauf an, daß die Vortreflichen das Inferieure, die Schönern das Barbarische nicht zu sehr von sich ausschließen, sich aber auch nicht zu sehr damit vermischen, daß sie die Distanz, die zwischen ihnen und den andern ist, bestimmt und leidenschaftslos erkennen, und aus dieser Erkenntniß wirken, und dulden. Isoliren sie sich zu sehr, so ist die Wirksamkeit verloren, und sie gehen in ihrer Einsamkeit unter. Vermischen sie sich zu sehr, so ist auch wieder keine rechte Wirksamkeit möglich, denn entweder sprechen und handeln sie gegen die andern, wie gegen ihresgleichen und übersehen den Punct, wo diesen es fehlt, und wo sie zunächst ergriffen werden müssen, oder sie richten sich zu sehr nach diesen, und wiederhohlen die Unart, die sie reinigen sollten, in beiden Fällen wirken sie nichts und müssen vergehen, weil sie entweder immer ohne Wiederklang sich in den Tag hinein äußern, und einsam bleiben mit allem Ringen und Bitten oder auch, weil sie das Fremde, Gemeinere zu dienstbar in sich aufnehmen und sich damit erstiken.

Siebente Maxime
HKA 14,71

*Untreue der Weisheit*

*O Kind, dem an des pontischen Wilds Haut*
*Des felsenliebenden am meisten das Gemüth*
*Hängt, allen Städten geselle dich,*
*Das gegenwärtige lobend*
*Gutwillig,*
*Und anderes denk in anderer Zeit.*

*Fähigkeit der einsamen Schule für die Welt. Das Unschuldige des reinen Wissens als die Seele der Klugheit. Denn Klugheit ist die Kunst, unter verschiedenen Umständen getreu zu bleiben, das Wissen die Kunst, bei positiven Irrtümern im Verstande sicher zu seyn. Ist intensiv der Verstand geübt, so erhält er seine Kraft auch im Zerstreuten; so fern er an der eigenen geschliffenen Schärfe das Fremde leicht erkennt, deßwegen nicht leicht irre wird in ungewissen Situationen.*
*So tritt Jason, ein Zögling des Centauren, vor den Pelias:*
   *ich glaube die Lehre*
   *Chirons zu haben. Aus der Grotte nemlich komm' ich*
   *Bei Charyklä und Philyra, wo des*
   *Centauren Mädchen mich ernähret*
   *Die heilgen; zwanzig Jahr aber hab'*
   *Ich zugebracht und nicht ein Werk*
   *Noch ein Wort, ein schmuziges jenen*
   *Gesagt, und bin gekommen nach Haus,*
   *Die Herrschaft wiederzubringen meines Vaters.*

Untreue

Wenn Jason dem Tyrannen ins Gesicht sagt, weshalb er vor ihm steht, ist entweder das Beispiel falsch gewählt, oder das absichtlich Falsche bedeutet, inwiefern dieser Kommentar sein eigenes Beispiel ist.

Gemäß dem Axiom, im Zweifel gälte der Sinn[1], kommt nur letzteres in Betracht.

Das Rätsel löst sich am Anfang und Ende des Textes.

*Felsenliebend* und *Herrschaft des Vaters* hängen durch ein durchgängig Drittes zusammen. Dessentwegen lohnt es überhaupt, *unter verschiedenen Umständen getreu zu bleiben*. Erst dadurch ist es möglich, *bei positiven Irrtümern im Verstande sicher zu seyn*. Ohne jenen in *einsamer Schule*[2] gelernten *Zusammenhang* tritt das ironische Gegenteil in Kraft: dann allerdings ist Klugheit nichts weiter als die Kunst, andere, und Wissen die Kunst, sich selbst zu betrügen; Treue nur Linientreue.

Dergestalt treu oder untreu läßt sich ein Jason nach Kolchis schicken[3] und Herakles verrichtet seine unerhörten Taten im Dienst eines Feiglings.

---

1 Vgl. *Zu Schiff.*
2 *Im Reegen der Grotte* (vgl. *Wald*). *Unstädtisch* gebildet tritt Jason vor den Pelias. Hölderlin übersetzt Pyth. O., 105: ε[υ]τραπελον = gewandt, listig oder auch witzig – mit *schmutzig*.
3 Dies die im Titelfragment empfohlene Haltung. Bezeichnenderweise ist schon die Einleitung der Rede weggelassen:
*Ihm aber kühn mit friedsamen Worten
Also antwortete jener*
Pindar berichtet erst später (234 ff. in Hölderlins Übersetzung), mit welcher Höflichkeit Jason nur den Prinzipat, nicht den Reichtum Pelias fordert und wie er dessen verschlagenen Auftrag erfüllt.

## THEILHABER

|  |  | 357/8 |
|---|---|---|
| | ₁All wo das Meer   einer beschauen kann, | 2,3 |
| | ₂‖       ₃auch | 2,1 |
| 41 | [1] | |
| 42 | Doch keiner seyn will. Nehme vorlieb, und denk | 4,5 |
| 43 | An die, die noch vergnügt][ist, darum, | 6,7 |
| 44 | Weil der entzükende Tag uns anschien, | 8,9 |
| | Strophenfuge. | |
| | ₁Der mit Geständniß oder den Küssen auch ↓ v. 46₁ | 10,12 |
| 45 | ₂r Hände Druk | 10,11 |
| | ↑₁Anhub, die wir   gaben. | 13 |
| | ₂uns | 12 |
| | ₃der uns vereinet. Ach! weher | 14,15 |
| 46 | ₄‖ mir! | 15,16 |
| 47 | Es waren schöne Tage. Aber | 16 |
| 48 | Traurige Dämmerung folgte nachher. | 17 |
| | Strophenfuge. | |
| 49 | Du seiest so allein in der schönen Welt | 17,18 |
| 50 | Behauptest du mir immer, Geliebter! das | 19,20 |
| 51 | Weist aber du nicht, | 21 |

Emendationen [ ]: v. 41₂ irrtümliche Streichung; v. 43 Trennung von vergnügtist,
Zahlenreihe links: Verszählung; Zahlenreihe rechts: Katalognummer/ Seite und Zeilenzählung der Handschrift.

*Wenn aus der Ferne, da wir geschieden sind,*
  *Ich dir noch kennbar bin, die Vergangenheit*
    *O du Theilhaber meiner Leiden!*
      *Einiges Gute bezeichnen dir kann,*

*So sage, wie erwartet die Freundin dich?*
  *In jenen Gärten, da nach entsezlicher*
    *Und dunkler Zeit wir uns gefunden?*
      *Hier an den Strömen der heilgen Urwelt.*

*Das muß ich sagen, einiges Gutes war*
  *In deinen Bliken, als in den Fernen du*
    *Dich einmal fröhlich umgesehen*
      *Immer verschlossener Mensch, mit finstrem*

*Aussehn. Wie flossen die Stunden dahin, wie still*
  *War meine Seele über der Wahrheit daß*
    *Ich so getrennt gewesen wäre?*
      *Ja! ich gestand es, ich war die deine.*

*Wahrhafftig! wie du alles Bekannte mir*
  *In mein Gedächtniß bringen und schreiben willst,*
    *Mit Briefen, so ergeht es mir auch*
      *Daß ich Vergangenes alles sage.*

*Wars Frühling? war es Sommer? die Nachtigall*
  *Mit süßem Liede lebte mit Vögeln, die*
    *Nicht ferne waren im Gebüsche*
      *Und mit Gerüchen umgaben Bäum' uns.*

*Die klaren Gänge, niedres Gesträuch und Sand*
  *Auf dem wir traten, machten erfreulicher*
    *Und lieblicher die Hyacinthe*
      *Oder die Tulpe, Viole, Nelke.*

Theilhaber

*Um Wänd und Mauern grünte der Epheu, grünt'*
*Ein seelig Dunkel hoher Alleen. Offt*
*Des Abends, Morgens waren dort wir*
*Redeten manches und sahn uns froh an.*

*In meinen Armen lebte der Jüngling auf,*
*Der, noch verlassen, aus Gefilden kam,*
*Die er mir wies, mit einer Schwermuth,*
*Aber die Nahmen der seltnen Orte*

*Und alles Schöne hatt' er behalten, das*
*An seeligen Gestaden, auch mir sehr werth*
*Im heimatlichen Lande blühet*
*Oder verborgen, aus hoher Aussicht,*

*Allwo das Meer auch einer beschauen kann,*
*Doch keiner seyn will. Nehme vorlieb denn, und denk*
*An die, die noch vergnügt ist, darum,*
*Weil der entzükende Tag uns anschien,*

*Der mit Geständniß oder der Hände Druk*
*Anhub, der uns vereinet. Ach! wehe mir!*
*Es waren schöne Tage. Aber*
*Traurige Dämmerung folgte nachher.*

*Du seiest so allein in der schönen Welt*
*Behauptest du mir immer, Geliebter! das*
*Weist aber du nicht,*

Sie bedient sich der Geschäftssprache; das Wort *Theilhaber* kommt kein zweites Mal vor.

Vielleicht erinnerte er sich im Turm an jenen imaginären Briefwechsel, den Klopstock unter dem Namen seiner gestorbenen Frau veröffentlichte[1]; aber das sagt nichts zur Sache.

Der Bankier, den sie mit dem sprechenden Namen *Cobus* rief, hielt die Anteile, er das Ganze.

Das läßt sich fortsetzen. Wie dessen Reichtum, stieg sein Leid an:

*Froh kehrt der Schiffer heim an den stillen Strom*
*Von Inseln fernher, wenn er geerndtet hat;*
*So käm' auch ich zur Heimath, hätt' ich*
*Güter so viele, wie Laid, geerndtet.*[2]

Auffallend, wie ähnlich sich die Gegenden sind. Die *Urwelt*, aus der sie ihm zuspricht, ist stromdurchflossen, wie die Heimat. Statt der *Güter*, die einer sammelt, ist, hier wie dort, *einiges Gute* behalten.

Sie erinnert ihn an das Erinnern, an ihr Dasein, in Alkäen, die ihr ungezwungen und sanft, so natürlich von den Lippen gehen, daß dieses Wunder, wenn es dessen bedürfte, die Wahrheit des Gesagten bewiese.

Nur an einer Stelle, wo sie von Küssen sprechen will, verwickelt sich sein Entwurf. Das bleibt übrig, wenn auch der *Augarten* in Kassel gänzlich zerstört sein wird, und vieles mehr. Das Buchstabengenaue in der Entsprechung von Teil und Leid zum Beispiel –

*O du Theilhaber meiner Leiden!*

---

[1] *Briefe von Verstorbenen an Lebendige*; *Hinterlassene Schriften von Margareta Klopstock*, 1759.
[2] *Die Heimath* III, v. 1-4

## TAGUNDNACHTGLEICHE

*Viel thuet die gute Stunde.*

---

*Das Nächste Beste*

*An Feiertagen gehn*
*Die braunen Frauen daselbst*
*Auf seidnen Boden,*
*Zur Märzenzeit,*
*Wenn gleich ist Nacht und Tag,*
*Und über langsamen Stegen,*
*Von goldenen Träumen schwer,*
*Einwiegende Lüfte ziehen.*

Andenken, v. 17-24

---

→ *Sterbliche Gedanken*

## Tagundnachtgleiche

Nicht nur der Ort, auch der Zeitpunkt ist genau bestimmt: Frühlingsanfang 1805[1].

Wie die ländlichen Frauen, gebräunt von der Feldarbeit, an den *Feiertagen* zur Kirche gehen, darf er jetzt vergessen und anderes denken.

Immerhin ist er zur Tagundnachtgleiche geboren[2].

Bertaux mag recht haben, wenn er bei *goldenen Träumen* und *einwiegenden Lüften* vom Pollenstaub der nicht allzuweit entfernten Pinienhaine spricht[3]. Doch das ist nur jene Hälfte, die der Tagesgewalt und dem unschlächtigen Denken die ganze glatte (oder gar glitschige) Wegstrecke entgegenkommt.

So ist der Pfad an der Dordogne, unterhalb von Tavac, mit dem Blick hinüber zur Bec d'Ambes und den entfernten Gärten gegenüber; zwischen Bourg und dem Rocq du Thau, auf dem Weg zur Aussicht von Talmont, nach Royan, Soulac und vom Meer zurück nach Bordeaux.

Das zu kennen ist nicht nötig, fast schädlich, wenn darüber vergessen wird, daß jene Dinge mit Gedanken zusammenhängen, die anders nicht sagbar wären. Die Vorstellung, daß die *braunen Frauen* oder Dichter mehr davon wissen könnten als die Gelehrten, hat schon Hegel mit der gehörigen Schärfe des Systems verwiesen[4].

---

1 Vgl. *Bäume*.
2 Vgl. *Der Rhein*, v. 50-53:
    *das meiste nemlich*
*Vermag die Geburt,*
*Und der Lichtstral, der*
*Dem Neugebornen begegnet.*
3 *Hölderlin in und nach Bordeaux*, HJb. 1975-77, S. 97
4 In seiner *Vorrede* zur *Phänomenologie des Geistes* verhöhnte Hegel den Beginn der Ende 1804 erschienenen Ode *Vulkan*:
*Jezt komm und hülle, freundlicher Feuergeist,*
  *Den zarten Sinn der Frauen in Wolken ein,*
    *In goldne Träum' und schüze sie, die*
    *Blühende Ruhe der Immerguten.*
Werke, Bd. 3, Frankfurt a. M. 1970, S. 17, 18: *Wer nur Erbauung sucht, wer die irdische Mannigfaltigkeit seines Daseins und des Ge-*

dankens in Nebel einzuhüllen und nach dem unbestimmten Genusse dieser unbestimmten Göttlichkeit verlangt, mag zusehen, wo er dies findet; er wird leicht selbst sich etwas vorschwärmen und damit sich aufzuspreizen die Mittel finden. [...] Noch weniger muß diese Genügsamkeit, die auf die Wissenschaft Verzicht tut, darauf Anspruch machen, daß solche Begeisterung und Trübheit etwas Höheres sei als die Wissenschaft. Dieses prophetische Reden meint recht im Mittelpunkte[!] und in der Tiefe zu bleiben [...] Indem sie sich dem ungebändigten Gären der Substanz überlassen, meinen sie, durch die Einhüllung des Selbstbewußtseins und Aufgeben des Verstandes die Seinen zu sein, denen Gott die Weisheit im Schlafe gibt; was sie so in der Tat im Schlafe empfangen und gebären, sind darum auch Träume.

## STERBLICHE GEDANKEN

*Dem Manne laß sein Sinnen, und sein Geschäfft,*

*Und seiner Kerze Schein, und den künftigen Tag*

*Gefallen, laß des Unmuths ihm, der*

*Häßlichen Sorge zu viel nicht werden*

---

*Vulkan,* v. 5 - 8

42

*Es reiche aber,*
*Des dunkeln Lichtes voll,*
*Mir einer den duftenden Becher,*
*Damit ich ruhen möge; denn süß*
*Wär' unter Schatten der Schlummer.*
*Nicht ist es gut,*
*Seellos von sterblichen*
*Gedanken zu seyn. Doch gut*
*Ist ein Gespräch und zu sagen*
*Des Herzens Meinung, zu hören viel*
*Von Tagen der Lieb',*
*Und Thaten, welche geschehen.*

Andenken, v. 25-36

---

→ *Freunde*

## Sterbliche Gedanken

So bitter lebt es sich am Tag, daß ihm Umnachtung süß erscheint. Er möchte unter den Seelen sein, Bäumen, die selbst Schatten sind und keinen mehr werfen. Doch wäre er dort, betäubt vom Wein- oder Mohngeist, schwiege auch der Gesang. Gäbe der Dichter dem *sterblichen* Wünschen nach (wie in den Wochen zuvor seinem Zorn[1]), hörte er auf, es zu sein.

Es ist die Erinnerung der Krise, nicht die Krise selbst.

Genau in der Mitte des Gedichts hilft ein ethisches Axiom.

Sterbliche Gedanken (nach Spinozas Definition *inadäquate*, die sich nicht auf das Dasein Gottes beziehen[2]) vergessen das Ganze, sind Leiden der unbegriffenen Abgetrenntheit, ihre Erscheinungsformen bekannt: *Unmuth* und *häßliche Sorge*[3].

Wegen dieser in die *exzentrische Sphäre der Todten*[4] auszuweichen, d.h. real und nicht nur im Gedächtnis, wäre inadäquat, darum nicht gutzuheißen. Es widerspräche den erkannten Zeichen, dem gleichmütig machenden Wind, dem Beispiel der einfachen Frauen, die an festgelegten Tagen die Wirklichkeit verlassen und auf dem verzierten Boden der Girondekirchen wie auf Teppichen gehen[5].

Gut wäre zwar ein Gespräch, doch fehlen die Freunde. Der Gesang bleibt sein *freundlich Asyl*[6].

---

1 Vgl. *Zehn biographische Details* VII.
2 Vgl. *Ethica II, Propositio XXXII.* ff.
3 Vgl. *Vulkan*, v. 5-8.
4 Vgl. *Anmerkungen zum Oedipus 1*.
5 Vgl. *Blödigkeit*, v. 1,2 und hierzu wieder Jesaja LII,7: *Wie lieblich sind auf den Bergen die Füße der Boten, die da Frieden verkündigen.*
6 *Mein Eigentum*, v. 36-41:
*Und daß mir auch zu retten mein sterblich Herz,*
   *Wie andern eine bleibende Stätte sei,*
   *Und heimathlos die Seele mir nicht*
      *Über das Leben hinweg sich sehne,*

*Sei du, Gesang, mein freundlich Asyl!*

# VII

## UNWIDERUFLICH GEWORFENE STEINE

*alter erit tum Typhis, et altera quae vehat Argo*

*delectos heroas*

Vergil, Ecl. IV

A. a. A.*

9.

*Der Winkel von Hahrdt.*

*Hinunter sinket der Wald,*
*Und Knospen ähnlich, hängen*
*Einwärts die Blätter, denen*
*Blüht unten auf ein Grund,*
*Nicht gar unmündig*
*Da nemlich ist Ulrich*
*Gegangen; oft sinnt, über den Fußtritt,*
*Ein groß Schiksaal*
*Bereit, an übrigem Orte.*

---

\* Erschienen in *Le pauvre Holterling Nr. 1*, Frankfurt 1975.

## I
*Wozu eigentlich Erklärungen?*

Gelingen verbreitet die Täuschung, Vergeblichkeit sei nicht die Regel. Wohl vergeblich, wie in vielem, hat Adorno, zu Beginn seines 1963 vor der versammelten Hölderlin-Gesellschaft gehaltenen Vortrags *Parataxis* auf die Grenzen philologischer Texterklärungen hingewiesen[1], denn die Exegeten hörten des-

---

1 *Beissner hat etwa dem "Winkel von Hardt", keinem der schwierigsten Gedichte* [vgl. *Einwärts*], *eine kurze Erläuterung beigefügt. Am Stoff klärt sie das Dunkle auf. Der jäh genannte Name Ulrich ist der des verfolgten Herzogs von Würtemberg. Zwei Felsplatten bilden den "Winkel", den Spalt, in dem jener sich versteckte. Das Ereignis, das das der Sage nach dort sich zutrug, soll aus der Natur sprechen, die darum "nicht gar unmündig" genannt wird. Nachlebende Natur wird zur Allegorie des Schicksals, das an der Stelle einmal stattfand: einleuchtend Beissners Erklärung der Rede vom "übrigen" als dem übrig gebliebenen Ort. Die Idee einer allegorischen Naturgeschichte jedoch, die hier aufblitzt und das gesamte Spätwerk Hölderlins durchherrscht, bedürfte selbst, als philosophische, ihrer philosophischen Herstellung. Vor ihr verstummt die philologische Wissenschaft. Das ist aber nicht gleichgültig fürs künstlerische Phänomen. Während die Kenntnis der von Beissner angezogenen stofflichen Elemente den Schein des Wirren auflöst, der einst jene Verse umgab, behält gleichwohl jenes Gebilde selbst, als Ausdruck, den Charakter von Verstörtheit. Verstehen wird es, wer nicht nur des pragmatischen Gehalts sich versichert, der außerhalb des im Gedicht und seiner Sprache Manifesten seinen Ort hat, sondern wer stets noch den Schock des unvermuteten Namens Ulrich fühlt; wer sich ärgert an dem "nicht gar unmündig", das überhaupt erst aus der naturgeschichtlichen Konstruktion Sinn empfängt, und ähnlich an dem Gefüge "Ein groß Schicksal/ Bereit zu übrigem Orte". Was die philologische Erklärung wegzuräumen gehalten ist, verschwindet dennoch nicht aus dem, was Benjamin zuerst und später Heidegger das Gedichtete nannte. Dies der Philologie sich entziehende Moment verlangt von sich aus Interpretation. Das Dunkle an den Dichtungen, nicht, was in ihnen gedacht wird, nötigt zur Philosophie. Es ist aber der Intention, "des Dichters Sinn" inkommensurabel, auf den noch Beissner sich beruft, freilich um mit ihm die "Frage nach dem Kunstcharakter des Gedichtes" zu sanktionieren. Pure Willkür wäre es, Hölderlin, wie auch immer verklausuliert, die Fremdheit jener Verse als Absicht zuzuschreiben. Sie*

wegen nicht auf, das Unerklärliche an den Gedichten beiseitezuräumen und sie dafür mit einer Schuttschicht besseren Wissens zu überdecken. Im Gegenteil: er forderte damit die Hölderlin-Philologie zu noch umfassenderen, noch tiefsinnigeren Textdeutungen heraus[2]. Wie immer, wenn einer von außen die

---

*rührt von einem Objektiven her, dem Untergang der tragenden Sachgehalte im Ausdruck, der Beredheit eines Sprachlosen. Ohne das Verschweigen des Sachgehalts wäre das Gedichtete so wenig wie ohne den verschwiegenen. So komplex ist, wofür heute der Begriff immanente Analyse sich eingebürgert hat, der in der gleichen dialektischen Philosophie entsprang, an deren formativen Jahren Hölderlin Anteil hatte. In der Literaturwissenschaft bereitete die Wiederentdeckung jenes Prinzips ein genuines Verhältnis zum ästhetischen Gegenstand überhaupt erst vor, wider eine genetische Methode, welche die Angabe der Bedingungen, unter denen Dichtungen entstanden, der biographischen, der Vorbilder und sogenannten Einflüsse, mit der Erkenntnis der Sache selbst verwechselte. Wie jedoch das Hegelsche Modell der immanenten Analyse nicht bei sich selbst verbleibt, sondern mit der eigenen Kraft des Gegenstandes diesen durchbricht; über die monadologische Geschlossenheit des Einzelbegriffs hinaustreibt, indem es diesen achtet, so dürfte es auch um die immanente Analyse von Dichtungen stehen. Worauf diese zielen und worauf Philosophie zielt, ist das Gleiche, der Wahrheitsgehalt. Zu ihm geleitet der Widerspruch, daß jegliches Werk rein aus sich verstanden werden will, aber keines rein aus sich verstanden werden kann. So wenig wie der ,,Winkel von Hardt" wird irgendein anderes ganz von der Stoffschicht expliziert, deren die Stufe des Sinnverständnisses bedarf, während die höheren den Sinn erschüttern. Die Bahn von dessen bestimmter Negation dann ist die zum Wahrheitsgehalt. Soll er emphatisch wahr, mehr als das bloß Gemeinte sein, so läßt er den Immanenzzusammenhang unter sich, indem er sich konstituiert. Die Wahrheit eines Gedichts ist nicht ohne dessen Gefüge, die Totalität seiner Momente; ist aber zugleich, was dies Gefüge, als eines von ästhetischem Schein, übersteigt: nicht von außen her, durch gesagten philosophischen Inhalt, sondern vermöge der Konfiguration der Momente, die, zusammengenommen, mehr bedeuten, als das Gefüge meint...* (zit. n. der erweiterten Fassung in Schriften Bd. 11, Frankfurt 1974, S. 449ff.)

[2] *Das Gedicht enthält lokale und historische Anspielungen, die vorweg zu erklären sind. Der ,,Winkel von Hardt" ist ein Felsblock im Walde des Dorfes Hardt, nahe bei Nürtingen, der Heimat Hölderlins. Er besteht aus zwei mächtigen, gegeneinandergeneigten Felsplatten – darum ,,Winkel" genannt –, die einen zeltartigen Unterschlupf bil-*

## Sieben unwiderruflich geworfene Steine I

Kreise stört, kam man überein, er sei weder als Philosoph noch als Philologe ernstzunehmen und hielt es sich noch zugute, daß man ihn habe reden lassen. Aber auch Adornos Zuversicht, eine längst verblichene Philosophie leiste, was der Philologie versagt sei, kann kaum noch geteilt werden. Der Streit, welcher

---

*den, worin der Herzog Ulrich von Würtemberg 1519 auf der Flucht eine Nacht zugebracht haben soll; eine Spinne zog ihr Netz über den Eingang und verbarg ihn vor seinen Verfolgern. Ein flacher Stein neben dem Felsen zeigt eine Vertiefung in der Gestalt eines Fußes, die im Volksmund der ,,Fußtritt" des Herzogs heißt. Eine Wunderrettung also, mit Legendenmotiven ausgeschmückt, die wie der Ort selbst Hölderlin wohlbekannt war.*

*Diese Angaben beseitigen die äußere Dunkelheit des Gedichts, aber die eigentümliche Faszination seiner Verse verstärken sie eher, wenn man die geahnte Weite seines Sinnes dergestalt an Konkretestes geknüpft sieht. Der Weg zum Sinn muß daher über die Anschauung des Konkreten führen. Wir beginnen mit dem Naturbild des Eingangs und versuchen eine Deutung, die möglichst viele Einzelheiten zu verstehen erlaubt.*

*Hölderlin scheint ein Herbstbild zu zeichnen. Der hinuntersinkende Wald meint – totum pro parte – das fallende Laub [vgl. Wald], eine in der Sprache des Spätwerks nicht ungewöhnliche Stilfigur. Andere Blätter hängen noch an den Zweigen, aber nach dem ersten Frost ,,einwärts" geschrumpft und so an Knospen erinnernd. Der ihnen unten aufblühende Grund ist der vom roten Herbstlaub leuchtende Waldboden; denn Buchen und Eichen umgeben den Ulrichstein.*

*Zwei Wörter dieses Herbstbildes entstammen dem Wortschatz des Frühlings, ,,Knospen" und ,,aufblühen". Der Herbst scheint Züge des Frühlings zu tragen, ein sehr Hölderlinscher Gedanke. Im ,Hyperion' finden sich die Sätze: ,,Ein Bruder des Frühlings war uns der Herbst, voll milden Feuers, eine Festzeit für die Erinnerung an Leiden und vergangene Freuden der Liebe. Die welkenden Blätter trugen die Farben des Abendrots... entschwundne selige Stunden begegneten uns überall." Der Herbst, im Kreislauf der Jahreszeiten dem Frühling gegenüber, nimmt seine Farbe an, wie das Abendrot die des Morgens. Er ist eine Zeit der Erinnerung – und um Erinnerung geht es in diesem Gedicht.*

*Denn der Grund, über den Ulrich in einer geschichtlichen Stunde ging, ist fortan nicht mehr ganz ,,unmündig"; der gleichgültige Boden enthält eine Stelle, in die Geschichte verwahrt ist. Hölderlin mag in ,,nicht unmündig": nicht sprachlos hören; die Stelle spricht wie ein Mund zu dem ,,Sinnenden". Aber auch die etymologisch richtige Bedeutung des Wortes: nicht schutzbedürftig, also selbständig, ergibt*

43

Geisteswissenschaft der Dichter gebühre, wirkt unergiebig und abgestanden. Vor Erscheinen einer neuen historisch-kritischen Hölderlin-Ausgabe ist vielmehr eine andere Frage zu beantworten; wozu eigentlich Erklärungen? Der rhetorische Unterton ist beabsichtigt, denn immer noch sind sie ein *Anliegen*.

---

*einen guten Sinn: die dem Ort angebannte geschichtliche Kraft verleiht ihm ein Selbstsein, das ihn vom bloßen Naturort unterscheidet.\**
Anm.: *Der Punkt nach ,,unmündig" fehlt im Druck, stand aber wohl in der verlorenen Handschrift. Bezöge man ,,unmündig" auf ,,Ulrich", so hätte das ,,nämlich" keinen Sinn, und der Zusammenhang des Gedichts würde unverständlich.* Nein, und nochmals nein! es ist der Eingriff in den Text, der ihn unverständlich macht. Das *nämlich* bezeichnet die Besonderheit des Orts und bedarf keiner syntaktischen Hilfe. Die Fußspur des Vaterlandshelden riecht noch jetzt nach Blut. Der Mörder Hans von Huttens, gegen den sich ein anderer Ulrich die Stimme heißer schrie, ist hier *gegangen*, ein Getriebener, und das ist die tiefe Ironie – er, der darüber sinnt, ist entmündigt; der Frevler, über dessen Spur sich der angeblich unmündige Dichter beugt, war es nie, damals nicht und nicht im Gedächtnis einer Welt, die jetzt *Hinunter* sinkt (vgl. *Hin*). In diesem weniger guten, dafür realbedrängenden Sinn ist, was nun folgt, nicht allgemein gesagt. Wie schon die einwärts hängenden Blätter an Vergils VI. Ekloge (vgl. *Einwärts*) erinnert jener *Fußtritt* an eine Zeile der IV: *pauca tamen suberunt priscae vestigia fraudis* (Einige sind doch übrig, Spuren des uralten Irrsals). Aber das wendet sich. Er ist *bereit* zu dem was den Blättern und dem hinunter sinkenden Wald *blüht*. (Über die Untat des Herzogs berichtet Herder in der 5. Sammlung der *Zerstreuten Blätter* von 1793: *Denkmal Ulrich's von Hutten*).
*Was nun folgt, ist allgemein gesagt: ,,oft sinnt über den Fußtritt" – nicht Ulrichs nur, sondern geschichtlicher Heroen überhaupt – ,,ein groß Schicksal", das an ,,übrigem Orte" – nicht hier oder dort, sondern irgendwo schlechthin – bereit liegt\*\**
Anm.: *Der ,,übrige" könnte auch der übriggebliebene Ort sein, also der Ulrichstein selbst (so Beißner, StA II, 662). Aber ,,bereit" scheint eine Ergänzung zu verlangen (vgl. Z, Anm. 4), und das folgende Komma kann ebenso wie die Kommata nach ,,sinnt" und ,,Fußtritt" nur der rhythmischen Gliederung dienen.*
*Wer ist dieses große Schicksal? Zunächst einer, dem ein solches bestimmt ist. Aber die Wendung erinnert zu deutlich an Hölderlins Idee des ,,Vaterländischen" im Spätwerk, welche uns ,,schicksallos", weil in einer toten Regelwelt Geborene auffordert, die Freiheit eines selbstgewählten Schicksals zu suchen, daß wir, ohne ins Ungebundene hinauszutaumeln, das ,,Geschick der großen Zeit treffen" ler-*

Nicht beabsichtigt ist eine pauschale Negation; die Frage zielt auf eine Unterscheidung von notwendigen und überflüssigen Erklärungen. Ihr Gift ist bestimmt, eine schlechte Selbstverständlichkeit zu zersetzen.

---

*nen. Das große Schicksal wartet also dem kommenden Vaterlandstag entgegen, und sein Träger sinnt über einer Stätte, die vor Zeiten ein Held des Vaterlandes betrat.*
*Jetzt versteht man den Sinn des Herbstbildes: Wie der Herbst an den Frühling erinnert und seine Wiederkehr verheißt, so erinnert sich das große Schicksal eines andern vor ihm und erhofft beider Erfüllung in einem künftigen Vaterland. Die geschichtlichen Schicksale blicken einander wie die Gezeiten des Jahres an, den ,,Gipfeln der Zeit" in der ,,Patmos"-Hymne ähnlich, die das Verlangen wecken, ,,treuesten Sinns hinüberzugehn und wiederzukehren." Aber der Ort ist es, das bleibende Hier, das über die Trennung der Zeiten hinweg die Brücke des Gedenkens schlägt.* (Wolfgang Binder, *Hölderlin: ‚Der Winkel von Hardt', ‚Lebensalter', Hälfte des Lebens'* in: Schweizer Monatshefte, Jg. 54 (1965); zit. n. *Hölderlin-Aufsätze*, Frankfurt 1970, S. 351 ff.)

## II
### *Verfilzung*

Gegen den eigenen Begriff gleicht der sekundäre Prozess der Texterklärung einer Verfilzung. Einer beginnt; ein Zweiter findet manches nachzutragen, manches falsch; ein Dritter mißbilligt die Prämissen des Zweiten, teilt aber dessen Vorbehalte gegenüber dem Ersten; ein Vierter sieht alles in neuem Licht und erst ein Fünfter setzt aus den bisherigen eine Idealerklärung zusammen, die ein Sechster als Stückwerk erkennt. Dies alles vollzieht sich mit heuchlerischer Gelassenheit oder unverhohlener Bitterkeit. Immerhin geht es jeweils aufs Neue um den Primat von Entdeckungen und, damit verbunden, um das Erstlingsrecht der rechten endgültigen Erklärung. Alle Beteiligten agieren unter dem Zwang honetter Maximen: wie könnten sie zulassen, das unvollständige, falsche oder verzerrende Texterklärungen in Umlauf bleiben? Die von allen gemeinsam gegeneinander verteidigte Reinheit des Textes gebiert einen Wust germanistischen Schrifttums, welcher keinem erspart bleibt, der sich auf Wissenschaft einläßt. Die Hölderlin-Philologie, so war von einem ihrer Hauptadepten zu hören, sei *eine verhältnismäßig junge*[1]. Vor dem jetzt schon Angehäuften verkehrt sich die optimistische Bemerkung zum Schreckbild. Kein Ende abzusehen?

*derlei Pallästen, sagt*
*Ade! unreinlich, bitter, darum!*
*Dann kommt das Brautlied des Himmels.*
*Vollendruhe. Goldroth.*[2]

---

1 Ders., *Hölderlin-Aufsätze*, a.a.O, S. 5
2 *Homburger Folioheft*, 88: 22-25

## III
### *Deutung ist Diebstahl*

Hölderlin hat nicht nur den Mißbrauch, sondern auch das einzig angemessene Kommunikationsmodell des Gesangs bezeichnet. Sein Bild dafür ist selbst schon das beste Beispiel für die Autonomie einer Sprache, die keiner Übersetzung ins szientifische Idiom, keiner verwesentlichenden Paraphrase und nur wegen der ausgehenden Bildung erhellender Hintergründe bedarf. Vor diesen unmißverständlichen Zeilen wird Exegese zur Verfehlung. Deutung ist Diebstahl.

*o leset |*
*Ihr Blüthen von Deutschland, o mein Herz wird*
*Untrügbarer Krystal an dem*
*Das Licht sich prüfet wenn      Deutschland | Und gehet*
*Beim Hochzeitreigen und Wanderstraus.*[1]

---
1 *Homburger Folioheft*, 75:62-65; 76:27-31

## IV
### *Lemuren*

Nicht der unehrerbietige Ton, die Offenheit der Kritik bedarf der Erklärung. Der Angriff gilt den schlechten Gewohnheiten, nicht deren Sklaven. Die sind zu lange gefesselt; Hilfe ist unwillkommen und käme zu spät. Die Kritik am üblen Verhältnis kann die Individuen nicht schonen, die sich mit ihm identifizieren. Gemäß Lessings Empfehlungen in *Rettungen des Horaz* sollten die noch lebenden Gelehrten das Urteil der Nachwelt schon zu Lebzeiten ertragen lernen[1]. Aber dies Allervernünftigste scheint ganz und gar unmöglich. Daß sich das gelehrte Unwesen seit Jahrtausenden so wenig änderte, liegt, ähnlich der kirchlichen Observanz, an jener in sich korrupten Wohlanständigkeit, jener intriganten Rücksichtnahme gegenüber den alternden Meistern, von denen die nachrückenden Lemuren jahrelang, zur Einübung solcher und anderer Konventionen gequält wurden. Wo bleibt denn die Große Vaterländische Umkehr, von der sie alle, irgendwo gegen Ende ihrer Traktate, murmeln? Die fordert wirkliche Abkehr und nicht das Befreiungs- und Veränderungsgerede der kirre Gemachten.

---

1 *Die Gabe sich widersprechen zu lassen, ist wohl überhaupt eine Gabe, die unter den Gelehrten nur die Todten haben. Nun will ich sie eben nicht für so wichtig ausgeben, daß man, um sie zu besitzen, gestorben zu seyn wünschen sollte; denn um diesen Preis sind vielleicht auch größere Vollkommenheiten zu theuer. Ich will nur sagen, daß es sehr gut seyn würde, wenn auch noch lebende Gelehrte immer im voraus ein wenig todt zu seyn lernen wollten. Endlich müssen sie doch eine Nachwelt zurücklassen, die alles Zufällige von ihrem Ruhme absondert, und die keine Ehrerbietigkeit zurückhalten wird, über ihre Fehler zu lachen. Warum sollten sie also nicht schon jetzt diese Nachwelt ertragen lernen, die sich hier und da schon in einem ankündigt, dem es gleichviel ist, ob sie ihn für neidisch oder für ungesittet halten?*

V
*Hochaufgeklärtes Gelächter*

Die Literaturwissenschaft und der Kulturbetrieb werden sich weigern, Hölderlins Paradigma wörtlich zu nehmen, und weiterhin auf einer Nutzung des Intensitätsgefälles im Konsumbereich Literatur bestehen. Die rigorose Forderung, unter das Deutungsgefasel sei endlich ein Schlußstrich zu ziehen, oder gar ein mosaisch strenges Reglement für den Umgang mit Heiligem, der allerdings weltfremde Vorschlag, die im literaturwissenschaftlichen Graduierungssystem institutionalisierte, von deren Päpsten, Kardinälen, sonstigen Oberen und noch vom erbärmlichsten Priester praktizierte Ausbeutung der Literatur durch Exegese sollte aufhören – wenigstens Liebesbriefe und Wahnsinnszettel sollten tabu sein – würden bestenfalls ein hochaufgeklärtes Gelächter hervorrufen. Zur Demonstration methodologischer Ansätze würde weniges genügen; alles übrige bliebe den Lesern. Das Utopische daran ist Korrelat der Ignoranz.

## VI
## *pro juventute*

Vor einigen Jahren wurde eine umfangreichere Hölderlin-Exegese mit dem Versprechen angekündigt, sie werde den *methodologischen Ansatz des Verfassers vielleicht noch etwas durchsichtiger machen*[1]. Ohne die Spur einer Beweisführung bestreitet das Hingesagte die von Adorno, und nicht nur von ihm, festgestellte Diskontinuität zwischen Methodologie und materialen Arbeiten[2] – als wäre das Sammelsurium verschiedener Erklärungen zugleich auch deren durchsichtig gemachte oder gar kritisch reflektierte Methode. Tatsächlich hängt das exegetische Übel nur an dem einen fadenscheinigen Argument, die offene Jagd auf Dichter sei Hege. Dafür wird sie aber viel zu rücksichtslos, viel zu trophäensüchtig, viel zu kommerziell betrieben. Als Hilfe – *pro juventute* – deklariert sich eine Unzucht, die so debil gar nicht sein kann, als daß sie ihre Zudringlichkeit nicht bemerkte. Die angebliche Wohltätigkeit an den Unmündigen ist Wegelagerei vor den Augen des Publikums, das sich darüber verwundert, wie ähnlich doch der Dichter dem Knecht sieht, nachdem ihn dieser auf seinem Bett durch allerlei Manipulationen mediokor gemacht hat. Was der frohlockende Gesang vorherweiß, erfüllt sich immerhin als Leiden: Leser und Dichter verschmelzen bei diesem Geschäft zu einem Opfer.

---

1 Ders., *Hölderlin-Aufsätze*, a.a.O., S. 5
2 Th.W. Adorno, *Negative Dialektik*, Frankfurt 1970, S. 7

## VII
*Die naive Gemütsart der Erklärer*

Ob in wissenschaftsinternen Apparaten oder in Anthologien, immer entsteht ein Schleier, durch den die Textwahrheit nur noch getrübt, umnachtet von Deutung hindurchscheint. Nicht die Frage der richtigen oder falschen Erklärung – die Entmündigung der mit letzter Kraft sprechenden Zeilen steht zur Debatte. Gerade das Wortfürwortvorkauen verhindert die *Revolution der Gesinnungen und Vorstellungsarten*, von der immer irgendwie die Rede ist. Dem Usus der Interpretationen ist mit der These entgegenzutreten, es sei besser über Gedichte das Falsche zu denken, als das Richtige darüber von anderen zu erfahren. Kurz: Selbstdenken sei besser als Nichtdenken. Erst die offenkundige Plattheit dieser Maxime entlarvt die naive Gemütsart der Erklärer –

## SEITWÄRTS

*Es mag auch einer, da er disen Vnterricht wol gefasset, einen Hauptstrich, den er etwas jrr gezogen, mit einem beystrich leichtlich helffen, daß er widerumb gantz wol stehet, dann es begibt sich offtmals, daß ein Hauptstrich mit fleiß etwas abwegs von der rechten Stellung, wegen der beystrich, so man im Sinn bey demselben Buchstaben gedenckt zu gebrauchen, gezogen wird, dagegen beystrich brauchet, so eine gerechte Stellung widerumb volführen.*

Christoph Fabius Brechtel, Nürnberg 1613

>           ungestalt
>
> Nicht (unrein) , mit dem Feinde (ge)
>
> Gemischet (unmächtig)
>
>  Was
>
> Auf  einmal gehet es weg
>
> Und siehet den Tod nicht.

*Heimath* 307/44: 3-8

Gebirge und Ströme sind die Handlinien der Erde, längst nicht so eindeutig wie die gängigen Philosopheme mit ihren trivialen Vorstellungen vom Gang der Geschichte; eher kontrapunktisch, mit Haupt-, Bei- und Gegenstrichen, wie die Buchstaben jener verdrängten Schrift, die Werner Doede so zutreffend als *Bilderschrift* und *Organ für die graphische Projektion fundamentaler Gestaltungsprobleme* charakterisiert hat[1].

Es scheint, als verwiese Hölderlin genau darauf: *Denn lange schon steht offen/ Wie Blätter, zu lernen*[!] *oder Linien und Winkel die Natur*[2]. Die Donau scheint *rükwärts* zu gehen; der *Rhein ist seitwärts/ Hinweggegangen*[3]. Man denkt an den zweideutigen Vorfall, von dem Johannes am Schluß seines Buchs berichtet und an ihn selbst.

In der Linie des Rheins vernahm er *ohne Vermuthen* sein eigenes Schicksal[4], das Drängen des jugendlichen Stroms nach Asien[5]; anders als seine *Brüder*, die vom Gotthard aus in verschiedene Richtungen ziehen[6]. Sein Verschwinden im See wird nur gedacht, nicht genannt. Ebenso sein Fall bei einem Dorf, das den Namen seines Geburtorts trägt. Danach geht er zum zweiten Mal *seitwärts*. Diesmal ist es ein allgemeiner, nationeller Abschied von der Tendenz. Mit ihm hat, der Signatur nach, sein Werk noch etwas zu tun.

---

1 *Bibliographie deutscher Schreibmeisterbücher von Neudörffer bis 1800*, Hauswedell & Co, Hamburg (o. J.), S. 16
2 *Griechenland* (Neuedition in HKA 8).
3 *Der Ister*; vgl. *Vieles wäre zu sagen davon*.
4 Vgl. *Der Rhein*, v. 1-15.
5 Vgl. *Vaterland*, Anm. 15.
6 Vgl. *Der Rhein*, v. 32-41.

# VI

## THEOSOPHISCHE PUNKTE ZU BÖHME

*der Seidenbaum*

*Auf heiliger Waide*

---

*Heimath*, 307/43: 21,22

Vorbemerkung

*Und heimlich, da du träumtest, ließ ich*
*Am Mittag scheidend dir ein Freundeszeichen,*
*Die Blume des Mundes zurük und du redetest einsam.*

*Germanien*, v. 70-72

## Sechs theosophische Punkte

Zwischen Jacob Böhme (den Schelling *eine Wundererscheinung in der Geschichte der Menschheit* nannte[1], mit dessen Denkmethode Hegel zu Beginn seines Weges als Systemdenker experimentierte[2]) und Hölderlin besteht eine natürliche Affinität. Beide sind auf ähnliche Weise von der Göttlichkeit dieser Welt, mithin auch ihres Werks und seiner Wirkung durchdrungen, bei beiden tritt uns ein dichterisch eingekleidetes System entgegen; dort als trinitäre Theosophie, hier als trichotomische Poetologie, deren Seinsformel die Dichtung bis in die Buchstaben durchwaltet. Dennoch fehlt in Hölderlins Werk jeder direkte Hinweis auf Böhme und dementsprechend wurde bislang eine konkrete Beziehung zu ihm verneint. Die romantische Wiederentdeckung Böhmes, heißt es, sei für den Dichter zu spät gekommen[3].

Böhme war jedoch zu keiner Zeit gänzlich vergessen. 1798, mit Erscheinen von Baaders Schrift *Über das pythagoreeische Quadrat* (angeregt durch den französischen Theosophen Saint Martin[4]), trat nur eine unterirdische Strömung zutage.

Jahrzehnte zuvor war der schwäbische Theologe Oetinger von einem einfachen Handwerker, dem Tübinger Pulvermüller Obenberger, später von dem jüdischen Kabbalisten Hecht in Frankfurt auf Böhmes Werk hingewiesen worden. Hardenberg notiert den Namen des *philosophus teutonicus* erstmals im Sommer 1799, nach seiner Begegnung mit Tieck[5]. Der Maler Philipp Otto Runge vertieft sich seit 1802 in die Weltgeome-

---

1 In der ersten Einleitung zur *Philosophie der Offenbarung*, 1858, 7. Vorlesung.
2 Vgl. Karl Rosenkranz' Bericht über das *Fragment vom göttlichen Dreieck*, Hegel, Werke in zwanzig Bänden, 2, Frankfurt 1970, S. 534.
3 Wolfgang Binder, *Hölderlin: Theologie und Kunstwerk* in HJb 17, 1971/1972, S. 18.
4 *Des erreurs et la vérité*, übersetzt von Matthias Claudius; G. Wehrs Böhme-Monographie (Reinbek 1971) vermittelt einen Abriß dieser Wirkungsgeschichte.
5 Novalis, Schriften 4, Stuttgart 1975, S. 52, undatierte Notiz 12.

trie[6] des gottseligen Schusters *von Altseidenberg*[7]. Warum nicht auch Hölderlin?

---

6 Vgl. Werner Hofmann, *Runges Versuch, das verlorene Paradies aus seiner Notwendigkeit zu konstruieren* in *Runge in seiner Zeit*, Katalog der Hamburger Kunsthalle 1977/78, S. 31 ff.
7 So der Zusatz auf dem Haupttitel der alten Böhme-Ausgaben.

## I
### *Exemplarische Metapher*

Der äußere Mensch war ja, aber er war gleich wie halbverschlungen von dem innern: der innere herrschete durch und durch, (wie das Feuer im glüenden Eisen)
Von der Menschwerdung Jesu Christ 1. Th. Cap. 4, 13.

Wann nun der Leib zerbricht, so ist die Seele mit Göttlicher Liebe durchdrungen, und mit Gottes Licht durchleuchtet, wie das Feuer ein Eisen durchglüet, davon es seine Finsterniß verlieret.
Christosophia oder Weg zu Christo. 5. Vom übersinnlichen Leben, 38.

---

*Patmos*:

| | | 307/23 |
|---|---|---|
| 93 | **Denn Großentschiedenes hatten in der Seele** | 12 |
| 94 | **Die Männer, aber sie liebten unter der Sonne** | 15 |
| 95 | **Das Leben und lassen wollten sie nicht** | 16 |
| 96 | **Vom Angesichte des Herrn** | 17 |
| | ₁**Und der Heimath.** Eingepflanzet **war** es ↓ 98₁.₂ | 19 |
| 97 | ₂**getrieben** ₃\| \| | 18,19 |
| | ↑₁Und ihn | 22 |
| | ↑₂**und ihnen gieng** ↓ 99 | 22 |
| | ₃**Wie Feuer im Eisen** wars | 21 |
| 98 | ₄**das** | 20 |
| 99 | ↑**Zur Seite der Schatte des Lieben** | 23 |

| | | 309/5 |
|---|---|---|
| | ₁Eingetrieben **war,** | 4 |
| 97 | ₂**Eingeboren** | 3 |
| 98 | **Wie Feuer im Eisen, das** | 5 |

|   |   |   | 310/4 |
|---|---|---|---|
|   | $_1$Eingeboren, ↓ 98$_1$ |   | 35 |
| 97 |   | $_2$glühend | 35 |
|   | $_1$Wie Feuer war in dem |   | 38 |
|   | $_2$m Eisen das, |   | 38 |
| 98 | $_3$roth | 4. | 37 |

II
*Parusie*

Weil aber das Göttliche Mysterium sich auch nunmehr will also gar entblößen, und dem Menschen also ganz begreiflich gegeben wird, daß er die Verborgenheit ganz helle begreift. So ist dem wohl nachzusinnen, was das bedeute, anders nichts, als die Einernte dieser Welt. Denn der Anfang hat das Ende funden, und das Mittel wird in die Scheidung gestellt. Lasset euch gesaget seyn, ihr Kinder, die ihr wollet Gottes Reich erben: Es ist eine Zeit großes Ernsts vorhanden, die Tenne soll gefeget werden: Bös und Gut soll voneinander geschieden werden, der Tag bricht an, es wird hoch erkannt!
Von der Menschwerdung Jesu Christi 1. Th., Cap. 3, 12.

---

*Germanien*, v. 90-96:

Wo aber überflüssiger, denn lautere Quellen
Das Gold und ernst geworden ist der Zorn an dem
Himmel,
Muß zwischen Tag und Nacht
Eins mals ein Wahres erscheinen.
Dreifach umschreibe du es,
Doch ungesprochen auch, wie es da ist,
Unschuldige, muß es bleiben.

## III
*Feuer=Geist → Vulcanum*
(V.d.Mwdg.J.Chr.1.Th.Cap.2, 1.)

Denn als Gabriel der Fürst die Botschaft brachte, daß sie solte schwanger werden und sie darein willigte und sagte: mir geschehe, wie du gesagt hast, so hat sich das Centrum der H. Dreyfaltigkeit beweget und den Bund eröffnet, das ist, die ewige Jungfrauschaft, welche Adam verlor, in ihr im Worte des Lebens eröffnet, denn die Jungfrau der Weisheit Gottes umgab das Wort des Lebens als da Centrum der H. Dreyfaltigkeit: also ward das Centrum beweget und schlug der himmlische Vulcanus das Feuer der Liebe auf, daß das Principium der Liebe=Flammen erboren ward.

Von der Menschwerdung Jesu Christi 1. Th., Cap. 8, 3.

---

*4. Nachtgesang*, v. 1-4:

Vulkan.[1]

Jezt komm und hülle, freundlicher Feuergeist,
   Den zarten Sinn der Frauen in Wolken ein,
     In goldne Träum und schüze sie, die
        Blühende Ruhe der Immerguten.

---

[1] Daniel Stoltzius von Stoltzenberg in der Vorrede zum *Chymischen Lustgärtlein*: *Darauff geh ich einig vnd allein vmb /damit ich die lieb deß Vulcanischen Fewers /nemlich /deß Philosophischen /bey dir erwecken möge...* Vgl. *Zwölf chymische Zettel* II, Anm. 1.

## IV
## *Gegenweltliche Devise*

Die Ewigkeit ist besser als eine kleine Weile Augen=
Lust, und hernach ewig Trauren.
> Vom dreyfachen Leben des Menschen Cap. 7, 36.

Zum achten soll er betrachten den Lauff dieser
Welt, wie alles nur ein Spielwerck sey, damit er seine
Zeit in Unruhe zubringet, und daß es dem Reichen
und Gewaltigen gehet wie dem Armen, wie wir alle
gleich in den vier Elementen leben und schweben,
und daß dem Armen sein Bissen sowol schmecket in
seiner Mühe, als dem Reichen in seiner Sorge: Daß
wir alle in einem Odem leben, und daß der Reiche
nichts als nur eine Mund=Leckerey und Augen=Lust
zum Vortheil habe: sonst gehts einem wie dem andern, um welcher Augen=Lust willen der Mensch eine
solche große Seligkeit verschertzet, und sich in solche
große ewige Unruhe um des willen einführet.
> Christosophia oder Weg zu Christo, I. Von wahrer Buße, 8.

---

*Patmos*, Neufassung der fünften Strophe:

309/3

    **ist der Ruhm**
40 Deñ weñ erloschen die Augenlust[1]

---

1 Vgl. *Neun editorische Übungen* I. Böhme paraphrasiert Luthers Übersetzung von 1. Joh. II, 15,16: *Habt nicht lieb die Welt noch was in
der Welt ist. So jemand die Welt liebhat, in dem ist nicht die Liebe
des Vaters. Denn alles, was in der Welt ist: des Fleisches Lust und
der Augen Lust und hoffärtiges Leben, ist nicht vom Vater, sondern
von der Welt.*

## V
### Wenn einer in den Spiegel siehet
(*Phaëton-Segment* III)

Denn des Menschen Leben ist ein wahrhafter Spiegel der Gottheit, da sich Gott inne schauet.
Von sechs Theosophischen Puncten, P. 3 Cap. 6, 14.

---

Tübingen vor 1823[1]:

436/2
1   Was ist der Menschen Leben   ein Bild der Gottheit.

---

1 Vgl. *Zehn biographische Details* VIII, Anm. 3.

Sechs theosophische Punkte V/VI

## VI
*Drei ontologische Diagramme*

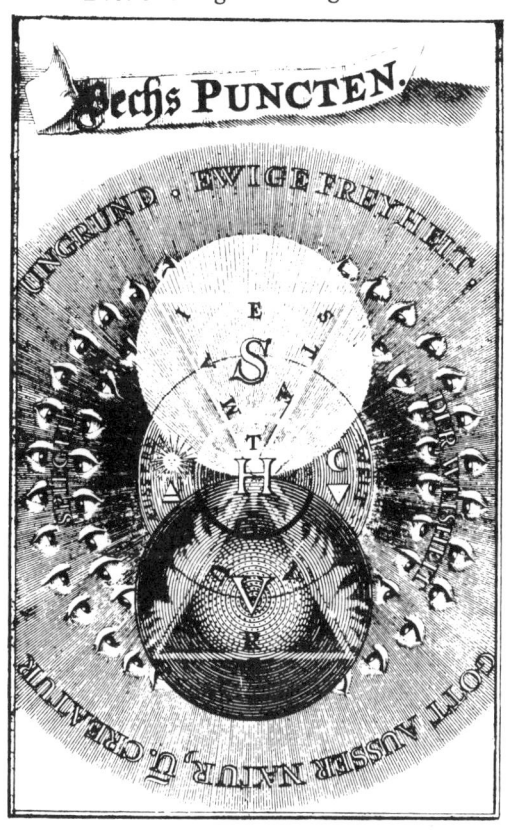

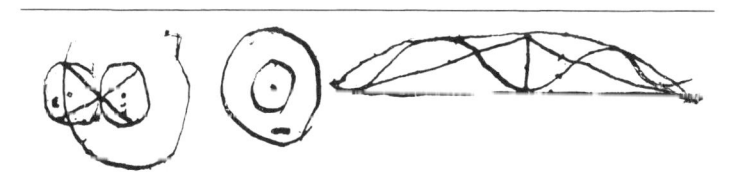

1 Figuren zu *Wenn der Dichter einmal des Geistes mächtig...* (vgl. *Elf Bemerkungen zum Stuttgarter Foliobuch* V, Anm. 3. Das mittlere Diagramm entspricht dem Zustand der *Innigkeit*, das linke (das dem

Titelkupfer zu den *Sechs Theosophischen Puncten* (1684) verwandt ist) dem exzentrischen Herausgehn aus der Ruhe, dem *Widerstreit* (vgl. *Hin*, Anm. 1), das rechte Diagramm der intellektualen Anschauung des *harmonischen Wechsels* (vgl. die Tafel zu *Zwölf chymische Zettel* II und *Ach ich*, Innentitel).

## SAKTUCH

ohne ein Jota noch Deut zu verstehen, wie demjenigen zu Muthe sey, dessen pudenda lebendige Glieder sind, die nach ihrer Auflösung und Verklärung schmachten —
Von Seinen Lenden über sich und unter sich sah ich's wie Feuer glühen um und um —

H.
*Schürze von Feigenblättern*

*So dünkt mir jezt das Beste,*
*Wenn nun vollendet sein Bild und fertig ist der Meister,*
*Und selbst verklärt davon aus seiner Werkstatt tritt,*
*Der stille Gott der Zeit und nur der Liebe Gesez,*
*Das schönausgleichende gilt von hier an bis zum Himmel.*

*Friedensfeier*, v. 86-90

---

Erklärung des Titels: Hamann zitiert Hesekiel.

Die Erkenntnis des Guten und Bösen und der zureichende Grund eines auf diesem Widerspruch beruhenden Systems ist das älteste und höchste Problem der Vernunft, der wir so viel *Abstractiones ad placitum*[1] als Wörter auf der Welt zu verdanken haben; unterdessen der Grundbegriff des Guten und Bösen so identisch und transcendent als der natürliche Unterschied der Geschlechter ein *verum signaculum Creatoris*[2] ist. Weil aber alles, was durch den natürlich-gemeinen Menschensinn und für selbigen irgend hervorgebracht worden und es je werden kann, das Ebenbild der sichtbaren Schöpfung und des Werkzeuges ihrer Offenbarung und Ökonomie in sich trägt, auch gar kein ander Muster noch Charakter des Gepräges statt finden kann: so ist es mehr ein physisches Bedürfnis als ästhetische Nachahmung oder philosophische Erfindung, wenn der Begriff des Geschlechts bis auf die Bilder unserer Begriffe übertragen und denselben größtenteils *ad placitum* nach der Analogie aller Abstraktionen einverleibt worden. Hier also vielleicht liegt der Schlüssel.[3]

---

[1] beliebige Verallgemeinerungen
[2] wahres Siegel des Schöpfers
[3] Vgl. *Rathsherr*.

## REEGEN

*Meine Lehre triefe wie der Regen, und meine Rede fließe wie Tau.*

---

Deut., XXXII, 2

[325a/1]

*Reegen, wie Pfeilenregen*

. . .

*Wie Epheu nemlich hänget*

*Astlos der Reegen herunter. Schöner aber*

*Blühen Reisenden die Wege*

*Reegen*, in änigmatischer Bedeutung und Schreibweise, soll im übertragenen Sinn *wie Pfeilenregen* gebraucht werden. Die Zeile aus dem Entwurf *Griechenland*[1] wäre demnach nicht schon der zum Gesang gehörende Text, sondern Disposition und Dechiffrierschlüssel in einem. Daß Hölderlin den alten Topos für himmlische Lehre aufgreift, im Widerspiel zur Wirkungsweise der *Sonne*, dem Symbol der selbstgewissen Vernunft, läßt sich auch an anderen Stellen belegen[2]. Anschliessend wird jener *Reegen* nicht mit dem von Pfeilen (wovon die Historiographen alter Schlachten berichten), sondern treffender mit immergrünem *Epheu* verglichen.

---

[1] Vgl. *Neun editorische Übungen* IX.
[2] Vgl. *Wald*; das *Kolomb*-Zitat auf dem Innentitel.

## RATHSHERR

*Süß ists,*

  *und*

   *genährt zu seyn vom Schönen*

*Der Welt.*

307/67:1,4-6

59

                    *und wie der Rathsherr*
*Saktuch*

307/67:2,3

Ein Gongorismus sondergleichen, doch nur auf den ersten Blick. Vor dem entlegenen Bild des Ratsherrn und dem fast unbekleideten Gott[1] schließt sich der Sinn auf; statt Ratlosigkeit eine Kaskade von Bedeutungen.

Das Konzept ergänzt ein zweites: den Beginn der gewaltigen Vereinigungsmetapher von *Tinian*:

*Süß ists, genährt zu seyn vom Schönen*
*Der Welt | Und mitzufühlen Leben*
*Der Halbgötter und Patriarchen, sizend*
*Zu Gericht.*[2]

Zweifellos, der *Rathsherr* steht für den weltlichen und das mehr als zweideutige *Saktuch* für den gegenweltlichen Aspekt. Verschwindet das vermittelnde Bild, scherzt der Scherz mit sich selbst und wird ernst. In Sack und Asche gehn die Büßenden, die Pilger und Bettler. Dieser Gegensatz zu Rat und Herrschaft der Welt braucht keinen Kommentar; er spiegelt sich noch in der Verschiedenheit der beiden Segmente. Das erste schon Entwurf, bestimmt für einen realen Text, das zweite nur Stichwort. Aber das nur ist falsch. Notate dieser Art sind das äußerste der Kunst.

Selbst der Umweg war nicht vergeblich. Der Ratsherr der chymischen Tafel ist nicht besinnungslos bei sich, aber auch nicht außer sich; er ist nur nicht ganz bei der Sache.

---

[1] Vgl. *Zwölf chymische Tafeln* V.
[2] Homburger Folioheft 67,68; vgl. *Die Zufriedenheit* (um 1820), v. 13-16.
*Wenn aber mich neugier'ge Menschen fragen,*
*Was dieses sei, sich für Empfindung wagen,*
*Was die Bestimmung sei, das Höchste, das Gewinnen,*
*So sag' ich, das ist es, das Leben, wie das Sinnen.*

## QUELLE

*Jeder hat seine Freuden, des Quells*

*Ich, und du des Kristalls.*

---

Klopstock

*Der Nachahmer und der Erfinder* (1796)

60

> *Wunderbar*
> *Aber über die Quelle beuget schlank*
> *Ein Nußbaum sich und Beere, wie Korall*
> *Hängen an dem Strauche über Röhren von Holz*

*Germania*, v. 5-8

## Quelle

Die Musen wohnen an den Quellen und nicht im verunreinigten, bitteren Wasser. Als Vergil die längst schal gewordene Musenbitte der alten Dichter parodiert[1], wählt er das Wunder der Arethusa, die sich vor den Nachstellungen des griechischen Flußgotts Alpheus, durchs Meer hindurch, nach Sizilien flüchtete[1]. Unverkennbar ein Kolonisationsmythos, der sich unter Vergils Händen zur vieldeutigen Chiffre verwandelt. Die Muse der Hirtendichtung lebt längst nicht mehr in Arkadien, sondern auf Italiens Boden[2].

Ursprünglich und dichterisch galten fast schon als synonym. Entweder schöpfte einer aus reinen Quellen, oder er sah einem Dichter nur ähnlich. Auf fatale Weise hat es seine Richtigkeit, wenn der lange genug mißbrauchte Name schließlich aussprechlich geworden ist. Ebenso hat sich die Bedeutung von *Quelle* verschoben. Die Nüchterne trunken und Trunkene nüchtern machte, ist trocken geworden. Die Quellen von damals haben sich in Quellentexte verwandelt, Materialien, authentische Dokumente zu einer Analyse, deren vorhergewußte Ergebnisse ebenso dürftig bleiben, wie der verdorrte Sinn des Worts, dessen Einzahl beinah verboten ist. Um bei der mythischen Zeichensprache zu bleiben: wieder einmal flieht eine Quelle durchs Meer. Aber süß und lieblich bleibt sie dennoch; wenn auch nur denen, die sie suchen, um ihren Durst zu löschen und die Stirn zu kühlen.

Jede Rede von den Quellen berührt auch die Dichtung. Es

---

1 X. Ekloge, 1, 4, 5:
*Extremum hunc, Arethusa, mihi concede laborem.*
...
*Sic tibi, cum fluctus subterlabere Sicanos*
*Doris amara suam non intermisceat undam.*

Laß mich nun, Arethusa, die letzte Arbeit vollbringen.
...
Dafür soll sich dir nicht, wenn du nach Sizilien schleichst, die Dorisch bittere Flut mit deiner Welle vermischen.

2 Vgl. *Einwärts.*

wundert darum nicht, wenn Hölderlin noch 1806 oder später[3] einen Gedanken Klopstocks richtigstellt. In dem Zwiegespräch *Der Nachahmer und der Erfinder* billigt jener dem jüngeren, nachahmenden Dichter (auf dessen Annäherung er mit dieser Ode zu antworten scheint[4]) nur Freuden *des Kristalls* zu, sich selbst aber die *des Quells*. In Hölderlins *Germania* sind beide über die gleiche *Quelle*[5] gebeugt: der wilde Holunder mit dem *Nußbaum*. Letzterer scherzhaft und höflich zugleich für den etwas gewöhnlicheren Strauch, aus dessen Schößlingen so mancher gerade Stock geschnitten wurde. Klopstock dagegen wählte sich lieber die *Silberpappel* (in deren *Kühle* er sich bald *bergen* würde[6]).

---

3 Vgl. *Neun editorische Übungen* V/VI.
4 v. 21 (Nachahmer): *Zürnest du mir? denn du schweigest.*
   Zur unerforschten Beziehung Klopstocks und Hölderlins (mglw. vermittelt durch Susette Gontard, mit deren Familie Klopstock freundschaftlich verbunden gewesen sein soll, s. *Bellarmin*, Anm. 10.
5 Vgl. *Neun editorische Übungen* V/VI, III*F*, 5.
6 Vgl. *Bäume*, Anm. 1.

P

*Im Zorne sichtbar sah ich einmal*

*Des Himmels Herrn, nicht, daß ich seyn sollt etwas, sondern*

*Zu lernen.*

*Patmos*, v. 171-172

*Noch aber hat andre*
*Bei sich der Vater.*
*Denn über den Alpen*
*Weil an den Adler*
*Sich halten müssen, damit sie nicht*
*Mit eigenem Sinne zornig deuten*
*Die Dichter, wohnen über dem Fluge*
*Des Vogels, um den Thron*
*Des Gottes der Freude*
*Und deken den Abgrund*
*Ihm zu, die gelbem Feuer gleich, in reißender Zeit*
*Sind über Stirnen der Männer,*
*Die Prophetischen, denen möchten*
*Es neiden, weil die Furcht*
*Sie lieben, Schatten der Hölle.*

*Homburger Folioheft* 49

*Philologen sind Banquiers*
*Philosophen sind freche Buler*

Johann Georg Hamann, *Kreuzzüge des Philologen*
*Kleiner Versuch eines Registers über den einzigen Buchstaben P.*

P

Tabellarische Darstellung des nebenstehenden Textes:
Pneuma[1]
Propheten
Praesagia (aves)[2]
Poeten

Parteiische
Projekte
Philologen u.ä.
Pluto

---

1 Vgl. *Othem*.
2 Vgl. *Vögel*, Innentitel und *Der Rosse Leib*, Anm. 7.

## OTHEM

*Scharfer Othem aber wehet
Um die Löcher des Felses. Allda bin ich
Alles miteinander.*

*Germania*, v. 2-4

>             und othembringend steigen
> Die Dioskuren ab und auf,
> An unzugänglichen Treppen...

> Denn ruhen mögen sie. Wenn aber
> Sie reizet unnüz Treiben
> Der Erd' und es nehmen
> Den Himmlischen
>             die Sinne, brennend kommen
> Sie dann,

> Die othemlosen ——

Homburger Folioheft 49,50

> Und was du hast, ist
> Athem zu hohlen.

Der Adler

*Wind unter den Göttern und Atem unter den Lebenskräften sind die beiden Zusammenbringer.*

Raikva*

*Er ist nicht so und nicht so, er ist das Selbst, ungreifbar, denn er wird nicht gegriffen, unverbraucht, unberührt, ungebunden; er wankt nicht, er leidet keinen Schaden. König, du hast jetzt die Freiheit von Furcht erlangt.*

Yajnavalkya zu Janaka*

---

\* Upanishaden 1 und 56; W. Ruben, *Die Philosophie der U.*, Bern 1947

Othem

*Für Rainer-René Müller*

Joh. III, 8-10

## NORDOST

*wenn aber*

*Die Luft sich bahnt,*

*Und ihnen machet waker*

*Scharfwehend die Augen der Nordost, fliegen sie auf*

---

*Das Nächste Beste*, v. 29-32

*Der Nordost wehet,*
*Der liebste unter den Winden*
*Mir, weil er feurigen Geist*
*Und gute Fahrt verheißet den Schiffern.*
*Geh aber nun und grüße*
*Die schöne Garonne,*
*Und die Gärten von Bourdeaux*

*Andenken*, v. 1-7

---

→ *Bäume*

## Nordost

Der frostige Wind im März treibt den Widerspruch auf die Spitze. Den Opportunisten, denjenigen, die immer und überall mit der Tendenz sind, bläht er die Segel, aber den anderen, die ihr die Stirn bieten, entzündet er den Geist des Widerspruchs, schärft ihre Augen. Ebendarum, weil er das genaue Zeichen des Zeitgeists ist, weil er die Extreme selbst hervorbringt, die dem einseitig umgetriebenen Denken unvereinbar bleiben, ist ihm der widrige *Nordost*, der ihm selbst ins Gesicht bläst, der *liebste unter den Winden*.

Wenn es Frühling werden soll, muß der Widerstreit der Gesinnungen, in dieser äußersten Form, zum Austrag kommen.

In der Mechanik des Gesangs *Andenken* trägt der Wind die Gedanken an das bordeleser Ufer.

Aber zuvor ist er das triumphale Paradigma[1] einer neuen Dialektik. Nicht derjenigen, die unter den anmaßenden Händen Hegels mißriet, sondern einer immer noch unerprobten, die keines Feindbilds bedarf, um von der Stelle zu rücken; parteiisch nur noch für den Frieden.

Die Betonung liegt auf dem *und*. Εν και παν! lautete ihre Losung im Tübinger Stift[2]. Von einer Konjunktionsdialektik war die Rede – nicht von dem bei Licht betrachtet umnachteten Anspruch des Parteiischen aufs Ganze. Sätze wie diese wurden damals verraten. Wenn irgendwo, liegt in ihnen die Rettung. An ihnen ist endlich aufzudecken, was uns inzwischen umzubringen droht.

---

[1] So auch der Eingang zu den Gesängen *Patmos*: *Nah ist / Und schwer zu fassen der Gott*; *Tinian*: *Süß ists, genährt zu seyn vom Schönen/ Der Welt/ Und mitzufühlen Leben/ Der Halbgötter und Patriarchen, Sizend/ Zu Gericht*; *Das Nächste Beste*: *Offen die Fenster des Himmels/ Und freigelassen der Nachtgeist*.

[2] Eins und Alles; Hegels Zusatz zum Stammbucheintrag Hölderlins; außerdem in Hölderlins Bemerkungen zu F. H. Jacobis Briefen *Über die Lehre des Spinoza* und in der vorletzten Vorrede zum *Hyperion* (vgl. *Vier vaterländische Thesen* II, Anm. 1).

## IX

## EDITORISCHE ÜBUNGEN

*athletischer,*

*Im Ruin*

*Patmos*

309/3

```
     Es rauschen aber um Asias Thore

     Hinziehend da und dort

     In ungewisser Meeresebene

     Der schattenlosen Straßen genug,
5    Doch kenñt die Inseln der Schiffer.           O Insel des Lichts!
     Und da ich hörte
                                                   Deñ
     Der nahegelegen eine
10   Sei Patmos,

     Verlangte mich sehr

     Dort einzukehren und dort

     Der dunkeln Grotte zu nahn.

     Deñ nicht wie Cypros,
15   Die quellenreiche, oder

     Der anderen eine

     Wohnt herrlich Patmos


            Gastfreundlich aber ist
                                            ° O Insel des (J)Lichts!
20          menschenlosen                       und gehalten nicht mehr
            Im ärmeren Hauße           ° (Weñ) Deñ weñ zweifeln ver
                                          ° schattenlos die Pfade trauern und die Bäume,
                                    ° Von Menschen, ° gränzenlos,
            Sie deñoch,                         Jugendland der Augen sind
25                                       ° Und Reiche, das       vergangen
            Und weñ vom Schiffbruch oder klagend      (A)athletischer,
                                            ° Im Ruin,       und Unschuld an
            Um die Heimath oder
                                                                   geborne
30          Den abgeschiedenen Freund      ° Zerrissen ist. Von Gott aus nemlich
                                                                  komt gedieg
            Ihr nahet einer                ° Und gehet das Gewissen. Offen en
                      e           gern das
            Der Fremden, hört sie (g)es gern; und ihre Kinder      barung, die
35                                                                 Hand des
            Die Stimen des heißen Hains,   ° Reich(lich) winkt aus richtendem Herrn
            der Sand fällt
            Und wo der Sand fällt und sich spaltet            Himel, dañ und
                                                                 eine Zeit
40                  ist der Ruhm                                    ist
                                            ° Untheilbar Gesez, und Amt, (und)?
            Deñ weñ erloschen die Augenlust
                                                                  die Hände
               Weñ Feste zusamenkomen
45                                          ° Zu erheben, das, und das Nieder
                  Weñ einer                              fallen
                                            ° Böser Gedanken ,[l]os, zu ordnen.
            Für irrdisches prophetisches Wort erklärt     Grausam nemlich hasset
                                 Allwissende
50                                Die (herrische) Stirnen Gott. Rein aber bestand
                             Auf ungebundnem Boden Johannes.
```

250

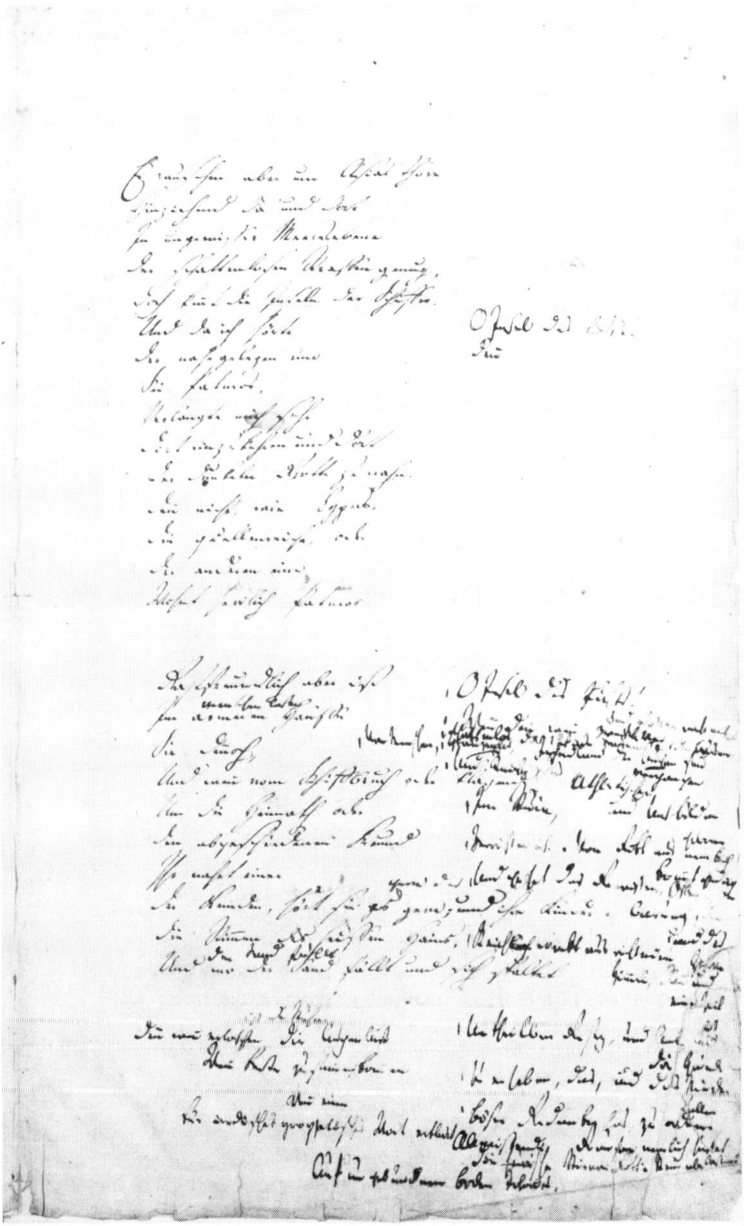

*Für Hans Zeller.*

I

*O Insel des Lichts!*

Der Neuentwurf der fünften Strophe von *Patmos* wurde erstmals von Norbert von Hellingrath gelesen und im Anhang des 1916 erschienenen 4. Bandes seiner Ausgabe ediert[1]. Zwar fehlen noch die drei unter der früheren Reinschrift notierten Ergänzungen, doch wird auch in dieser fragmentarischen Form die dichterische Exposition der Strophe sichtbar. Dagegen hat Friedrich Beißner eines der bei Hellingrath fehlenden Segmente in den Text aufgenommen, ein zweites in den *Lesarten* untergebracht und das dritte, gegen den handschriftlichen Befund, an den Strophenschluß angehängt. Ist schon das willkürliche Verfahren, das über drei am gleichen Ort verzeichnete Texte drei verschiedene Entscheidungen fällt, fragwürdig und nicht gutzuheißen, so erst recht das Ergebnis[2].

---

Die voranstehende und die noch folgenden, durchweg stark verkleinerten Abbildungen dienen hier nur der Orientierung. Sie sollen einen Eindruck von Hölderlins Arbeitsweise vermitteln; zur Überprüfung problematischer Lesarten sind sie untauglich.
1 S. 385
2 2.1, 180:
*O Insel des Lichts!*
*Denn wenn erloschen ist der Ruhm die Augenlust und gehalten*
                                                              *nicht mehr*
*Von Menschen, schattenlos, die Pfade zweifeln und die Bäume,*
*Und Reiche, das Jugendland der Augen sind vergangen*
*Athletischer,*
*Im Ruin                         und Unschuld angeborne*
*Zerrissen ist, Von Gott aus nemlich kommt gediegen*
*Und gehet das Gewissen, Offenbarung, die Hand des Herrn*
*Reich winkt aus richtendem Himmel, dann und eine Zeit ist*
*Untheilbar Gesez, und Amt, und die Hände*
*Zu erheben, das, und das Niederfallen*
*Böser Gedanken, los, zu ordnen. Grausam nemlich hasset*
*Allwissende Stirnen Gott. Rein aber bestand*
*Auf ungebundnem Boden Johannes. Wenn einer*
*Für irdisches prophetisches Wort erklärt*

Neun editorische Übungen I

I
Erste Niederschrift mit Lücken zur nachträglichen Ergänzung. 309/3
     $_1$O Insel des J                                                      19
61           $_2$**Lichts!**                                   19
     $_1$Wenn                                                    21
62 $_2$**Denn wenn**                                 21
[63] Zwischenraum für eine Zeile.
[64] Zusätzlicher Vers durch Zeilenbrechung (vgl. II*C*).
     $_1$Athletischer,                          26
65           $_2$a                                   26
66 **Im Ruin,**      **und Unschuld angeborne**       27,29
[67] Zusätzlicher Vers durch Erweiterung in II*B*.
68 **Zerrissen ist. Von Gott aus nemlich kommt gediegen**       30-32
69 **Und gehet das Gewissen. Offenbarung, die Hand des Herrn**       32-36
     $_1$**Reich**lich                                36
          $_2$**winkt aus richtendem Himmel, dann und eine Zeit ist**       36-40
70                        [ ]     [,]
Komma, dem Sinn nach, ein Wort zu früh gesetzt.
     $_1$**Untheilbar Gesez, und Amt,** und       41
71                    $_2$**die Hände**       43
72 **Zu erheben, das, und das Niederfallen**       45,46
     $_1$**Böser Gedanken,**       47
73                   $_2$**[L]os, zu ordnen. Grausam nemlich hasset**       47,48
Zur Konjektur vgl. Patmos, v. 155: Ein furchtbar Ding. Staub fällt (In *Wurf des Säemanns*, Innentitel). Amt und Los stehen in genauer Beziehung gegeneinander (vgl. Matth. XXII, 14).
     $_1$Die herrische       50
74 $_2$**Allwissende Stirnen Gott. Rein aber bestand**       49,50
75 **Auf ungebundnem Boden Johannes.**       51


II*A*
Ergänzung von I; erster Ansatz.
61 O Insel des Lichts!       19
62 Denn wenn       21
63         **Jugendland der Augen sind**       24
64 **Und Reiche, das**      **vergangen**       25

II*B*
Ergänzung von I; zweiter Ansatz.
Daß zunächst v. 62, links unten, notiert wird, ergibt sich aus der Fortsetzung, die zwischen die Segmente I und II*A* gedrängt wird; aber auch

253

aus dem Umstand, daß die Augen angestrichen und dann – wiederum vorläufig – von die Augenlust ersetzt wird. 319/3
61 O Insel des Lichts! 19
    ₁**Denn wenn erloschen** die Augenlust 42
        ₂**ist der Ruhm** 40
Die Ersetzung von die Augenlust durch ist der Ruhm ergibt sich aus der Fortsetzung; und gehalten nicht mehr/ Von Menschen weist zurück auf die sonst für Ruhm verwendete Metapher Fakeln (vgl. Brod und Wein, v. 1 und II: Trommeten/Oder mit Fakeln).
Fortsetzung in der Entwurfskolumne:
62                         **und gehalten nicht mehr** 20
    ₁**Von Menschen,** gränzenlos 23
       ₂**schattenlos die Pfade** trauern   **und die Bäume,** 22
63                        ₃**zweifeln** 21
[64] Vgl. III C.
Mit der Überlagerung von gränzenlos scheint das Segment II A aufgegeben; die beiden mehrdeutigen Striche zwischen den Zeilen dürfen als ein zusätzliches Argument gelten.
**Wenn Feste zusammenkommen** 44
Zeilenanschluß in der Entwurfskolumne:
65                     athletischer, 26
**Im Ruin**, 27
Fortsetzung links unten:
66     **[.] Wenn einer** 46
**Für irrdisches prophetisches Wort erklärt** 48
Anschluß an den Text I in der Entwurfskolumne:
67                     und Unschuld... 27

III C
Bei der nun folgenden Zählung (von oben nach unten gehend) stellt Hölderlin, zwei Zeilen vor Schluß, das Fehlen eines Verses fest; die Patmos-Strophe ist fünfzehnzeilig. Für den links unten notierten v. 65 muß oben ein zusätzlicher Punkt gesetzt werden; wahrscheinlich vor der aufgegebenen Zeile gränzenlos. Die zweite Markierung vor schattenlos zählt den überlangen v. 62 doppelt, der demnach geteilt werden soll. Vmtl. weist der leicht geneigte Strich unter gränzenlos auf die ins Auge gefaßte Trennstelle:
61  O Insel des Lichts!                                                 19
62  Denn wenn erloschen ist der Ruhm und gehalten nicht mehr   21,42,20
63  Von Menschen, schattenlos                        23,22
64  Die Pfade zweifeln und die Bäume               21

III*D*
Ansatz zu einer klärenden Reinschrift.
61 **O Insel des Lichts!** 6
62 **Denn** 8
Daß der Dichter dann doch auf die Textwiederholung verzichtet, ist als Indiz zu werten, daß der Entwurf, so wie er da ist, als schlüssig und abgeschlossen betrachtet wird.

Rekonstruierter Text

O Insel des Lichts!
Denn׀ wenn erloschen ist der Ruhm׀ und gehalten nicht mehr
Von Menschen, schattenlos
Die Pfade zweifeln und die Bäume,׀
65 Wenn Feste zusammenkommen׀ athletischer,
Im Ruin׀. Wenn einer
Für irrdisches prophetisches Wort erklärt׀ und Unschuld
                                                                                     angeborne
Zerrissen ist. Von Gott aus nemlich kommt gediegen
Und gehet das Gewissen. Offenbarung, die Hand des Herrn
70 Reich winkt aus richtendem Himmel dann, und eine Zeit ist
Untheilbar Gesez, und Amt, die Hände
Zu erheben, das, und das Niederfallen
Böser Gedanken Los, zu ordnen. Grausam nemlich hasset
Allwissende Stirnen Gott. Rein aber bestand
75 Auf ungebundnem Boden Johannes.

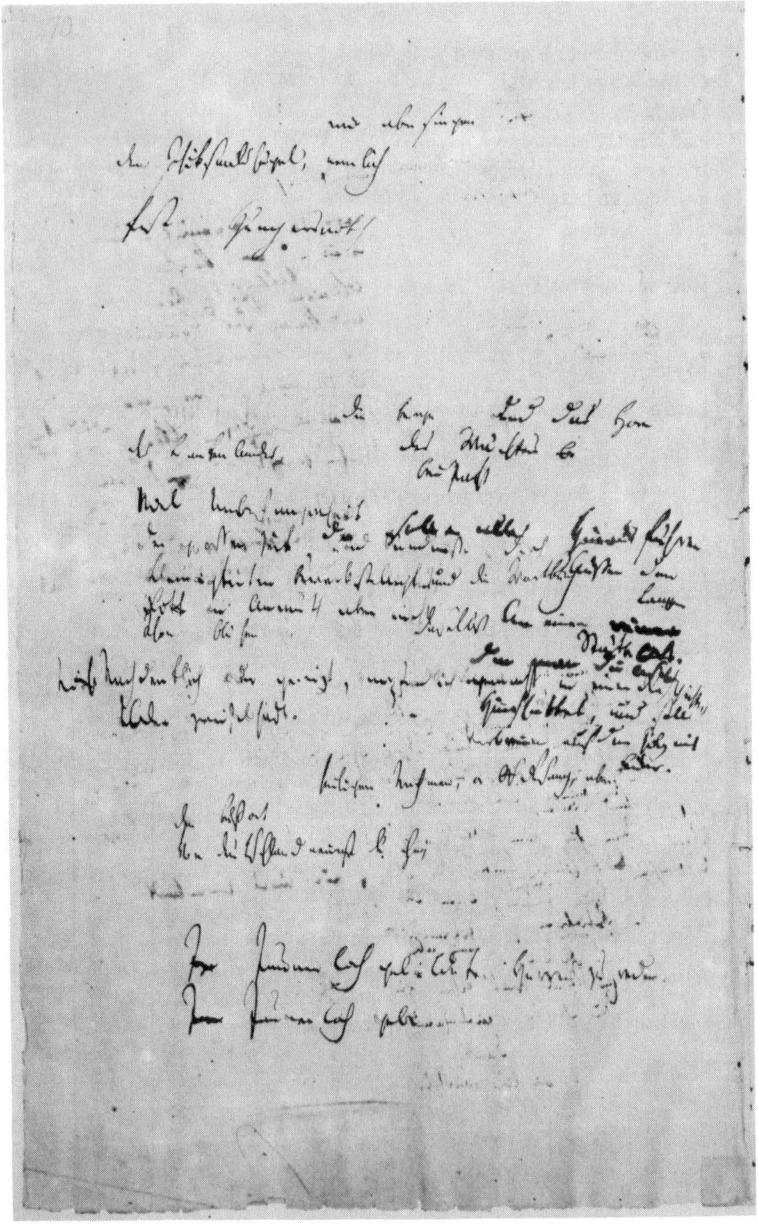

# Neun editorische Übungen II

307/70

wir aber singen (Wir)

Den Schiksaalshügel, nemlich

**Pest**     **Hungersnoth**

die Berge     (d)und das Horn
5     Des Frankenlandes     des Wächters (b)
bei Nacht
**Viel Unbefangenheit**
da soll er alles     Hinausführen
**Der großen Zeit, und Bündnisse, durch**
10                                                                         Außer dem
**Kleinigkeiten bewerkstelligtet** und die Wartburg
Langen
**Gott in Anmuth aber nicht**     An einen reine(n)
Schon     blühen     daselbst
15                                                                               Stätte (Ort).
Da[ ] man die Asche
**(Nicht) Nachdenklich oder gereizt, empfindlich gemacht, in einer Geschichte**
Hinschüttet, und solls
**([U])Oder zweifelhaft.**
20                                              Verbrennen auf dem Holz mit
Feuer.
heiligen Nahmen, o (Os) Gesang, aber
Den Bußort

Von Deutschland nennest du ihn;

25     (Jar) Jaunerloch gebildeter Herren zu reden.

(Jar) Jaunerloch gebi

65

307/71

Wir singen aber

    Wie bei Nacht, wenn einer

    Mit Trommeten reiset

    Oder mit Fakeln.
          spizbübisch schnakisch         10

        Lächeln, wenn dem Menschen

        seine kühnsten Hofnungen

        erfüllt werden

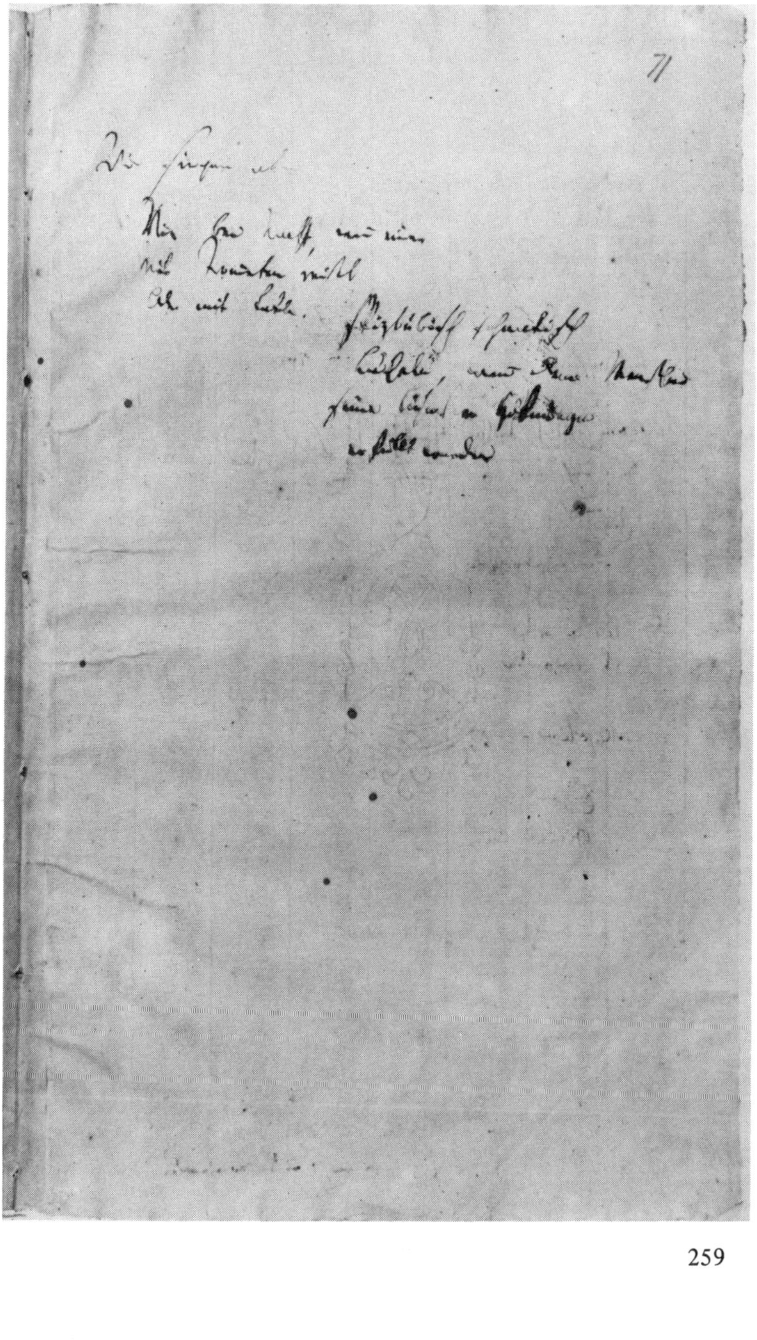

336/4
Noch Eins ist aber

Zu sagen. Deñ es wäre

Mir fast zu plözlich

Das Glük gekoṁen, (daß ich hätte)
5   Das Einsame daß ich (hätte) unverständig

Im Eigentum/
Mich an die Schatten/gewandt,
Deñ weil du gabst

Den Sterblichen

10  Versuchend Göttergestalt,
                              hätte/
W(arum)ofür ein Wort? und es/die Schwermuth
                so meint' ich, deñ es hasset die Rede, we(ñ)r
Mir von den Lippen
15  Das Lebenslicht(,)das herzernährende sparet.
Den Gesang genoṁen. Zwar
Es deuteten
   Vor Alters (deuteten) Himlische
   Di(m)e Himlischen sich
20  (D[en]) Dichter, von selbst, w[(ei)ie] sie
   We
   Sie (hatten die Kraft)

Der (Götter (H)hinweggenoṁen,)

(Wir)Die Kraft der Götter hinweggenoṁen.


25  Wir (zwi) aber z[]wingen

Dem (Unglük) ab und hängen die Fahnen
                  dem befreienden
Dem Siegsgott l,l auf, (darum)(auch)

Hast du (ge)Räthsel gesendet. Heilig sind sie
30  Die Glänzenden, weñ aber alltäglich

Die Himlischen und gemein
                      will
Das Wunder (wird) scheinen (soll), weñ nemlich

(D)Wie Raub Titanenfürsten die Gaaben
35  D(ie)er Mutter greifen, hilft ein Höherer ihr.

Schlechthin

                  etwas        [D]iesesmal, oft aber
               (einem)
Geschiehet um die Schläfe, (weñ nichts ist
40                                      eines Weges
Es zu ver(stehen), weñ aber (einer) andermal
                  Freier
(Selbst) ein(er)/herausgeh(e)t, findet

Daselbst es bereitet.

---

260

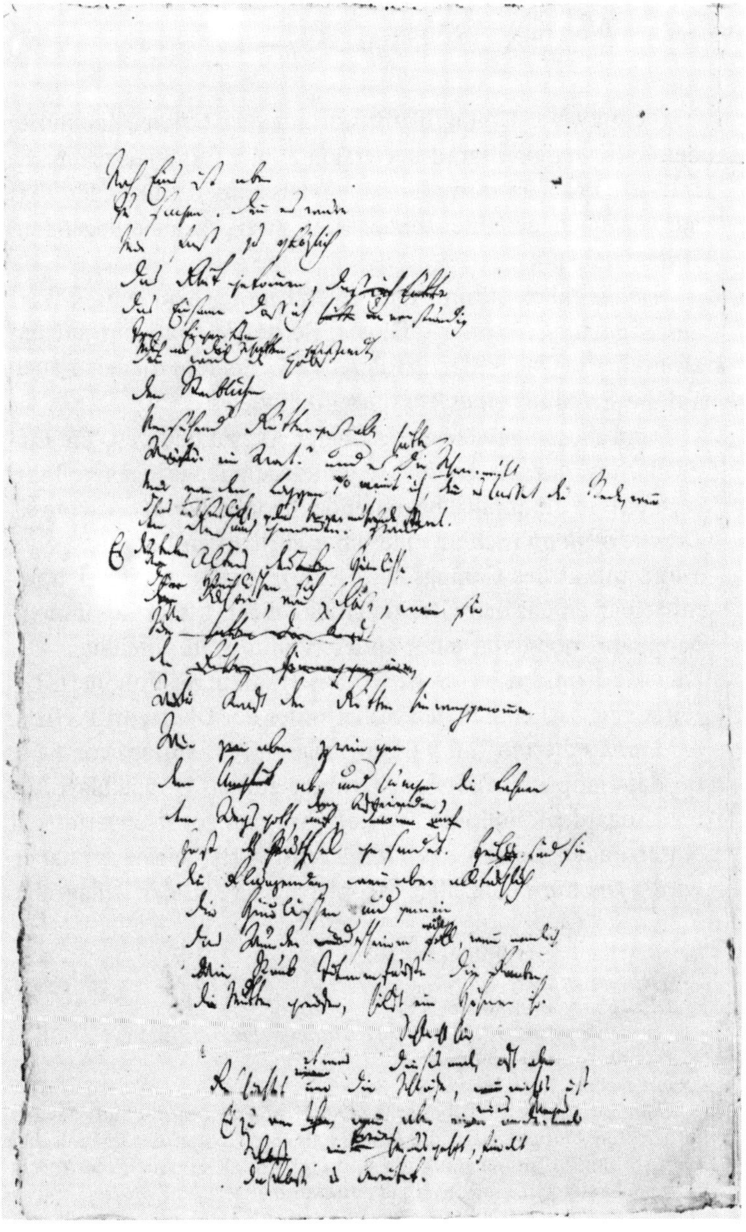

## II
### Wie bei Nacht

Diese zweite Übung bleibt nur auf den ersten Blick hinter dem Schwierigkeitsgrad der ersten zurück; erstmals macht sie mit dem Problem vertraut, daß ein zusammenzufügender Text auf verschiedenen (hier zunächst auf zwei gegenüberliegenden) Seiten stehen kann.

Nachdenklich stimmt die versetzt hinter dem letzten Wort des Segments *C* notierte Glosse. Sollte sie nicht nur auf das zweifelhafte Glück der Erfolgreichen, sondern zugleich auch auf die Erfüllung eines Textbegehrens zielen?

Dann allerdings wäre ein kühnerer Akt zu erwägen: die Eingliederung des aus beiden Seiten zusammengezogenen Textsegments in die ähnlich beginnende Strophe *Wir aber zwingen/ Dem Unglük ab* (Schluß eines überschriftlosen Entwurfs, oder Wendepunkt des Gesangs *Die Titanen*, dessen Beginn sich unmittelbar an das hier Gesagte anschließt[1]). Dieser Zusammenhang wird noch von einer anderen Seite wahrscheinlich. Das früheste Konzept auf Seite 70 des Homburger Foliohefts bereitet augenscheinlich den bisher unter der Überschrift *An die Madonna* edierten Entwurf vor. Dieser Text springt von Seite 66 des Hauptkonvoluts der Gesänge auf das Doppelblatt 336 über, das dem Folioheft weiter vorn, am sonst unvermittelt einsetzenden Beginn des *Titanen*-Entwurfs beigelegen haben wird[2]. Die nur neunzeilige Strophe am Schluß der Beilage, be-

---

[1] 307(Homburger Folioheft)/28:
*Nicht ist es aber*
*Die Zeit. Noch sind sie*
*Unangebunden. Göttliches trift Untheilnehmende nicht.*
*Dann mögen sie rechnen*
*mit Delphi. Indessen gieb...*
Gemeint sind jene räuberischen *Titanenfürsten* am Schluß des beigelegten Doppelblatts, die (anders als die Titanen der griechischen Mythologie) immer noch los sind (vgl. Off. XX). Auch die Anrede bezieht sich auf die vorher genannte und angerufene *Mutter*.
[2] Also zwischen 307/28 und 29.

ginnt (wie die Segmente auf 307/70,71) mit einer Kritik der Lobeserhebungen und Ruhmgesänge, über die sich auch Herder, in seinem *Adrastea*-Aufsatz *Geschichte* äußert[3].

Die Stuttgarter Ausgabe bietet das Segment *A* als Bruchstück, *B* und *C* als Lesart, die Glosse *D* wieder als Bruchstück und die Strophe von 336/4 als Lesetext, der Hölderlins Tilgungen rückgängig macht[4].

---

3 II,1 (1801): *Unter Ludwig XIV. existirte sie nicht. Historiographen besoldete er, weise aber unterließen sie es, ihr Amt zu verwalten. Er nahm sie mit zu Felde, seine Thaten zu sehen; Boileau stieß laut in die Drommete: ,,Großer König, höre auf zu siegen, oder ich – höre auf zu schreiben."*
4 2.1, 327, 339; 2.2, 942


Segment *A*
Konzept zu [An die Madonna]; spätere Verwendung des Motivs der zum Ort leitenden Gebirge in *Das Nächste Beste*. 307/70
| | | |
|---|---|---|
| 1 | wir aber singen | 1 |
| 2 | **Den Schiksaalshügel; nemlich** | 2 |
| | Zwischenraum für etwa sieben Zeilen. | |
| 3 | die Berge | 4 |
| 4 | **Des Frankenlandes,** | 5 |
| | Zwischenraum für drei Zeilen. | |
| 5 | und die Wartburg | 11 |
| 6 | **Schon blühen          daselbst** | 14 |
| | Zwischenraum für vier Zeilen. | |
| | ₁**heiligen Nahmen, o** Os | 22 |
| 7 | ₂**Gesang, aber** | 22 |
| 8 | **Den Bußort** | 23 |
| 9 | **Von Deutschland nennest du ihn;** | 24 |

Segment *B*
Zunächst hinter *A*,1: gestr. Wir; dann auf gleicher Höhe recto: 307/71
| | | |
|---|---|---|
| 1 | **Wir singen aber** | 1 |
| | Anschluß verso: | 307/70 |
| 2 | Den Schiksaalshügel; nemlich | 2 |

Segment *C*
Weit eingerückt, mit anderer Feder in späterem Duktus:  307/71
2 **Wie bei Nacht, wenn einer**
3 **Mit Trommeten reiset**
4 **Oder mit Fakeln.**

Rekonstruierter Text I

Wir singen aber|

Den Schiksaalshügel; nemlich|

Wie bei Nacht, wenn einer

Mit Trommeten reiset

5 Oder mit Fakeln.


Segment *D*
Glosse, mit alternierend eingerückten Zeilenanfängen; etwas versetzt hinter *Fakeln*.
1 spizbübisch schnakisch
2    Lächeln, wenn dem Menschen
3 seine kühnsten Hofnungen
4    erfüllt werden

Segment *E*
Korrekturzeichen und ersatzlose Streichungen in der letzten Strophe des [Madonna]-Entwurfs (336/4:25-35).
[1] Wir aber zwingen
    Dem Unglük ab und hängen die Fahnen
[2]    |    |
    Dem Siegsgott, dem befreienden, auf, darum auch
[3]         |        |
    Striche zunächst in, dann unter dem Text.
    Hast du Räthsel gesendet gesendet. Heilig sind sie
[4]     /       //
[5] Die Glänzenden, wenn aber alltäglich
   ...

## Neun editorische Übungen II

Die ersatzlosen Streichungen von Unglük und von darum auch am Beginn des Nachsatzes können als Tilgung des Strophenbeginns, die Striche unter Räthsel und Heilig als zusammengehörige Korrekturzeichen gelesen werden. Der aufgelöste Zustand und die inhaltliche Kongruenz des rekonstruierten Textes I fordern geradezu den Versuch:

Rekonstruierter Text II

Wir singen aber |
Den Schiksaalshügel; nemlich |
Wie bei Nacht, wenn einer
Mit Trommeten reiset
Oder mit Fakeln. ‖ Räthsel | sind sie
Die Glänzenden, wenn aber alltäglich
Die Himmlischen und gemein
Das Wunder scheinen will, wenn nemlich
Wie Raub Titanenfürsten die Gaaben
Der Mutter greifen, hilft ein Höherer ihr.

Ihr sichergebaueten Alpen!  307/43

Die

                  Die Tempel und der Dreifuß
   Das Wirtemberg              und Altar,
                Deñ im̃er sind                  5
                Die Him̃lischen miteinander.

(Und) ihr sanfblikenden Berge,

                Dort       der guten Geister

Wo über buschigem Abhang

                wohllautend von ihnen    einer,    10

Der Schwarzwald saust,

Und Wohlgerüche die Loke

Der Tañen herabgiest,

Und der Nekar

                und die Donau!                15

Im Som̃er   liebend Fieber

Umherwehet den Garten
            **u vor den Augen**
Und Linden der Dorfs, u. wo

Die Pappelweide []blühet                20

Und der Seidenbaum

Auf heiliger Waide,

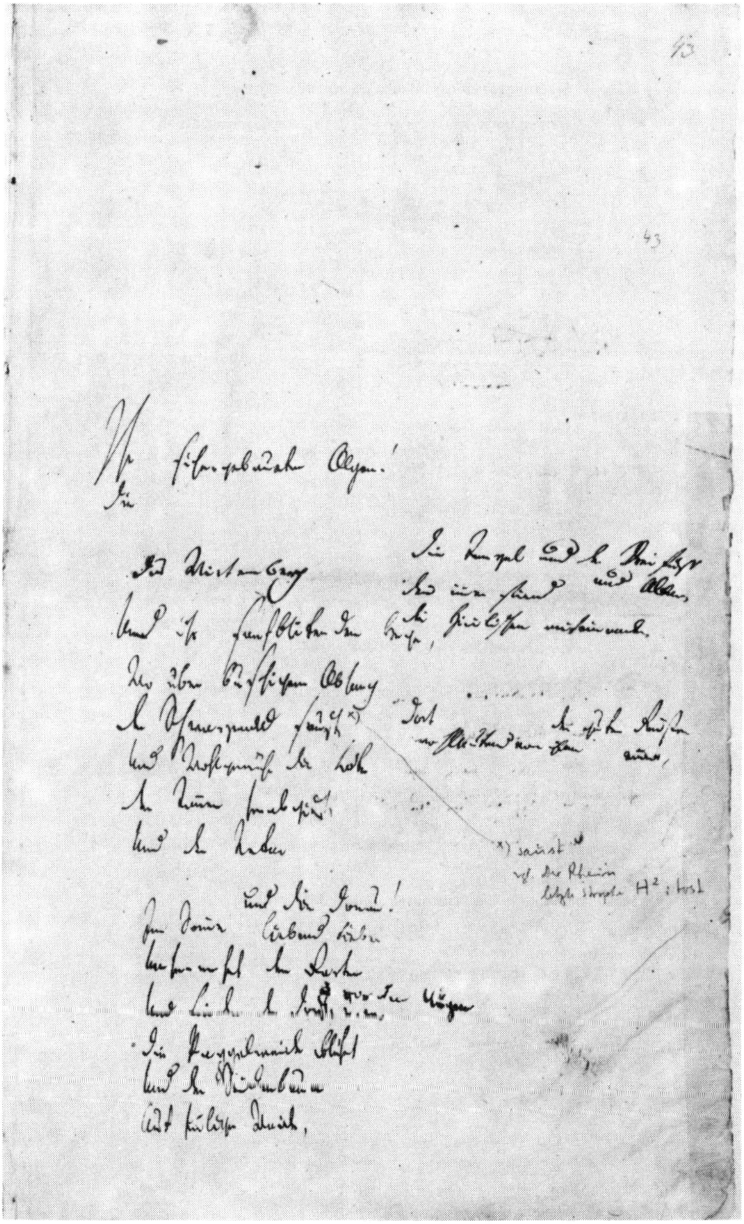

Predigten durch das Fenster

   gehet ihr aus eurem Klugheitsjahrhundert
                /
  Heraus, um zusam̃en zu seyn[.]   Feindseeligkeitsrechte

    Dem Fürsten.


Laß in der Wahrheit im̃erdar                5

Mich bleiben



Niemals im Unglük jenes wegen

Sagen etwas

                  **Vaterseegen aber bauet**
**Den Kindern Häußer**  aber zu singen            10



Ihr Wohnungen des Him̃els, **dessen freundlich Gespräche**

**Von Geheimnisse voll**
  **Heiliger Stille,**    /
         / wo sie den Tempel gebaut

Und Dreißfuß und Altar                  15

   aber


              herab von den Gipfeln den es haben

Weñ einer der Soñe nicht traut
                  und von der Vaterlandserde **prince**
Das Rauschen nicht liebt                                        20
                                                **grand hom̃e**
Unheimisch diesen die Todesgötter

                    zu singen den Helden

**Was kañ man aber von Fürsten denken**

**Weñ man vom Nachtmahl**            25
**So wenig hält**
Deutsche Jugend — Zorn der alten Staaten —
**Daß man Sünden**

**Fünf Jahre oder sieben**

**Nachträgt**                                             30

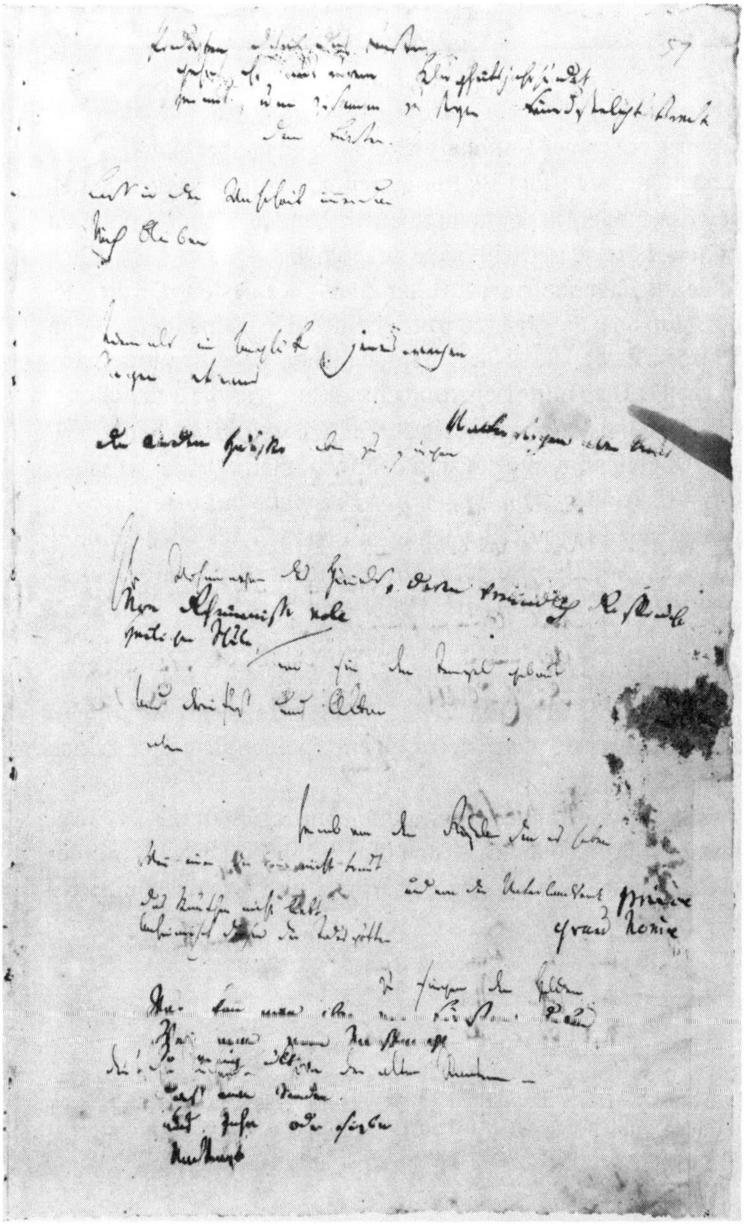

## III
### Heimath.
### Dem Fürsten.

Im Homburger Folioheft sind die beiden abgebildeten Vorderseiten durch fünf Blätter getrennt. Dennoch lassen sie sich gewissermaßen zusammenschieben. Um sie nebeneinander zu halten, hätte der Dichter die ursprüngliche, heute tatsächlich fehlende Fadenheftung auflösen und — wenigstens für die Niederschrift jener Ergänzungen — eines der ineinandergelegten Doppelblätter aus seiner ursprünglichen Lage herausnehmen müssen[1]. Dies mutet ebenso seltsam an, wie die Vorstellung, er habe beim Schreiben fortwährend vor und zurück geblättert. Die Übereinstimmungen sind dennoch unabweisbar. Ist schon der Vokativ *Ihr Wohnungen des Himmels*, mit dem gleichen, ausladenden *Ihr* auffällig genug, so erst recht die Wiederholung von *Tempel*, *Dreifuß* und *Altar*; schließlich der angedeutete und wunderbare Umstand, daß die vorn abbrechenden Sätze hinten fortgesetzt werden, als stünden sie auf derselben Seite. Ob der doppelsinnige Titel *Dem Fürsten*[2] die schon auf Seite 38 notierte Überschrift *Heimath* ersetzt oder als Widmungszeile ergänzt, ist nicht sicher zu entscheiden, letzteres jedoch wahrscheinlicher.

Die dazwischen liegenden Seiten sind größtenteils leer. Wer immer sich mit diesem Konvolut beschäftigt, er wird mit der absichtlichen Zerstreuung der Wörter und Worttrauben rechnen müssen[3].

---

1 Das Homburger Folioheft (307) besteht aus 22 ineinandergelegten Doppelblättern (mit einem 23. am Schluß). Für eine spätere Umstellung, ähnlich der des Stuttgarter Foliobuchs (vgl. *Elf Bemerkungen* II), gibt es keinen Anhaltspunkt.
2 Vgl. *Zehn biographische Details* VII.
3 Vgl. *Lese*.

Neun editorische Übungen III

I
Stichwort. 307/43
**Das Wirtemberg** 4

II
Entwurf.
[1 **Ihr sichergebaueten Alpen!** 1
2 **Die** 2
Raum für etwa drei Zeilen.
3 **Und ihr sanf[t]blikenden Berge,** 7
4 **Wo über buschigem Abhang** 8
5 **Der Schwarzwald saust,** 10
6 **Und Wohlgerüche die Loke** 12
7 **Der Tannen herabgiest,** 13
8 **Und der Nekar** 14
Raum für eine Zeile.
9]          **und die Donau!** 15

III
Erste Ergänzungen, rechts neben Entwurf II.
[1 Ihr sichergebaueten Alpen! ↓ 1
2 **Die Tempel und der Dreifuß und Altar,** 3,4
3 **Denn immer sind** 5
4 **Die Himmlischen miteinander.** 6
   Und ihr sanftblikenden Berge, 7
5  |   |[I] 7
6 Wo über buschigem Abhang ↓ 8
   ₁Dort                der guten Geister einer, 9,11
7    ₂**wohllautend von ihnen** 11
8 Der Schwarzwald saust, 10
..]

IV
Umformung und Ergänzungen von II/III auf 307/57. 307/57
[1 Ihr sichergebaueten Alpen! ↓
2 **Ihr Wohnungen des Himmels,** 11
   Lücke für das nach oben rückende Segment III, 3, 4.
3 Denn immer sind
   Die Himmlischen miteinander.
4             [,] **wo sie den Tempel gebaut** 14
5 **Und Dreifuß und Altar[.]** 15
   Ihr     sanftblikende n Berge
6    **aber**        [ ] 16

7 Wo über buschigem Abhang
8 Dort wohllautend von ihnen der guten Geister einer,
9 Der Schwarzwald saust,
10 Und Wohlgerüche die Loke
11 Der Tannen herabgiest,
   Und der Nekar
12         **herab von den Gipfeln**       17
13]       und die Donau!

V
Umformung mit abgeschriebener Feder.
[1 Ihr sichergebaueten Alpen!
   Ihr Wohnungen des Himmels,
2         **, dessen freundlich Gespräche**   11
3 **Von Geheimniß voll**                              12
   **Heiliger Schule,**                                  13
4]       wo sie den Tempel gebaut
Das Segment Denn immer sind/ Die Himmlischen miteinander ist damit offenbar aufgegeben


Rekonstruierter Text V

Ihr sichergebaueten Alpen!

Ihr Wohnungen des Himmels, dessen freundlich Gespräche

Von Geheimniß voll heiliger

Heiliger Schule, wo sie den Tempel gebaut

[5 Und Dreifuß und Altar.

Ihr aber sanftblikende Berge,

Wo über buschigem Abhang

Dort wohllautend von ihnen der guten Geister einer,

Der Schwarzwald saust,

10] Und Wohlgerüche die Loke

Der Tannen herabgiest

Und der Nekar herab von den Gipfeln

      und die Donau!

IV
*Der Einzige*

Die folgende Übung läßt den komplizierten Entwurf des Gesangs auf den Seiten 15-19 des Homburger Foliohefts beiseite und beschäftigt sich mit drei vorläufigen Reinschriften, von denen keine vollständig ist.

Die früheste, ein Einzelblatt, offenbar Rest einer vollständigen Reinschrift, die sich schon wesentlich vom letzten Entwurfsstand des Foliohefts unterscheidet, enthält den Schluß des Gesangs; die letzte Triade von regelmäßig zwölfzeiligen Strophen und neun Zeilen der viertletzten Strophe[1].

Die zweite Reinschrift, ein Doppelblatt, bricht (am unteren Rand der vierten Seite) mit der zehnten Zeile der achten Strophe ab. An den beiden ersten Strophentriaden fällt auf, daß jede dritte Strophe dreizehnzeilig ist[2].

Wegen des unterschiedlichen Strophenbaus, aber auch wegen der Lücke (nämlich zwei Zeilen am Ende der achten und drei Zeilen am Beginn der neunten Strophe[3]), verbot sich die Zusammenstellung der beiden Teile. Doch das erste textkritische Argument wird durch eine isolierte Zeile in jener zweiten Reinschrift widerlegt: bisher als Bruchstück ediert, ergänzt sie die Schlußstrophe der früheren Reinschrift um die fehlende dreizehnte Zeile. Damit wäre diese Reinschrift der Form nach aktualisiert; eine nochmalige Abschrift erübrigte sich zunächst. Sollte der Gesang zwölf Strophen umfassen, fehlte nur noch der Übergang von der achten zur neunten Strophe.

Dieser Aufgabe widmet sich ein fast korrekturloser Entwurf, auf einem schmalen Papierstreifen notiert, in dem die siebente und zwei Zeilen der achten Strophe auf zwei vollständige Stro-

---

[1] 474/1,2; v. 112-148 der folgenden Rekonstruktion (ohne v. 136).
[2] 313/1-4; T, v. 1-74, 99-106 (v. 135 weit abgerückt und in anderem Duktus vor v. 25 am oberen Rand von 313/2).
[3] 337/1,2; v. 75-98 (v. 80 unvollständig).

phen erweitert wird. Die neue neunte Strophe beginnt demnach (mit kühnem Enjambement) im dritten Vers der achten Strophe am Schluß der zweiten Reinschrift, wobei die verbleibenden acht Verse noch fünf Zeilen jener ursprünglich neunten Strophe überdecken, mit deren Fragment das frühere Blatt einsetzt. Auch die restlichen fünf Zeilen lassen sich nicht anschließen. Dennoch bleibt, wie sich zeigen wird, keine Lücke: Hölderlin hat jene fehlenden Zeilen, den Schluß der dritten Strophentriade, für den auf den beiden letzten Manuskripten kein Platz mehr war, am unteren Rand einer anderen Handschrift entworfen.

Rekonstruierter Text

Der Einzige.

Was ist es, das
An die alten seeligen Küsten
Mich fesselt, daß ich mehr noch
Sie liebe, als mein Vaterland?
5 Denn wie in himmlischer
Gefangenschaft gebükt, dem Tag nach sprechend
Dort bin ich, wo, wie Steine sagen, Apollo gieng,
In Königsgestalt,
Und zu unschuldigen Jünglingen sich
10 Herablies Zevs, und Söhn in heiliger Art
Und Töchter zeugte
Stumweilend unter den Menschen?

Der hohen Gedanken aber
Sind dennoch viele
15 Gekommen aus des Vaters Haupt
Und große Seelen
Von ihm zu Menschen gekommen.
Und gehöret hab ich
Von Elis und Olympia, bin
20 Gestanden immerdar, an Quellen, auf dem Parnaß
Und über Bergen des Isthmus
Und drüben auch

Bei Smyrna und hinab
Bei Ephesos bin ich gegangen.

¹
25  Viel hab' ich schönes gesehn
Und gesungen Gottes Bild
Hab ich, das lebet unter
Den Menschen. Denn sehr, dem Raum gleich, ist
Das Himmlische reichlich in
30  Der Jugend zählbar aber dennoch
Ihr alten Götter und all
Ihr tapfern Söhne der Götter
Noch einen such ich, den
Ich liebe unter euch
35  Wo ihr den lezten eures Geschlechts
Des Haußes Kleinod mir
Dem fremden Gast bewahret.


Mein Meister und Herr!
O du, mein Lehrer!
40  Was bist du ferne
Geblieben? und da
Ich sahe, mitten, unter den Geistern, den Alten
die Helden und
Die Götter, warum bliebest
45  Du aus? Und jezt ist voll

---

1 Hier, in anderem Duktus und vmtl. vor Beginn der vorläufigen Reinschrift notiert: Von Gott aus gehet mein Werk.

Von Trauern meine Seele
Als eifertet, ihr Himmlischen, selbst,
Daß dien ich einem, mir
Das andere fehlet.

50 Ich weiß es aber, eigene Schuld
Ists, denn zu sehr
O Christus! häng ich an dir;
Wiewohl, Herakles Bruder
Und kühn bekenn ich, du
55 Bist Bruder auch des Eviers, der einsichtlich, vor Alters
Die verdrossene Irre gerichtet
Der Erde Gott, und beschieden
Die Seele dem Thier, das lebend
Vom eigenen Hunger schweift und der Erde nach gieng
60 Aber rechte Wege gebot er mit Einem mal und Orte
Die Sachen auch bestellt er von jedem.

Es hindert aber eine Schaam
Mich dir zu vergleichen
Die weltlichen Männer. Und freilich weiß
65 Ich der dich zeugte, dein Vater ist
Derselbe. Nemlich Christus ist ja auch allein
Gestanden unter sichtbarem Himmel und Gestirn, sichtbar
Freiwaltendem über das Eingesezte, mit Erlaubniß von Gott,
Und die Sünden der Welt, die Unverständlichkeit
Der Kenntnisse nemlich, wenn Beständiges das Geschäfftige
70 /überwächst

Der Menschen und der Muth des Gestirns war ob ihm. Nemlich
/ immer jauchzet die Welt
Hinweg von dieser Erde, daß sie die
Entblößet; wo das Menschliche sie nicht hält. Es bleibet aber
/ eine Spur
Doch eines Wortes; die ein Mann erhaschet. Der Ort war aber |


2

Die Wüste. So sind jene sich gleich. Voll Freuden, reichlich.
75 / Herrlich grünet
Ein Kleeblatt. Ungestalt wär, um des Geistes willen, dieses,
/ dürfte von solchen
Nicht sagen, gelehrt im Wissen einer schlechten Gebets, daß sie

---

2 An dieser Stelle setzt der texterweiternde Entwurf auf dem Papierstreifen 337/1,2 ein; die siebente Strophe auf der Vorder-, die achte auf der Rückseite. Der aufgegebene Text auf 313/4 lautet:

75  Die Wüste. So sind jene sich gleich. Erfreulich. Herrlich grünet
    Ein Kleeblatt. Schade wär' es, dürfte von solchen
    Nicht sagen unser einer, daß es
    Heroën sind. Viel ist die Ansicht. Himmlische sind
    Und Lebende beieinander, die ganze [Zeit]. Ein großer Mann,
80  Im Himmel auch, begehrt zu einem, auf Erden. Immerdar
    Gilt diß, daß, alltag, ganz ist die Welt. Oft aber scheint
    Ein Großer nicht zusammenzutaugen
    Zu Großen. Die stehen allzeit, als an einem Abgrund, einer neben
    Dem ander[n]. Jene drei sind aber
85  Das, daß sie unter der Sonne
    Wie Jäger der Jagd sind, oder

    Ein Akermann, der athmend von der Arbeit
    Sein Haupt entblößet, oder Bettler.

Wie Feldherren mir, Heroën sind. Deß dürfen die Sterblichen
/wegen dem, weil
Ohne Halt verstandlos Gott ist. Aber wie₃ auf Wagen
80 Demüthige            mit Gewalt
Des Tages oder
Mit Stimmen erscheinet Gott als
Natur von außen. Mittelbar
In heiligen Schriften. Himmlische sind
Und Menschen auf Erden beieinander die ganze Zeit. Ein
85            großer Mann und ähnlich eine große Seele
Wenn gleich im Himmel

Begehrt zu einem auf Erden. Immerdar
Bleibt diß, daß immergekettet₄ alltag ganz ist
Die Welt. Oft aber scheint
90 Ein Großer nicht zusammenzutaugen
Zu Großem. Alle Tage stehn die aber, als an einem Abgrund
/einer
Neben dem andern. ₅ Drei sind aber
Das, daß sie unter der Sonne
Wie Jäger der Jagd sind oder
95 Ein Akermann, der athmend von der Arbeit
Sein Haupt entblößet oder Bettler. Schön
Und lieblich ist es, zu vergleichen. Wohlthut
Die Erde. Zu kühlen. Immer aber |

---
3 S. Anm. 12.
4 Hinter dem Wort ein Kreuz; vgl. *Immergekettet*.
5 Zuvor Jene gestr.

6

Sind andere Helden. Der Streit ist aber, der mich
100 Versuchet dieser, daß aus Noth als Söhne Gottes
Die Zeichen jene an sich haben. Denn es hat noch anders,

/ räthlich,
Gesorget der Donnerer. Christus aber bescheidet sich selbst.
Wie Fürsten ist Herkules. Gemeingeist Bacchus. Christus aber

/ ist
Das Ende. Wohl ist der noch andrer Natur; erfüllet aber
105 Was noch an Gegenwart
Der Himmlischen₇ |
Von einem gehet zum andern.₈ | Schlechthin, oft aber

---

6 Mit Immer aber endet die je zwölfzeilige Texterweiterung auf der Vor- und Rückseite des schmalen Beiblatts. Der Vergleich der Drei mit einem Jäger, Akermann oder Bettler ist in der Beilage noch um Reflexion des Vergleichs erweitert. Danach mündet der Neuentwurf logisch in der Vorlage. Immer aber ersetzt vmtl. den Beginn des im Basistext folgenden Verses:
Nicht so sind andere Helden. Der Streit ist aber, der mich versuchet
Auf die textlogische Anschlußstelle verweist noch ein feiner Strich am Anfang des zu ändernden Verses.
7 Dicht am unteren Rand von 313/4:
Den Himmlischen gefehlet an der[!] andern. Diesesmal
Schon am Schluß der vorhergehenden Zeile befindet sich ein als Korrekturzeichen lesbarer Schrägstrich. Wenn die Einfügung der in 336/4 entworfenen Ergänzung logisch erscheint (vgl. Anm. 8), so ebenso die Bestimmung der in der gleichen Handschrift 336 eine Seite zuvor notierte Zeile: Von einem geht zum andern. Es bedurfte noch einer zusätzlichen Zeile, um das dreizehnzeilige Maß der neunten Strophe zu füllen.
8 Das hier anzufügende Segment findet sich auf der letzten Seite des Doppelblatts 336, das (wie auch dieses) dem Homburger Folioheft beigelegen hat; es enthält die Fortsetzung und den Schluß der bisher unter dem Titel An die Madonna edierten Strophen, wahrscheinlicher aber die gewaltige Vorfügung zu dem fünf Blätter weiter hinten einsetzenden Gesang Die Titanen (vgl. die dritte Abb. zu Übung III; dort auch Anm. 2). Der Entwurf wiederholt zunächst das Leit-

Neun editorische Übungen IV

Geschiehet etwas um die Schläfe, nichts ist
Es, wenn aber eines Weges
110 Ein Freier herausgeht, findet
Daselbst es bereitet.|


9

Es entbrennet aber sein Zorn; daß nemlich
Das Zeichen die Erde berührt, allmälich
Aus Augen gekommen, als an einer Leiter.
115 Dißmal. Eigenwillig sonst, unmäßig
Gränzlos, daß der Menschen Hand
Anficht das Lebende, mehr auch, als sich schiket
Für einen Halbgott, heiliggeseztes übergeht
Der Entwurf. Seit nemlich böser Geist sich

---

wort Diesesmal, ebenso nach rechts versetzt, wie in der aufgegebenen Zeile (s. das Zitat in Anm. 7); es wird dann, wohl im Hinblick auf v. 115, durch Schlechthin ersetzt. Das Motiv ist offensichtlich dem auf der früheren Blatt 474 überlieferten Torso einer neunten Strophe entnommen. Dort heißt es, beinahe gleichlautend: und wo/ Des Weges ein anderes geht (vgl. Anm. 9).
9 Die bisherige neunte Strophe ist demnach aufgegeben; die neun in 474/1 überlieferten Verse lauten:
[100] Die Todeslust der Völker aufhält und zerreißet den Fallstrik,
Fein sehen die Menschen, daß sie
Nicht gehn den Weg des Todes und hüten das Maas, daß einer
Etwas für sich ist, den Augenblik
Das Geschik der großen Zeit auch
[105] Ihr Feuer fürchtend, treffen sie, und wo
Des Wegs ein anderes geht, da sehen sie
Auch, wo ein Geschik sei, machen aber
Das sicher, Menschen gleichend oder Gesezen.
Es folgt die letzte Strophentriade auf 474/1,2.

120 Bemächtiget des des glüklichen Altertums, unendlich,
Langher währt Eines, gesangfeind, klanglos, das
In Maasen vergeht, des Sinnes gewaltsames. Ungebundenes
/ aber
Hasset Gott. Fürbittend aber

Hält ihn der Tag von dieser Zeit, stillschaffend,
125 Des Weges gehend, die Blüthe der Jahre.
Und Kriegsgetön, und Geschichte der Helden unterhält,
/ hartnäkig Geschik,
Die Sonne Christi, Gärten der Büßenden, und[10]
Der Pilgrime Wandern und der Völker ihn, und des Wächters
Gesang und die Schrift
130 Des Barden oder Afrikaners. Ruhmloser auch
Geschik hält ihn, die an den Tag
Jezt erst recht kommen, das sind väterliche Fürsten. Denn
/ viel ist der Stand
Gottgleicher, denn sonst. Denn Männern mehr
Gehöret das Licht. Nicht Jünglingen.
135 Das Vaterland auch. Nemlich frisch

Noch unerschöpfet und voll mit Loken[11] |
Von Gott aus gehet mein Werk.|
Der Vater der Erde freuet nemlich sich deß
Auch, daß Kinder sind, so bleibet eine Gewißheit

---

10 Vgl. 12.
11 Vgl. die editorische Anm. 1. Ein zusätzliches Indiz für die Einfügung
der Zeile ist die nachträgliche Tilgung des Kommas hinter Loken.

140 Des Guten. So auch freuet,
Das ihn, daß eines bleibet.
Auch einige sind, gerettet, als
Auf schönen Inseln. Gelehrt sind die.
Versuchungen sind nemlich
145 Gränzlos an die gegangen.
Zahllose gefallen. Also gieng es, als
Der Erde Vater bereitet ständiges
In Stürmen der Zeit. Ist aber geendet.

12

---

12 Auf Seite 30 des Homburger Foliohefts stehen zwei ineinander geschriebene Entwürfe, die offenbar nicht zum nebenstehenden *Titanen*-Entwurf, sondern, dem Inhalt nach eher zur letzten Textstufe von *Der Einzige* gehören; das erste Segment ersetzt vmtl. den fragmentarischen Text um v. 80 (statt auf Wagen, mit neuer Zeile einsetzend, für v. 81, 82:

Zu Rossen, ewige Lust/
zu leben, wie wenn Nachtigallen
Süßen Ton der Heimath oder die Schneegans/
den Ton anstimmet über/
Dem Erdkrais sehnend,

Das zweite ist mglw. nach v. 126 einzufügen (textersetzend bis Ruhmloser?):

der Wanderschaft
Seines jede[n] und ein Ende
Einen Orden oder/
Feierlichkeit geben oder Geseze
Die Geister des Gemeingeists
Die Geister Jesu/
Christi

69 · 89

307/75

```
                Die apriorität des Individuellen
                             und kehr' in Hahnenschrei
                  über das Ganze
                             de(r)n Augenblik des Triumps
5       Werber!         keine Polaken sind wir
                  Vom Abgrund (nemlich) haben  ·
        Der
                  Wir angefangen und gegangen   M(μ)α τον ορκον
        Gelehrten                     in Zweifel  und aergerniß,
10                Dem (Leuen) gleich, (d)
        halb
                  Der (lieget)

                  In dem Brand

                  Der Wüste,
15              Lichtrunken und der Thiergeist ruhet
        Mit     Bald aber wird, wie ein Hund, umgehn

        ihnen   (I)In der Hizze meine Stime auf den Gassen der Garten
                (Der Schöpfer.)
                  In den wohnen Menschen    Indessen aber

20                In|?In Frankreich           an meinem Schatten [(r)Richt']
                  neues zu sagen                            ich
                                    (U)und Spiegel die Zime
                Frankfurt aber, nach der Gestalt, die
                Der Schöpfer                Meinen Fürsten
25              Abdruk ist der Natur,  zu reden
                                      Nicht umsonst
                De(r)s Menschen nemlich, ist der Nabel       Die Hüfte unter dem
                Ist des Menschen betrüblich. Aber
                Dieser Erde. Diese Zeit auch             Stern
30                                                    nationell
                Ist Zeit, und deutschen (Schmelzes.)
                        Germania
                Ein wilder Hügel aber stehet über dem Abhang
                                    damit sie schauen sollte
35              Meiner Gärten. Kirschenbäume. Scharfer Othem aber wehet

                Um die Löcher des Felses. · Allda bin ich

                Alles miteinander. Wunderbar
                                    Aber sch(reg)wer ge(ben)htneben
                Aber über Quellen beuget schlank      der frohe weg.   [/.]
40                .              · Bergen       Rechts liegt
                Ein Nußbaum und sich Beere, wie Korall
                                                       aber der Forst
                Hängen an dem Strauch über Röhren von Holz,

                Aus denen                         bevestiger Gesang
45              Ursprünglich aus Korn, nun aber zu gestehen,
                                                       von Blumen
                Bis zu Schmerzen aber der Nase steigt           als
                                    Neue Bildung aus der Stadt,
                Citronengeruch auf (und) der Öl, auf der Provence, und
50                                                                wo
                                    es haben diese
                                    Längst auferziehen und der Mond und
                Und Natürlichkeit           Dankbarkeit        Schiksaal
                                    Und Gott, euch aber,
55              Dankbarkeit mir die Gasgognischen Lande     gebraten Fleisch
                Gezähmet                        und genährt
                Gegeben(,). (erzogen) aber, noch zu sehen, hat mich  der Tafel und

                · Die Rappierlust (und des Festtaags) (braune) Trauben , braune
                                         (und) (mich) leset o
60              Untrügbarer                              x      x
                Ihr Blüthen von Deutschland, o mein Herz wird
                Krystal[] an dem
                · Das Licht sich prüfet wen [(w)    ] Deutschland
```

284

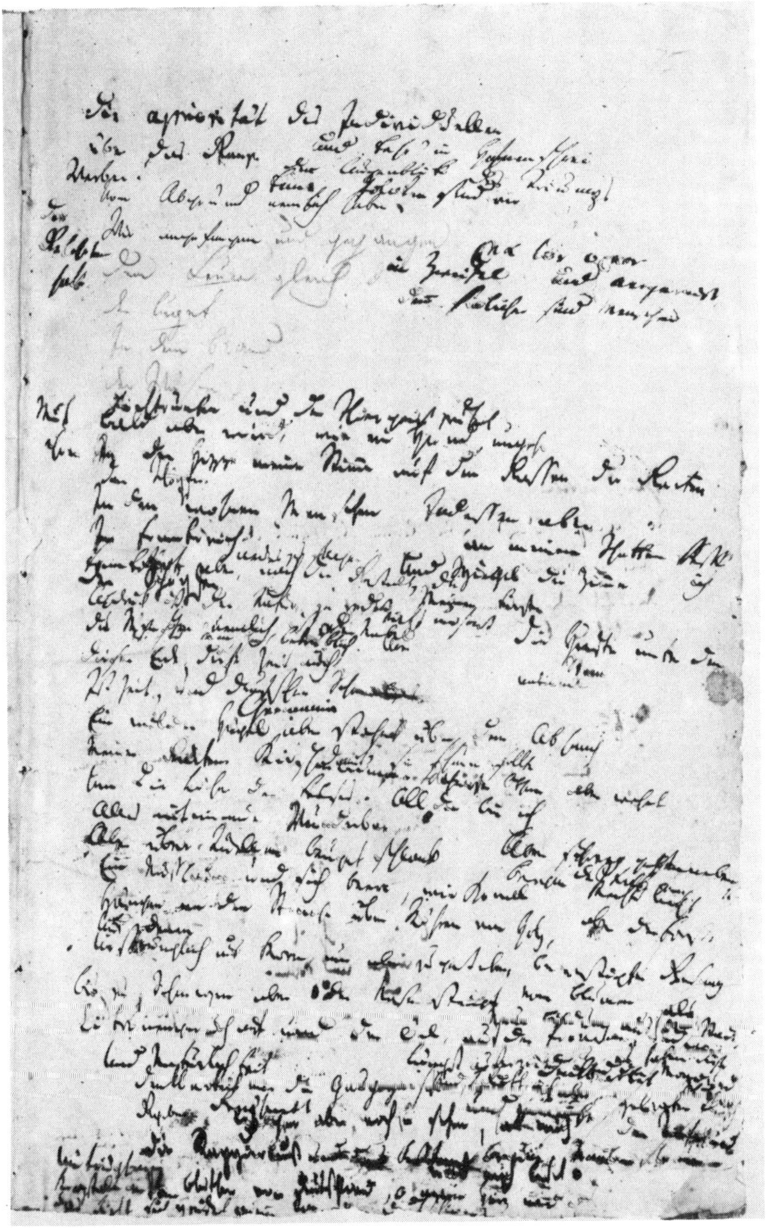

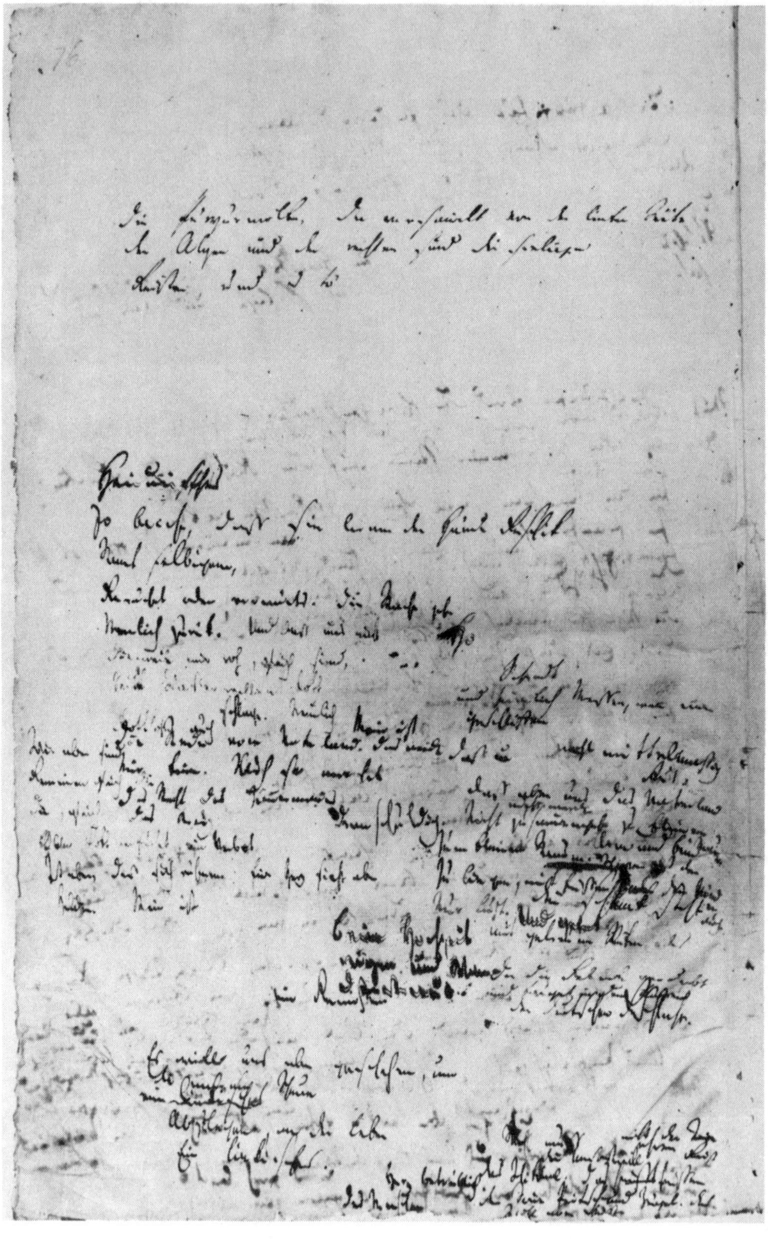

# Neun editorische Übungen V/VI

307/76

Die Purpurwolke, da versāmelt von der linken Seite

Der Alpen und der rechten sind die seeligen

Geister, und es tö



HeidnilsIches

Jo Bacche, daß sie lernen der Hände Geschik 5

Samt selbigem,

Gerächet oder vorwärts. Die Rache gehe

Nemlich zurük. **Und daß uns nicht** (Ho)

**Dieweil wir roh (, gleich) sind,**
                                                 Schwerdt 10
**Mit Wasserwellen Gott**
                           und heimlich Messer, weñ einer
      schlage. Nem(m)lich      geschliffen
**Gottlose auch**        Mein ist
Die Rede vom Vaterland. Das neide      (wohl) mittelmäßig 15
**Wir aber sind**        (Daß un)
   Mir keiner. (So) Auch so machet             Gut,
**Gemeinen gleich, die**      Daß aber uns das Vaterland
     Das Recht des Zimermañes    nicht werde
**Die gleich**                 Nicht zusamengehe zu kleinem 20
    Das Kreuz      dran schuldig.              Raum
**E(I)d(I)eln Gott versuchet, ein Verbot**     Arm und Bein
                            Zum kleinen Raum. Schwer ist der
**Ist aber, deß sich rühmen. Ein Herz sieht aber**  Zu liegen, mit Füßen (oder) den Händ
                                  deñ schlank steht   en 25
**Helden. Mein ist**              Nur Luft.              auch
                             **Und gehet**
                         Mit getreuem Rüken  des
             **Beim Hochzeit**
             **reigen und Wan-**
             **derstraus.**                                                        30
              rein Gewissen        der die Gelenke verderbt
                            und träget in den Karren
                             der Deutschen Geschlecht.


Es will uns aber geschehen, um
Die warme Schoue 35
   (ein linkisches)
     Abzulegen, an der Leber             **nicht der (Soñe)**
                            Wohl muß    ehren    Geist
                            **Deñ Umsonst**
  Ein linkisches.                         **will**
                            **Das Schiksaal. Das (heißt) heißen** 40
                 Herz betrüblich.
                            **Der Soñe Peitsch und Zügel. Das**
         Des Menschen         **Will aber heißen**

## V/VI
*Apriorität/Germania*

Ein erster Versuch zur neuen Edition der Seiten 75/76 des Homburger Foliohefts wurde vor einigen Jahren in Frankfurt vorgestellt, in einem Gebäude, das an der Stelle des Gontardschen Hauses steht[1]. Wären die zweifelsfreien Ergebnisse nicht das, was sie an sich sind, ein verbreiteter Irrtum, müßte in diesem Fall von Mißlingen, unter ironisch eingetroffenen Vorzeichen, gesprochen werden; weder *Stern* noch *Hizze* fehlten. So aber blieb der Ausgabe von Anfang an der besserwisserische Schein des Gelingens erspart.

Es ist der Text, der sich bewegt und zu leben beginnt. Ginge es nach der Kritik, hätte er in die Nichtigkeit seiner für sich unverständlichen oder mißdeutbaren Teile zurückfallen müssen. Stattdessen zog er auch noch die letzten verstreuten Wörter an sich, und statt Entwurfsfragment eines unbekannten Gesangs zu bleiben, teilte er sich plötzlich in zwei selbständige, dafür um so inniger aufeinanderbezogener Teile.

Dies nicht ohne Beispiel. Ähnlich wurden schon die hymnischen Gedichte *Lebensalter* und *Der Winkel von Hahrdt*[2] aus einem größeren Zusammenhang (den Entwürfen *Der Adler* und *Das Nächste Beste*) herausgehoben.

Doch hier ist es anders. Der *Gemeingeist*[3] ist es, die Idee einer Verbindung zwischen den individuierten Teilen, die hier, auf dem höchsten Grad des individuellen Fiebers, in die Wirklichkeit tritt. Gemeinschaft nicht mehr durch Zwang, Lüge oder jene bigotte Propaganda, die der hergestellte Beginn mit der äußersten Schonungslosigkeit bloßstellt. Eine freiwillige Einigkeit, wie der sprachlich manifeste Zusammenhang der

---

[1] *Einleitung* zur *Frankfurter Ausgabe*; erschienen im August 1975 im Verlag *Roter Stern,* Frankfurt am Main.
[2] Vgl. *Sieben unwiderruflich geworfene Steine,* Innentitel.
[3] Vgl. IV, *Der Einzige,* v. 103.

als Zusammenhang entworfenen, dann aber getrennten Teile, die sich in Gedanken, nicht durch Formalien herstellt.

Anders als das alte, das sich den Texten ausliefert, ist dieses neue Lesen tätig und sinnend zugleich.

Wenn der Gesang *Andenken* erst im Frühjahr 1805[4] und *Mnemosyne* noch später entworfen wurde, muß dieses kostbare Blatt noch später entstanden sein. Die Bleinotiz, die ergreifend kurzen, schubweisen Entwurfssegmente, das Bild des Reuchlinschen Löwen in der Bursagasse[5], die freigesetzte Hoffnung, die (wie schon in *Andenken*) dem kaum noch Auszuhaltenden korrespondiert, all das weist auf ein Zimmer im *Brand/ Der Wüste*, wo sie etwas Anderes *sicher* machten, *Menschen gleichend oder Gesezen*[6], währenddes draußen die *Phänomenologie des Geistes* Furore machte.

---

4 Vgl. *Bäume.*
5 Vgl. *Ein Leu.*
6 Vgl. IV, *Der Einzige*, v. 103.

## I

Konzept, mit feiner Feder und kleiner Schrift.   307/75

| | | |
|---|---|---|
| [1 | **Vom Abgrund nemlich haben** | 6 |
| 2 | **Wir angefangen** | 8 |
| | Sieben Zeilen tiefer: | |
| 3 | **Der Schöpfer.** | 18 |
| | Nochmals sieben Zeilen tiefer: | |
| 4 | **damit sie schauen sollte** | 34 |
| | Auf der Rückseite oben: | 307/76 |
| 5 | **die Purpurwolke, da versammelt von der linken Seite** | 1 |
| 6 | **der Alpen und der rechten sind die seeligen** | 2 |
| 7] | **Geister, und es tö** | 3 |

## II

Sechs textlogisch und duktisch unterscheidbare Entwurfsabschnitte.

*A*

Fortsetzung von I, 2 mit Blei.   307/75

| | | |
|---|---|---|
| [1 | **Vom Abgrund nemlich haben** | 6 |
| | **Wir angefangen** | 8 |
| 2 | **und gegangen** | 8 |
| | ₁**Dem Leuen gleich,** d | 10 |
| 3 | ₂ \| \| | 10 |
| 4 | **Der luget** | 12 |
| 5 | **In dem Brand** | 13 |
| 6 | **Der Wüste** | 14 |

*B*

Fortsetzung mit Tinte und breiterer Feder. Die überlagerte Notiz aus I Der Schöpfer wird gestr. und am Schluß des Entwurfsegments wiederholt.   16

| | | |
|---|---|---|
| 7 | **Bald aber wird, wie ein Hund, umgehn** | 17 |
| 8 | **In der Hizze meine Stimme auf den Gassen der Garten** | 19 |
| 9 | **In den wohnen Menschen** | 20 |
| 10 | **In Frankreich** | 24 |
| 10a | Der Schöpfer | |

*C*

Fortsetzung mit etwas feinerer, leicht sperrender Feder. Das Stichwort Der Schöpfer wird wieder überlagert, doch nicht mehr gestrichen.

| | | |
|---|---|---|
| 11 | **Frankfurt aber, nach der Gestalt, die** | 23 |
| 12 | **Abdruk ist der Natur,** | 25 |
| | ₁**Der** | 27 |
| 13 | ₂**s Menschen nemlich, ist der Nabel** | 27 |
| 14 | **Dieser Erde. Diese Zeit auch** | 29 |

| | |
|---|---:|
| 15] **Ist Zeit, und deutschen Schmelzes.** | 31 |
| Fuge. | |
| 16 **Ein wilder Hügel aber stehet über dem Abhang** | 33 |
| 17 **Meiner Gärten. Kirschenbäume. Scharfer Othem aber wehet** | 35 |
| 18 **Um die Löcher des Felses. Allda bin ich** | 36 |
| 19 **Alles miteinander. Wunderbar** | 37 |
| 20 **Aber über Quellen beuget schlank** | 39 |
| [ ] Zwischenraum für vier Zeilen. | |
| 25 **Bis zu Schmerzen aber** | 47 |
| 26 **Citronengeruch auf** | 49 |

Dem Duktus und dem etwas weiter vorstehenden Kolumnenrand nach wurde der Ansatz zu 25,26 schon früher, vmtl. nach v. 15, vornotiert.

*D*

Erweiterung von *C*, 18, Ergänzung der Lücke, Einfügung eines Verses am rechten Rand und Fortsetzung.

| | | |
|---|---:|---:|
| Um die Löcher des Felses. Allda/ | | 36 |
| **Rechts liegt aber der Forst** | | 40,42 |
| 18 /bin ich | | 36 |

Der Satz präzisiert den beschriebenen Ort am südlichen Absturz der Teck und ist, worauf ein Punkt hinweist, weiter oben, vor Allda einzufügen.

| | |
|---|---:|
| 19 **Alles miteinander. Wunderbar** | 37 |
| 20 **Aber über Quellen beuget schlank** | 39 |
| **Ein Nußbaum** und sich **Beere, wie Korall** | 41 |
| 21 [sich und] | [41] |
| 22 **Hängen an dem Strauche über Röhren von Holz,** | 43 |
| ₁**Aus denen** | 44 |
| 23 ₂**bevestigter Gesang von Blumen** | 44,46 |
| 24 **Ursprünglich aus Korn, nun aber zu gestehen,** | 45 |
| 25 **Neue Bildung aus der Stadt, wo** | 48,50 |

Auf die einleuchtende Konjektur [sich und], statt und sich hat mündlich Adolf Beck hingewiesen. Dagegen erweist sich die Rekonstruktion der nächsten, im *Einleitungsband* gleichfalls falsch gelesenen Zeile 23 weniger schwierig als erwartet — sobald nur die Bedeutung der pflanzlichen Metaphern geklärt ist. Zunächst ist schwer zu entscheiden, ob der Zeilenbeginn Aus denen vornotiert war, oder ob er (seiner gedrängten Lage nach eher) später nachgetragen wurde. Jedenfalls blieb bei der Füllung des vierzeiligen Zwischenraums nochmals eine Lücke, die erst in einem zweiten, hier nicht gesondert dargestellten Ansatz, wiederum nur vorläufig geschlossen wurde (vgl. III*F*, 9, 10). Wie schon das Segment Rechts liegt/ aber der Forst, das dem Duktus nach unmittelbar vor bevestigter Gesang/von Blumen entstand, ist auch dieses zweizeilig und ohne zwingenden Grund am rechten Rand notiert; und zwar nicht, wie von Friedrich Beißner angenommen, hinter zu gestehen, sondern eindeutig eine Zeile höher, in gleicher Linie mit Aus denen. Insofern erübrigt sich ein Einfügungszeichen, wenn nicht das Korrekturzeichen über aus in v. 24 als ein solches gelesen wird (vgl. III*F*, 10). Auch v. 25, unmißverständlich mit einer Versalie einsetzend, wird am Rand und nicht in der Textkolumne notiert. Nur zwei Punkte, wahrscheinlich spätere Zählzeichen vermerken den Textzuwachs. Nicht das Blatt ist verworren und irre, sondern die sogenannte Philologie, die es dafür hält. Zu seiner wahrhaft wunderbaren Präzision und Ökonomie gehört auch die Proportion und Zeilenzahl: beide Teile werden, eine verschwiegene Hekatombe für Susette Gontard, auf 22 Zeilen gebracht. Daß der Dichter sich selbst im Bild des wilden Hirschholders zeichnet, daran ist nicht zu zweifeln (vgl. Holunder); und daß sich der andere, mit seinen stockgeraden Schößlingen, in einen Nußbaum verwandeln mußte, gebot schon angeborene Höflichkeit. Handelt es sich um Dichter, sind auch die Quellen anderer Natur. Hölderlin rechtfertigt sich gewissermaßen vor der 1796 entstandenen Ode Der Nachahmer und der Erfinder, in welcher sich Klopstock die Freuden des Quells, jenem die des Kristalls zubilligt (v. 8,9). Und auch der metaphorische Gegensatz Korn — Blumen läßt sich aus der unmittelbar vorhergehenden Ode Der Genügsame herleiten. Klopstock antwortet mit diesem Gedicht auf das in Schillers [Neuer] *Thalia* erschienene Fragment von Hyperion, von dem er sich nicht nur der Diktion wegen, sondern auch vom Namen Bellarmin [Hermanns Schlacht], und zwar auf ehrendste Weise, angesprochen fühlen durfte. In seiner Paraphrase, die vor allem den Ton und den Inhalt des letzten Briefs aufnimmt, stehen nicht Garben (...) aber doch Halme (v. 3,4) für die Forschung des Wahren (v. 1), der sich der Jüngling hingibt, dessen Stimme er im deutschen Eichenhaine vernahm (vgl. v. 21-24). Blumen dagegen entspricht dem landläufigen Topos für Poesie (wie etwa im Stäudlinschen Almanach *Poetische Blumenlese*, der den zweiten Zyklus der Tübinger Hymnen enthielt), gegen den jedoch der junge Hölderlin mit aller Kraft opponierte. In diesem Sinn meint bevestigter Gesang den Wahrheitsgehalt, zuvor vermittelt durch die Philosophie, welche er, wie er der Mutter Anfang 1799 vertraut hat, mit überwiegender Aufmerksamkeit und Anstrengung betrieb und aus gutem Willen, weil er vor dem Nahmen eines leeren Poëten sich fürchtete. Doch nicht dessen ist er geständig, sondern einer Neuen Bildung, die weder mit dem Citronengeruch der Aufklärung, noch mit dem Salbungvollen zu tun hat, das aus der Provinz jener diaphanen Stadt aufsteigt, dergestalt penetrant, daß er sich fast entschuldigen muß, für das zwiefach Einfache, das ihm in Frankreich zustieß.

Neun editorische Übungen V/VI

|     | Bis zu Schmerzen aber | 47 |
| --- | --- | --- |
| 26  | der Nase steigt | 47 |
|     | Citronengeruch auf | 49 |
|     | ₁und der Öl | 49 |
| ₂[Der Öl-] | auf der Provence, und es haben diese/ | 49,51 |
| 27  | /Dankbarkeit | 53 |
| 28  | Und Natürlichkeit | 53 |

Die neue Lesart wird Anstoß erregen, doch statt um Geheimnisse der Küche geht es um das der Verruchtheit. Der bisherige Text Citronengeruch auf und das Öl, aus der Provence. und es haben diese Dankbarkeit, beruht auf zwei falschen Lesungen: eindeutig heißt es der Öl und ein zweites Mal auf und nicht *aus*; unvermerkt blieb auch die Tilgung im und, das Zeichen vor der und die Unterpunktung des d. Nach diesem Befund ist der Öl keine Verschreibung, sondern ein neuer Ansatz, nachdem sich der Dichter zur Aufgabe des früher notierten Citronengeruch entschlossen hatte, das doppelt bezeichnete [D]er ein neuer Versbeginn und auch der Strich hinter Öl eher ein Auslassungszeichen für geruch, der analog aus dem aufgegebenen Kompositum übernommen wird. Der erste Ansatz wäre also, unmittelbar nach einem Versuch zur Fortsetzung, aufgegeben. Danach beruht die befremdende Überlänge der bisher gelesenen Zeile nicht auf einem dichterischen, sondern einmal mehr auf einem editorischen Mangel, und sei es auch nur der an Mut, nur angedeutete texttilgende Entscheidungen des Dichters nachzuvollziehen. Was zur neuen Metapher zu sagen war, ist schon gesagt. Nur noch nachzutragen, wozu Zitronen gebraucht wurden: bei Leichenbegängnissen in der Sommerhitze. Die euphemistische Umschreibung bestimmte das Wissenschaftliche, etwa der Theologie, gegen den Duft der Gesänge, als die Ausdünstung einer Totenlandschaft.

*E*

Umstellung von *D*, 27, 28 und Fortsetzung mit etwas feinerer Feder.

|     | Der Ölgeruch auf der Provence, und es haben diese/ | 49,51 |
| --- | --- | --- |
|     | /Dankbarkeit | 53 |
| 27  | [Natürlichkeit] | [53] |
|     | Und Natürlichkeit | 53 |
| 28  | Dankbarkeit mir die Gasgognischen Lande | 55 |
| 29  | Gegeben | 57 |

Der versetzte Einsatz unter nicht gestr. Natürlichkeit kann nur Vertauschung des Wortpaars bedeuten.

*F*

Fortsetzung mit sperriger Feder, nach einer Textlücke bis zum unteren Seitenrand; Abschluß von gleicher Feder und Hand auf der Rückseite.

Gegeben

| | |
|---|---|
| 29   , erzogen aber, noch zu sehen, hat mich | 57 |
| 30 Die Rappierlust und des Festtaags braune Trauben | 58 |
| 31                und mich leset o | 59 |
| 32 Ihr Blüthen von Deutschland, o mein Herz wird | 61 |
| 33 Untrügbarer Krystal an dem | 60,62 |
|    Das Licht sich prüfet wenn w | 63 |
|                ₂[    ] Deutschland | 63 |
|    Fortsetzung verso. | 307/76 |
| 34             ₃Und gehet | 27 |
| 35 Beim Hochzeitreigen und Wanderstraus. | 29-31 |

Die Versgestalt der zweiteilig, ganz links notierten Segmente Untrügbarer/ Krystal an dem wird mittelbar deutlich durch einen Punkt vor dem nächsten Versanfang angezeigt (vgl. 307/75:63). Durch Papierverlust, vor allem in der Mitte des unteren Rands, ist die letzte Zeile nur fragmentarisch erhalten; zwischen noch lesbar wenn und Deutschland ist ein Wortansatz sichtbar, der jedoch noch vor der Rißkante abbricht. Daraus und aus der Lage ist zu schließen, daß dieses Segment aufgegeben, vielleicht sogar getilgt ist. Nimmt man den oberen Haken als nicht zum Schriftzeichen gehörig, also als undeutbaren Ansatz oder als Tilgung, bleibt klar erkennbar ein w mit dem Anschwung des folgenden Vokals: z.B. w[ieder] oder w[ach]. Für das folgende, bis auf eine Spur verlorene Wort bleibt nicht mehr allzuviel Raum: z.B. [euer] oder [einig]. Hinter Deutschland ist, der Lage nach, kein weiterer Schriftverlust anzunehmen. Demzufolge fehlt nur ein einziges Wort und es ist nicht zu gewagt, hier die höchste und letzte Absicht an diesem wahrhaft prophetischen Blatt anzunehmen. Wahrscheinlich immerhin, an dieser Stelle des Satzgefüges, ein Adverb, dessen Ergänzung durch ist oder wird ausgespart bleibt. Daß der rückseitig notierte Text überhaupt und genau hier anschließen soll, ergibt sich, nach der duktischen Übereinstimmung (wobei jetzt nur noch größer und im wahrsten Sinne des Wortes gesperrt geschrieben wird), aus der Anordnung, in der sich die Lage der beiden letzten Verse auf 307/75 al rovescio wiederholt. Ebenso kongruent verhält sich die Verbform gehet zum vorhergehenden leset (vgl. III*F*); das elliptische Satzgefüge Und gehet... entspricht der Diktion der chronologisch wie räumlich nahen Strophe Reif sind, in Feuer getaucht... (307/90). Schließlich ist auf den noch unbeachteten Beginn des Gesangs, Auf falbem Laube..., gleichfalls auf der letzten Seite des gehefteten Konvoluts, hinzuweisen. Dort ist von des Weines Hofnung, der noch zu lesenden Traube die Rede, verglichen mit dem Schatten des Rings auf der Wange einer Jungfrau. Eine andere oder dieselbe schlummert über dem Strikstrumpf, während ein Sämann seine Saat aussät (vgl. III*E*).

Neun editorische Übungen V/VI

Rekonstruierter Text I/II

Vom Abgrund nemlich haben
Wir angefangen | und gegangen
Dem Leuen gleich,
Der luget
5 In dem Brand
Der Wüste |
Bald aber wird, wie ein Hund, umgehn
In der Hizze meine Stimme auf den Gassen der Garten
In den wohnen Menschen
10 In Frankreich |
Frankfurt aber, nach der Gestalt, die
Abdruk ist der Natur,
Des Menschen nemlich, ist der Nabel
Dieser Erde. Diese Zeit auch
15 Ist Zeit, und deutschen Schmelzes.

Ein wilder Hügel aber stehet über dem Abhang
Meiner Gärten. Kirschenbäume. Scharfer Othem aber wehet
Um die Löcher des Felses. | Rechts liegt aber der Forst | Allda
                                                                                                                bin ich
Alles miteinander. Wunderbar
20 Aber über Quellen beuget schlank
Ein Nußbaum sich | und Beere, wie Korall
Hängen an dem Strauche über Röhren von Holz,
Aus denen | Gesang bevestigter von Blumen |
Ursprünglich aus Korn, nun aber zu gestehen, |

25 Neue Bildung aus der Stadt, wo
   Bis zu Schmerzen aber der Nase steigt|
   Der Ölgeruch auf der Provence, und es haben diese|
                                              Natürlichkeit
   Und Dankbarkeit mir die Gasgognischen Lande
   Gegeben, erzogen aber, noch zu sehen, hat mich
30 Die Rappierlust und des Festtaags braune Trauben
                           und mich leset o
   Ihr Blüthen von Deutschland, o mein Herz wird
   Untrügbarer Krystal an dem
   Das Licht sich prüfet wenn|      |Deutschland| Und gehet
35 Beim Hochzeitreigen und Wanderstraus.


III
Sechs nachträgliche Überarbeitungen oder Ergänzungen von II. Zwar ist in einigen Fällen die relative Chronologie, also das zeitliche Verhältnis einzelner Textsegmente zueinander, aus der Lage oder dem inhaltlichen Zusammenhang, ablesbar, doch könnte der Prozeß als Ganzer, auch in seinem Verhältnis zu den Entwurfsabschnitten II, die keineswegs alle früher entstanden sein müssen, zumeist nur hypothetisch festgelegt werden. Deshalb folgt die lineare Textdarstellung dem textlogischen und nicht dem weithin ungewissen textchronologischen Verlauf.
*A*
Inneres Prinzip oder Überschrift des ersten Textes.                    307/75
T **Die apriorität des Individuellen**                                      1
  **über das Ganze**                                                        3
Der Begriff Apriorität, in dieser substantivischen Form, findet sich am Beginn der Hegelschen Differenzschrift von 1801 (streng genommen dem Debut des Philosophen, noch in Schellings Gefolgschaft); und zwar in einer summarischen Kritik der Kategorienlehre Kants: Es bleibt außer den objektiven Bestimmungen durch die Kategorien ein ungeheures Reich der Sinnlichkeit und Wahrnehmung [vgl. sinnlicher und lichtrunken, v. 6,3], eine absolute Aposteriorität, für welche keine Apriorität als nur eine subjektive Maxime der reflektierenden Urteilskraft aufgezeigt ist; d.h. die Nichtidentität wird zum absoluten Grundsatz

erhoben (Werke, 1970, 2, 10). Dagegen faßt Hölderlins Kritik das Philosophieren selbst als Teil der Erscheinung, der sie sich als Spekulation entronnen wähnt, mit der Formel in Zweifel und aergerniß (v. 2) in seinen entgegengesetzten Formen, den dogmatischen und den kritischen Ideologien. Dennoch bleibt diese Quelle sekundär. Was auf den ersten Blick als selbständiges Prinzip erschien, erweist sich als die Wiederholung der geschichtsphilosophischen Definition am Schluß des Entwurfs Das untergehende Vaterland..., genauer, nur ihrer ersten Hälfte, denn wie bei der Notation strenger Kontrapunkte, genügt die Bezeichnung, in welcher Gestalt Entgegensetzung stattfindet. Für die dem Denken notwendige Umkehrung des Axioms steht über dem zweiten Teil die Überschrift Germania (vgl. *F*), als Realmetapher für Phänomene, in welchen das Ganze die Apriorität über das Individuelle hat. Diese elementare Spannung, in ihrem Kontrast und Wechsel im erwähnten Entwurf als tragische charakterisiert, bleibt keineswegs statisch, sondern kommt in einem geschichtsphilosophischen Prozeß zur Ruhe: D e r M o m e n t, w o  d i e  P e r i o d e  d e s  i n d i v i d u e l l n e u e n  s i c h  e n d e t, i s t  d a, w o d a s  U n e n d l i c h n e u e  a l s  a u f l ö s e n d e, a l s  u n b e k a n n t e  M a c h t z u m  i n d i v i d u e l l a l t e n  s i c h  v e r h ä l t, eben so wie in der vorigen Periode das neue, sich als unbekannte Macht zum Unendlichalten verhalten, und diese zwei Perioden sind sich entgegengesetzt, und zwar die erste als Herrschaft des individuellen über das Unendliche, des einzelnen über das Ganze, der zweiten als der Herrschaft des Unendlichen über das Individuelle, des Ganzen über das Einzelne... Ebendieser Moment konstituiert sich in dem antistrophisch geformten Entwurf.
*B*
Tilgung der Zeilen II *A*, 3, 4; Ergänzungen und Änderungen mit sperriger Feder.
Unmittelbar über der ersten Zeile:
         V o m   A b g r u n d   n e m l i c h   h a b e n      6
1 **Werber!** [v]       **keine Polaken sind wir**     5
Damit das Besinnungslose zur Besinnung kommt, das ein wahrhaft inadäquates Vergnügen an einem Audruck findet, der es von Grund auf erschüttern müßte, wenn es nicht ganz im Grundlosen versunken ist; und ehe der Widerspruch sich regt: nemlich ist gestrichen. An der Gültigkeit einer Zeile, die dem Geschmack dergestalt zuwider war, daß er sie schlichtweg verdrängte, ist nicht länger zu zweifeln. Werber und Polaken verhalten sich zueinander wie Jäger und Freiwild, in dem spezifisch militärischen Sinn, den das Wort damals hatte, wie im propagandistischen, der ihm bis heute anhaftet. Alle, die sich über andere aufschwingen, mit dem Recht von Usurpatoren als Beute betrachten, alle intellektuellen Agitatoren ihrer selbst im Namen anderer, vorgeblich

objektiver Interessen, der Dichter in seiner ehemaligen Gestalt eingeschlossen, sind von jenem kollektiven Wir gebündelt und erfaßt, das sein wahres Symbol, das Gewaltzeichen, die Vormacht eines wie auch immer Selbstermächtigten über alles übrige verbirgt, die wahre, latentfaschistoide Gestalt der Parteigenossenschaft. Die Metapher *Werber* mag Herders Aufsatz *Erbfolgekrieg* aus dem ersten Stück der *Adrastea* entlehnt sein, der von den vergangenen spanischen Successionskriegen spricht, aber die gegenwärtigen Teilungen, polnische oder napoleonische meint.

1 Werber! | vom Abgrund | keine Polaken sind wir 5,6
                                                        $_1μα τον ορκον$ 8
2 $_2M[α τον ορκον]$ 8

Wenn alles von Grund auf anders werden soll (Hyperion I, 159), dann zuerst die Gedichte; denn bricht ein Weltalter an — gleich ob schon als Realität oder erst in der vorauseilenden des Gesangs — muß in ihnen das leer Tradierte brüchig werden und endlich aufhören. Wie das zugeht, lehren die Glossen zum Text: indem sie nicht länger Glossen bleiben. Wie vorher schon in Hamanns transzendentaler Philologie, und damit die Vorhersage von der Bahn zwischen Aegypten und Assur wahr werde (Jes. XIX, 23), ist die Trennung zwischen poetischer Sprache und szientifischem Exkurs umstandslos aufgegeben. Die theoretischen Reflexionen, früher ein gehütetes Geheimnis der Gesänge, offenbaren sich jetzt, in diesem unverfänglichen Sinn, als Überschrift; der Anfang, den die Titel sonst behaupten, liegt woanders, beinahe außerhalb. Lateinische oder griechische Sätze thronen nicht mehr über den Texten, sondern verbinden sich mit ihnen; so auch die fremden Namen, Fremdsprachliches überhaupt; nicht etwa als leere Collage, die sich über eine entleerte Gewohnheit, durch den zynischen Kunstgriff der verfremdeten Wiederholung lustig macht, ohne auch nur einen Hauch vom Neuen zu haben und sich, bezeichnenderweise, mit dieser Totengräberarbeit zufrieden gibt, sondern als glühendes Auge: [beim Eid!] das die Wortbrüchigen anschaut, diejenigen, die ein Besseres vor Augen hatten, es schon im Munde führten, und dennoch davon abfielen; die freiwilligen Schwüre (Wünsche in ihrer wildesten Gestalt), wie jene, die der Knabe in den Orkus hinabrief, oben an den gelben Felsen, am Abgrund der Teck (vgl. Die Tek und Am Tage der Freundschaftsfeier); oder ihre gemeinsame Loosung — Reich Gottes! (vgl. an Hegel, Juli 1794), von den einstigen Freunden, auf ihren Lehrstühlen, längst vergessen; oder Das Versprechen: Kein Eroberungskrieg! dessen Bruch Klopstock schon 1795 als Verrat an den Idealen der Revolution beklagt:

    Und jetzt führt ihr ihn den allverderbenden, seyd gar
    Große Krieger, ersteigt mit schlagendem Herzen, mit heißem
    Durste nach Ruhm, im Orkan der Leidenschaft, des Kampfspiels

Schimmernde Höh, die.. Abgrund ist!
Lernet den Schauplatz kennen, auf dem ihr groß seyd: Auf ihm
brüllt
Beyfall der Löw' euch zu; heult euch von Triumphe der Wolf vor
(5-10). Bis zur ersten Nachricht von der Kaiserkrönung Napoleons teilte Hölderlin Klopstocks Meinung nicht; erst nachdem die Republiken dem neuen Kaiserreich einverleibt wurden und Buonaparte sich 1805 zur Eroberung Europas anschickte, widerrief auch er seine frühere Überzeuung (vgl. Ich will kein Jacobiner seyn). Mit diesem Widerruf, gleichzeitig ein Bekenntnis zum Prophetischen einiger Oden Klopstocks (Brief an Wilmans, schon Ende 1803), ist der politische Hintergrund des Entwurfs bezeichnet, zugleich auch der ungefähre Zeitraum seiner phasenweisen Entstehung – im Herbst 1805 oder gar erst 1806 (vgl. Andenken: März 1805). Dafür spricht nicht zuletzt auch die ironische Bemerkung In Frankreich (v. 10). Vielleicht sollte die griechische Glosse tatsächlich dort, wo sie steht, angefügt werden (ein mißdeutbarer Fleck hinter haben schlägt von der Rückseite durch). Durch Verlängerung des Anstrichs (μ zu M?) und ein zusätzliches Korrekturzeichen wird jedoch eine andere Disposition angedeutet: die Glosse soll vmtl. nach vorn, an den linken Kolumnenrand gestellt werden. Dort ersetzt sie gewissermaßen die aufgegebene Anfangszeile Vom Abgrund nemlich haben; eine Vermutung, die durch das Zeilengleichgewicht in den beiden aneinandergelehnten Entwurfsblöcken bestätigt wird. Der einfachere Weg, das Segment zu entfernen, ist in dieser Kategorie des offenen Textes nicht mehr gangbar.

| | Wir angefangen und gegangen | 9 |
|---|---|---|
| 3 | **Der Gelehrten halb** in Zweifel und aergerniß, | 7-11 |
| 4 | **Denn sinnlicher sind Menschen** | 11 |
| 5 | In dem Brand | 13 |
| | Der Wüste | 14 |
| 6 | | 14 |
| 7 | **Lichtrunken und der Thiergeist ruhet** | 15 |
| | Bald aber wird, wie ein Hund, umgehn | 16 |
| 8 | **Mit ihnen** | 16,17 |
| 9 | In der Hizze meine Stimme auf den Gassen der Gärten | 17 |
| 10 | In den wohnen Menschen | 19 |
| 11 | In Frankreich | 20 |

In der Stuttgarter Ausgabe wurde der unbequeme Zusatz Der Gelehrten halb, zusammen mit Werber | keine Polaken sind wir, den Lesarten zugeschlagen. Ebenso alle übrigen außerhalb der Kolumne notierten Textsegmente; einzig die Zeilen in Zweifel und aergerniß/ Denn sinnlicher sind Menschen und weiter unten das syntaktisch eindeutig auf

die eingefügte Zeile Lichtrunken... folgende Segment Mit ihnen ge-
erschienen im Text:
>Vom Abgrund nemlich haben
>Wir angefangen und gegangen
>Dem Leuen gleich, in Zweifel und Ärgerniß,
>Denn sinnlicher sind Menschen
>In dem Brand
>Der Wüste

Zu dieser Verbindung von Elementen aus II und III, die sich an dieser Stelle teils ergänzen, teils ausschließen, gelangte der Herausgeber durch eine Textselektion, bei der dem Befund nach gleiche Elemente jeweils verschieden bewertet wurden. Offensichtlich sollte das Bild des Leuen (des Reuchlinschen Löwen in der Bursagasse, neben den Treppen die hinunter zu Turm und Neckar führen) — stellvertretend für die ganze Zeile gestrichen, wie darunter luget (bisher lieget) — für das Gedicht gerettet werden, während die zugehörige Hälfte verfallen darf; ebenso unterschiedlich die Behandlung der duktisch und sinngemäß zusammenhängenden Segmente Der Gelehrten halb und in Zweifel und aergerniß; sinngemäß, wenn das Begriffspaar als strukturale Analyse des Gelehrtenstreits an sich zu lesen ist: der durchgängigen Entgegensetzung von sadduzäischen und pharisäischen Denkformen, zu Hölderlins Zeit des Skeptizismus und Dogmatismus. Denn was ist Zweifel anderes als die Negation des Geistes, der nach Erfahrung auch dieses Dichters, sehr wohl auch etwas für sich ist, was aergerniß anderes als umgekehrt die Einsetzung eines dogmatischen anstelle des lebendigen Geistes. Die Irrtümer Friedrich Beißners gehören, wie die jetzt noch unerkannten, zum Weg, den dieser Text zurücklegt. Doch was ist von einer Verstocktheit zu sagen, die nichts lernen, nichts einsehen will, was die mit Mühe gelernte Kunst, bei positiven Irrtümern sicher im Verstande zu seyn (Pindar-Fragment Untreue der Weisheit), wieder in Frage stellen könnte? Dazu gehört jener furchtbare Halbsatz am linken Rand, der keineswegs der gelehrten Glosse wegen dort steht (ebensowenig wie diese dessentwegen), vielmehr ist dieser Zusammenhang nur die fahle Wolke, aus welcher der Blitz des Gedankens auf die Verderber der Erde und ihrer Menschen aufzuckt und stillsteht, ebenso paradox, wie jener, daß dieses Gezücht niemals gelebt hat. Textkritisch ist noch anzumerken, daß aus der Zeile II,2 nur das Segment und gegangen übrig bleibt. Dies ergibt sich zwingend aus der neuen Formulierung keine Polaken sind wir, mit der nebenbei auch das Phänomen der irregulären Verbindung haben ... gegangen verschwindet. Alles übrige folgt von selbst.

₁**Indessen aber an meinem Schatten** richt' ich  19-21
12              ₂↓

Neun editorische Übungen V/VI

Neuer Versschluß durch Großschreibung von richt'.

|  | ₁ **Und Spiegel die Zinne** | 22 |
| 13 | ₂**R**[icht' ich] **u** | 20,22 |
| 14 | **Meinen Fürsten** | 24 |
|  | ₁**Die Hüfte unter dem Stern** | 27,29 |

Fortsetzung oben, mit neuer Feder:

| 15 | ₂**und kehr' in Hahnenschrei** | 2 |
|  | ₁**Der** | 4 |
| 16 | ₂**n Augenblick des Triump**[h]**s** | 4 |
|  | Frankfurt aber... | 23 |

Die rhetorische Verknüpfung Bald aber wird... Indessen aber... verbürgt die Zugehörigkeit der beiden seitlich und oberhalb notierten Segmente zum Kolumnentext; die Kongruenz der Formen Richt' und kehr' ihren inneren syntaktischen Zusammenhang. Dagegen fehlen, wenigstens auf den ersten Blick, deutliche Hinweise auf die Kontaminationsstelle; die Zeichen hinter Frankreich erweisen sich, bei genauerer Prüfung, als Tintenspuren der rückseitigen Schrift. Wird jedoch die Ersetzung der nebenstehenden Zeilen In den* wohnen Menschen/In Frankreich ausgeschlossen [*die unflektierte, sprachblasphemische Form gehört zum Signalement des Textes, wie der falsche Plural Garten für wüstgewordene Städte], bleibt nur der Anschluß nach Frankreich, entweder unmittelbar, oder, nach der Form jener immerhin fünfzeiligen Nebenkolumne, wahrscheinlicher jedoch als neue Zeile. Darauf könnte auch die etwas nach unten versetzte Verdoppelung des In in 307/75:20 verweisen, des vierten in ununterbrochener Folge, das nun, nach der dreifach bezeichneten künftigen Szenerie, in den imaginären Zwischenraum einer anderen Ansicht abbiegt:

In...
In...
In...
Indessen aber...

Anders jedenfalls als die Buchstabenwiederholung am Versbeginn 9 (75:17), deutlich erkennbar wegen der schon am Schluß von 75:15 tintenleeren Feder, bestand hier, dem reichlichen und ununterbrochenen Schriftfluß nach, kein Anlaß zum Neuansatz. So klar und schlüssig der Sinn des einmal gelesenen Richt', so problematisch ist sein Schriftbild; wie sehr, bei Dunkelheit des übrigen, zeigt ein Blick in die *Lesarten* der Stuttgarter Ausgabe (2.2, 887):

Indessen aber an meinen Schatten (1) ss
       (2) stesst' *(Schreibfehler statt:*
         stellt'*)* ich

Und Spiegel der Zimmer

68·69

Meinen Fürsten
Nicht umsonst die Hüfte unter dem Stern
nationell

Nicht umsonst und nationell gehören der Lage und der viel kleineren Schrift nach zum früher notierten Konzept III $C_1$, dem die zwei letzten Zeilen der textergänzenden Nebenkolumne eindeutig ausweichen. Die hier als sicher angenommene Fortsetzung oben: und kehr' in Hahnenschrei/ Den Augenblick des Triump[h]s, erscheint in der Sektion *Bruchstücke* (angehängt noch Werber!] *zweifelhaft, ob zugehörig*). Zum Ausgleich und zur Warnung ist auf den fehldeutenden Lesefehler Meine*m* Fürsten im Einleitungsband von 1975 hinzuweisen. Kontrovers scheint noch die Endung von meinem Schatten: vermutlich mit aufgesetzter Feder zu m verdeutlicht; dies bestätigt der Singular des mit Schatten verbundenen Spiegel. Bei Zinne ist, allem Anschein nach, die erste Endung gestrichen und verdeutlichend wiederholt. Schließlich weist die Kleinschreibung und der eingerückte Beginn der oben notierten Zeile und kehr'... auf einen Anschluß im Vers; entsprechend der hier gefällten Entscheidung hinter Stern. An dieser Stelle löst er sich endgültig vom gesellschaftlichen Wir, das als Ausdruck der Unwissenheit durchschaut ist, als Wüste Einzelner, zusammengehalten durch eine Art gemeinschaftlichen Fiebers, und erhebt, was als Verdrängtes oder ängstlich Geheimgehaltenes die apriorität hat (per definitonem: die abgeleugnete Herrschaft des Grundes – hier des Individuellen über das Ganze – oder die Herrschaft des verleugneten Grundes, also des Abgrunds als schwindelerregende Kategorie der Lüge), das unfreie Ich zur Totalität. Zur Dialektik des Extrems gehört aber, daß es, im Augenblick der Wahrheit, dem Eintritt in die Freiheit des Ichseins, der Berührung mit jenem prius zugleich auch Alles miteinander ist, in ein befriedetes Selbstsein verwandelt wird, von dem das falsche Wir, die vorgewendete Gemeinnützigkeit oder gar Objektivität abfällt, in der Tat wie ein zerfallenes Gewand. Was wie die Wiederholung einer unsäglich abgeleierten Spekulation klingt, ist hier ein Prozeß, der die Existenz wirklich ergreift und keine bloße Rede; darum ist das Wort davon untrennbar eins mit der Sache selbst, weder vorher noch nachher, sondern unverlierbar existent. Das Wunder, das darin liegt, daß jene in der äußersten Isolation, wenn nicht sogar den Leuen vor Augen, Stück für Stück vollgeschriebenen Blätter Geschichtsmacht erlangen werden, ist nur ein äußerer, wie stets, aus methodischen Gründen, vermöge willentlicher Blindheit oder sonstwie übersehbarer Abglanz, durch den diese Wahrheit in der Welt des Scheins erscheint. Hölderlin ist kürzer: die Zinne gehört zum Tempel wie der Vorhof oder das Heiligtum. So schrieb er 1796/97 in Samuel Th. Sömmerings Schrift Über

Neun editorische Übungen V/VI

das Organ der Seele: Gerne durchschaun sie mit ihm das herrliche Körpergebäude,/ Doch zur Zinne hinauf werden die Treppen zu steil. Und nochmals: Viele gesellten sich ihm, da der Priester wandelt' im Vorhof,/ Aber ins Heiligtum wagten sich wenige nach. Das ist der alte, noch immer wie neu glänzende Satz, der den Widerstreit von Individualität und Ganzheit, Ich und Gott auflöst: Wisset ihr nicht, daß ihr Gottes Tempel seid und der Geist Gottes in euch wohnt? Daraus fogt der nächste und aus diesem der übernächste Satz: Niemand betrüge sich selbst. Welcher sich unter euch dünkt weise zu sein, der werde ein Narr in dieser Welt, daß er möge weise sein (1. Kor. III, 16-18). In diesem gegenweltlichen Sinn richtet dieser Dichter die Zinne; weltlich dauert das vierzig Jahre. Scardanelli: Scelerendi [des Frevelns wegen] (vgl. *Zehn biographische Details* X, Anm. 1). Den Schatten, nach dem er sich richtet, wirft die verschwiegene Gestalt. Was mit Spiegel gemeint sein muß, darüber klärt Jacob Böhme auf (vgl. *Sechs theosophische Punkte* V). Wendet sich die Zeit, tritt eine neue, vorher ängstlich verborgene Wahrheit die äußere Herrschaft an (während die alte zurückgestaut wird, bis sie, an der nächsten Geschichtswende, wieder durchbricht). Im ersten Augenblick ihres Erscheinens wirkt sie wie Blasphemie. Das ist hier der Fall. Mit seinem wissenden Opfer richtet er den Künftigen die Hüfte und heilt, was der bei Tagesanbruch scheidende Geist eines vergangenen Zeitalters an Jakob verrenkte. Einseitigkeit heißt das Übel. Die Oppositionsdialektik fällt. Der Verrat, den seine Freunde begingen, kommt an den Tag; am Ende eines alten oder schon am Anfang eines neuen; die Zeitangabe: unter dem Stern, bleibt zweideutig.

*C*
Der neue Textschluß wird zunächst mit kleinerer Schrift neben und in der Kolumne konzipiert (und zwar eindeutig früher, als die Ergänzungen *B*, 14, 15₁, die diesen Stichworten ausweichen), dann jedoch auf der Rückseite entworfen (*D*).

| | | |
|---|---|---|
| 17 | Frankfurt aber, nach der Gestalt, die | 23 |
| | Abdruk ist der Natur, | 25 |
| 18 | **zu reden** | 25 |
| 19 | **Nicht umsonst** | 26 |
| | Zwei Zeilen nach unten versetzt das Stichwort (vgl. Anm. zu *D*). | |
| 20 | **nationell** | 30 |
| | Wieder in der Kolumne: | |
| | Des Menschen nemlich, ist der Nabel | 27 |
| | **Ist des Menschen betrüblich. Aber** | 28 |

Vmtl. disponiert das Aber den unmittelbaren Textanschluß des Rests von I,14:

|  | Dieser Erde. | Diese Zeit auch | 29 |
| --- | --- | --- | --- |
| 21 | [       ] | [d] |  |
| 22 | Ist Zeit, und deutschen Schmelzes. |  | 31 |

D
Ausführung des Konzepts *C* am unteren Rand der Rückseite. 307/76
Erster Ansatz:

|  | ₁**Wohl muß** ehren der Sonne | 37,36 |
| --- | --- | --- |
| 20a | ₂**Geist** | 37 |
|  | ₁**Das Schiksaal. Das** heißt | 40 |
| 21a | ₂**will heißen** | 39,40 |

Zweiter Ansatz:

|  | Wohl muß ehren der Geist | 37,36 |
| --- | --- | --- |
| 20b | **Umsonst nicht** ][ | 38,36 |
| 21b | **Der Sonne Peitsch und Zügel. Das** | 42 |
|  | **Will aber heißen** | 43 |

Die Ergänzung von Das Schiksaal aus dem ersten Ansatz folgt zwingend. Zu fragen nur, ob das Segment eine eigene Zeile beansprucht, oder ob hier die Inversion der schon entworfenen, nun um ein aber erweiterten Zeile angedeutet ist. Das letztere scheint – auch dem Zeilenfall nach – wahrscheinlicher.

| 22b | [das Schiksaal.] | [40] |
| --- | --- | --- |

Dritter Ansatz; Änderung in der Kolumne und Textanschluß rückseitig: 317/75

|  | Frankfurt aber, nach der Gestalt, die | 23 |
| --- | --- | --- |
| 17 | **neues zu sagen** | 22 |

Damit ist das Segment *C*, 18 zu reden aufgehoben.

| 18 | Abdruk ist der Natur, | 25 |
| --- | --- | --- |
|  | Des Menschen nemlich ist der Nabel | 27 |
| 19 | [Ist] **des Menschen** | 307/76:43 |

Versbrechung entsprechend der Niederschrift.

|  | **Herz betrüblich. Denn** | 41 |
| --- | --- | --- |

Anstelle der Notiz am Schluß von *C*, von der nur das erste Wort zu übernehmen ist. Mit der Tilgung von Schmelzes ist der frühere Schluß des ersten Entwurfteils aufgegeben.

|  | Umsonst nicht muß ehren der Geist | 36-38 |
| --- | --- | --- |
| 20 | [u] |  |
| 21 | Der Sonne Peitsch und Zügel. Das | 42 |
| 22 | Will aber heißen das Schiksaal. | 43 |

E
Überschrift; vorbereitet vmtl. durch das Stichwort nationell, *C*, 20: va-

Neun editorische Übungen V/VI

terländisch im Sinne der Anmerkungen zur Antigonä; also im terminologisch geschärften Gegensatz zum Individuellen der ersten Überschrift. Germania korrespondiert genau der Chiffre des Mißbrauchs Cäcilia – der Heiligen, die nichts mit ihrem Kult zu schaffen hat – neben dem Entwurfsbeginn Auf falbem Laube... (vgl. Anm. zu II$F$, 35). 307/75

T     **Germania**     32
$F$
Überarbeitung des zweiten Teils.
1 Ein wilder Hügel aber stehet über dem Abhang     33
2 Meiner Gärten. Kirschenbäume. Scharfer Othem aber wehet     35
  Um die Löcher des Felses.|Rechts liegt aber der Forst|Allda/     36-42
                                                          / bin ich     36
3a           [Aber der Forst liegt rechts]     [40,42]
aber ist durch einen Winkel bezeichnet, dem ein zweiter, umgekehrter unter der und ein dritter Ansatz hinter Forst korrespondiert; alle drei Zeichen mit gespreizter, fast tintenleerer Feder. Durch eine kaum noch sichtbare, zwischen der und Forst von oben nach unten führende Streichung, wird diese Ergänzung mit ihrer Umstellung verworfen und durch eine neue ersetzt.
  Um die Löcher des Felses.     36
              $_1$**Aber schr eg**     38
                    $_2$**w r geben**     38
                             $_3$**ht neben B**     38,39
3                                         $_4$**Bergen**     40
                Allda bin ich     36
  d **er frohe weg.**     39
4 [D]
So doppelsinnig als nur möglich tritt die Beschreibung des Wegs an die Stelle der zusätzlichen, aber auch hintersinnigen Lokalisierung des unverwechselbaren Ortes dort oben: ebenso schreg oder schwer hinab, wenn Gipfel zugleich auch eine Signatur jener individuellen Selbstüberhebung sind – wie von Owen aus den steilen Hang hinauf, und nicht den Spazierweg, hinten herum durch den Wald. Die Brechung der Zeile wird durch die beiden Punkte vor der und am neuen Zeilenbeginn unter Aber, auch durch die korrespondierenden Zeichen im B von Bergen und am Seitenrand unter neben disponiert.
5 Alles miteinander. Wunderbar     37
  Aber über    Quellen beuget schlank     39
              | |     39
6       [die]
Die Streichung ist da; sicher keine Wendung zur Dialektdichtung, sondern in der Erkenntnis, daß es nur eine Quelle gibt (dagegen jedoch

Beere in v. 7!). Die Konjektur die gibt dem Text, was er nach dem ersten Schritt verlangen darf.

| | | |
|---|---|---|
| 7 | Ein Nußbaum sich I und Beere, wie Korall | 41 |
| 8 | Hängen an dem Strauche über Röhren von Holz, | 43 |
| | Aus denen I bevestigter Gesang von Blumen I | 44,46 |
| 9 | als | 47 |
| | Ursprünglich aus Korn, nun aber zu gestehen, | 45 |
| 10 | [Gesang u] | [44] |

als, absichtlich nicht auf der Linie von Blumen, tritt an dessen Stelle; ein nach vorn weisendes Zeichen im G, dem andere vor und in Ursprünglich entsprechen, disponiert die neue Versbrechung.

| | | |
|---|---|---|
| 11 | Neue Bildung aus der Stadt, wo | 48,50 |
| 12 | Bis zu Schmerzen aber der Nase steigt I | 47 |
| | Der Ölgeruch auf der Provence, und es haben diese I/ | 49,51 |
| 13 | /Natürlichkeit | 53 |
| 14 | Und Dankbarkeit mir die Gasgognischen Lande | 55 |
| | Gegeben, erzogen aber, noch zu sehen, hat mich | 57 |
| 15 | . **Gezähmet** **und genähret** | 56 |
| | Die Rappierlust und des Festtags braune Trauben | 58 |
| | **gebraten Fleisch der Tafel und** / | 55,57 |
| 16 | /**, braune** | 58 |
| 17 | **Längst auferziehen** **und Mond und Schiksaal** | 52,53 |
| | und mich leset o | 59 |
| | **Und Gott, euch aber,** | 54 |
| 18 | I I [o leset] | 59,60 |

Vorausgesetzt wird zunächst, daß die am Rand notierten Segmente gebraten Fleisch der Tafel (letzteres nicht deutlich, aber lesbar), als Überarbeitung der folgenden, erst hinter Die Rappierlust (Streit- oder Raublust) gestrichenen, Zeile zu lesen sind; braune wird, nach Tilgung des ersten Beiworts im u-Bogen und zur Betonung des Rätsels nachgestellt: braun sind die Bücher und alten Tinten (vgl. Auf falbem Laube...: für Papier). Ein Punkt vor Die Rappierlust betont überdies den erhaltenen Zeilenbeginn. Anschließend wird ein zusätzlicher Vers — mit einer ergänzbaren Lücke (vgl. Vögel) — zwischen den darüberliegenden Zeilen notiert, wobei immer noch der Anschluß an das Segment und mich leset o zu fehlen scheint. Erst jetzt zeigt sich, was der Text eigentlich erwartet: und mich ist gestrichen; hinter dem o ist ein Kreuz zu sehen, dem ein undeutlicheres unter dem sonst tilgungsfreien leset korrespondiert. Augenscheinlich signalisieren die Zeichen auch hier (vgl. v. 3a) eine Umstellung der Wortfolge. Mit dieser ist die gesuchte Verbindung zu den ganz unten entworfenen Versen gefunden.

14-22 wie II, 32-35

Rekonstruierter Text II

Die apriorität des Individuellen
über das Ganze|

Werber! | vom Abgrund | keine Polaken sind wir |
Μα τον ορκον |
Der Gelehrten halb | und gegangen | in Zweifel und aergerniß,
Denn sinnlicher sind Menschen |
5 In dem Brand
Der Wüste |,
Lichtrunken und der Thiergeist ruhet
Mit ihnen | Bald aber wird, wie ein Hund, umgehn
In der Hizze meine Stimme auf den Gassen der Garten
10 In den wohnen Menschen
In Frankreich |
Indessen aber an meinem Schatten
Richt' ich und Spiegel die Zinne
Meinen Fürsten
15 Die Hüfte unter dem Stern | und kehr' in Hahnenschrei
Den Augenblik des Triumphs |
Frankfurt aber, | neues zu sagen | nach der Gestalt, die
Abdruk ist der Natur,
Ist | des Menschen
20 Herz betrüblich. | Denn umsonst nicht muß ehren der Geist
Der Sonne Peitsch und Zügel. Das
Will aber heißen | das Schiksaal.

69·70

Rekonstruierter Text III

Germania |

Ein wilder Hügel aber stehet über dem Abhang
Meiner Gärten. Kirschenbäume. Scharfer Othem aber wehet
Um die Löcher des Felses. | Aber schwer geht neben Bergen
Der frohe weg. | Allda bin ich
5 Alles miteinander. Wunderbar
Aber über | die | Quelle beuget schlank
Ein Nußbaum sich | und Beere, wie Korall
Hängen an dem Strauche über Röhren von Holz,
Aus denen | bevestigter als von Blumen |
10 Gesang | ursprünglich aus Korn, nun aber, zu gestehen,
Neue Bildung aus der Stadt, wo
Bis zu Schmerzen aber der Nase steigt |
Der Ölgeruch auf der Provence, und es haben diese |
                                                     Natürlichkeit
Und Dankbarkeit mir die Gasgognischen Lande
Gegeben. Gezähmet aber, noch zu sehen, und genährt hat
15                                                         mich
Die Rappierlust | gebraten Fleisch der Tafel und Trauben |,
                                                          braune |
Längst auferziehen |     | und Mond und Schiksaal
Und Gott, euch aber, | o | leset
Ihr Blüthen von Deutschland, o mein Herz wird
20 Untrügbarer Krystal an dem
Das Licht sich prüfet wenn |    | Deutschland | Und gehet
Beim Hochzeitreigen und Wanderstraus.

## VII
### *Das Grün aber*

Die tiefgreifende Umgestaltung der letzten Reinschrift von *Brod und Wein* enstand frühestens im Frühsommer 1804, nachdem Hölderlin, durch Seckendorf oder Sinclair (der ihn im Juni von Nürtingen nach Homburg holte), vom Tod Wilhelm Heinses gehört hatte. Die Elegie war ihm gewidmet; sie mußte neugefaßt werden (wie auch die Ode *Diotima*, deren letzte Gestalt der Toten gilt[1]). Aber in Leo von Seckendorfs *Musenalmanach* 1807 erschien nur die erste Strophe, durch kaum merkliche Veränderungen zu einem selbständigen Gebilde abgerundet; nun mit dem Titel *Die Nacht*[2]. Die Parallele zur eben gezeigten Isolierung hymnischer Strophen ist kaum zu übersehen.

In der vollendeten Reinschrift-Fassung des Homburger Foliohefts hat die siebente Strophe des neunstrophigen Gedichts ein Distichon[3] zu wenig, nicht 18, wie alle übrigen, sondern nur sechzehn Verse. Dieser Mangel wurde übrigens schon bei einer früheren Reinschrift bemerkt, doch erst jetzt behoben. Darauf ist hinzuweisen, weil die bisherige Philologie hier nur Zerstörung sah[4] und auf eine selbständige Edition dieser letzten Textgestalt verzichtete. Zur Verständnislosigkeit trat noch die Schwierigkeit der Handschrift, dem flüchtigen Blick ein Indiz für den Wahnsinn, der hier verwüstend am Werk gewesen sein soll. Stellenweise bedecken die Änderungen den großzügigen Duktus der Reinschrift so dicht, daß die hier notwendige Verkleinerung nicht zu entziffern wäre; dies besonders bei der siebenten Strophe, die deshalb nur in typographisch differenzierten Umschrift dargeboten wird.

---

1 Vgl. *Diotima*, Innentitel (erster Druck).
2 Vgl. K I A,6, S. 120.
3 Hexameter und Pentameter im Wechsel; vereinfachtes Schema:
$$-\cup\cup-\cup\cup-\cup\cup-\cup\cup-\cup\cup-\cup\cup-$$
$$-\cup\cup-\cup\cup-|-\cup\cup-\cup\cup-$$
4 Vgl. *Fünf Marginalien zur Ausgabe* IV, Anm. 3.

```
      ○   Warum zeichnet, wie sonst, die Stirne des Mañes ein Gott nicht,

              Drükt den Stempel, wie sonst, nicht dem Getroffenen auf?
          Aber       dañ                                                           45
      ○   Oder er kam auch selbst und nahm des Menschen (des)Gestalt an
              [A]     In Ephesus      (Aergerniß) aber ist Tempel und Bild(.),
              Und vollendet und schloß tröstend das himlische Fest.
                                    ein Aergerniß
      ○   Narben gleichbar.    7. [z]u Ephesus(,). (a)Auch Geistiges leidet,       50
          Aergerniß ist
          Aber Freundl wir komen zu spät. Zwar leben die
                                                     Götter
              Himlischer Gegenwart [,] zündet wie Feuer, zulezt.
              Aber über dem Haupt droben in anderer Welt.                          55
```

---

```
307/9
                  Eine Versuchung ist(s,)es. Versuch , weñ Himlische da sind
                                  ner Art
                  Trunkenheit ists, eige   (und) Leidenschaft
                                              ie
  5   ○   Endlos wirk(t)en sie da und scheinens wenig zu achten,
                  Sich
                  In sein          t
                  Eine Kunst, Grab siñt, doch,, klug (s)mit den Geistern, der Geist.
                  Ob wir leben, so sehr schonen die Himlischen uns.
 10   ○   Auch die Geister, deñ imer(hin) hält den Gott ein Gebet auf
              Deñ nicht imer vermag ein schwaches Gefäß sie zu fassen,
              Die auch leiden, so oft diesen die Erde berührt.
      ○   Nur zu Zeiten erträgt göttliche Fülle der Mensch.
                              Schatten
 15       Nimer          eigenen    und die süßen Pfade der Heimath
          Aber                      grün in den
      ○   Traum von ihnen ist drauf das Leben. Aber das Irrsaal
          Regeln; Gebäuden gleich stehen die Bäum und Gebüsch
              Hilft, wie Schlumer und stark machet die Noth und die Nacht,
 20       Nimer, und goldnes Obst, und eingerichtet die Wälder,
      ○   Biß daß Helden genug in der ehernen Wiege gewachsen,
          Aber              auf weißer Haide      Blümlein,
              Herzen an Kraft, wie sonst, ähnlich den Himlischen sind.
                              das
 25                   Da es dürr ist; (auch) Grün (auch) aber ernähret das Roß
      ○   Doñernd komen sie drauf. Indessen dünket mir öfters
                                              des Todes denkt Einer
                  Und den Wolf,  in der Wildniß, aber des Ursprungs
                  Besser zu schlafen, wie so ohne Genossen zu seyn,
 30                                               der Wunder denket
                                              der Palmen
                      Kaum ([dort]) der Geheimnisse denkt man
                  Eines
                  (Denkt) (man) schwer, und der (Häus)Jugend Haus fasse(t)n die Seher nicht mehr.
 35   ○   Aber doch etwas gilt(,) (lebende) (für sich), allein. auch
              So zu harren und was zu thun indeß und zu sagen,
                              auch                Die
                                    , in (reiner) Regel, die Erde.
              (Daß) Eine Klarheit, die Nacht(,). das ihr Feindliches keñt
 40           Weiß ich nicht und wozu Dichter in dürftiger Zeit?
                                      Das und das Ruhige keñt
          Ein Verständiger wohl, ein (V)Fürstlicherer(,) und zeiget
              Aber sie sind, sagst du, wie des Weingotts heilige Priester,
                              ihrs auch     [ ]
 45           (Daß ihr) Göttliches, ([wohl]) sei lang, wie der Himel und tief.
              Welche von Lande zu Land zogen in heiliger Nacht.
```

VI
Neufassung und Erweiterung auf der Basis der Reinschrift V. 307/8
105 Warum zeichnet, wie sonst, die Stirne des Mannes ein Gott nicht? 43
106   Drükt den Stempel, wie sonst, nicht dem Getroffenen auf? 44
  Oder er kam auch selbst und nahm des Menschen Gestalt an 46
107 **Aber      dann** 45
  Und vollendet und schloß tröstend das himmlische Fest. 48
  $_1$A 47
    $_2$Aergerniß **aber ist Tempel und Bild**. 47
108    $_3$**ein Aergerniß**      $_4$, 49

Der Anfang des Verses wurde vor der Überarbeitung zur Änderung vorgemerkt; ebenso der Beginn der dann folgenden Strophenbeginn. Nur an dieser einen Stelle, bezeichnenderweise bei der Rede vom Aergerniß, wird das Metrum nicht erfüllt. Der betonte Anfang der ersten Pentameterhälfte fehlt: $[-\cup]\cup-\cup-|-\cup\cup-\cup\cup-$. Wie beim Hexameter, dessen erste Doppelsenkungen kürzbar sind und der (von Ausnahmen abgesehen) stets mit $-\cup\cup-\cup$ endet, kann die erste Pentameterhälfte einfache Senkungen haben; die Doppelsenkungen der zweiten Vershälfte bleiben dagegen Vorschrift.) Die Lücke ist intendiert; sie verbirgt den Namen, der an anderer Stelle Ein Loosungszeichen genannt wird (vgl. *Drei Werbetexte* II, Anm. 3).

          7.                                         50
Aber Freund! wir kommen zu spät. Zwar leben die Götter    52,53
$_1$Aergerniß ist                                         51
$_2$**Narben gleichbar** zu Ephesus, a **uch Geistiges leidet**    50
         $_3.$|| . **A**                                  50
109          **In Ephesus**                               47

Die Variante 109$_1$ wurde offensichtlich vor Umgestaltung von v. 108 notiert. Vielleicht daher die irritierende Vertauschung von ein Aergerniß unter und In Ephesus über v. 108. Mglw. auch:

109a Narben gleichbar. Zu Ephesus. Auch Geistiges leidet   50
   Aber über dem Haupt droben in anderer Welt              55
110 **Himmlischer Gegenwart, zündet wie Feuer, zulezt.**   54
Fortsetzung recto.                                         307/9
Endlos wirken sie da und scheinens wenig zu achten,        5
$_1$Eine Versuchung ists,                                  1
       $_2$es. Versuch                                     1
       $_3$und Leidenschaft                                3
111 $_4$**Trunkenheit ists, eigener Art, wenn Himmlische da sind**  3-5
Wegen des freien Raums am oberen Rand wird der erste Ansatz weit über der Zeile notiert; daraus ergibt sich eine abweichende Variantenfolge.

|   | Ob wir leben, so sehr schonen die Himmlischen uns. | 9 |
|---|---|---|
|   | ₁Eine Kunst, | 8 |
|   | ₂In | 7 |
|   | ₃**Sich sein Grab sinnt, doch,** | 6-8 |
|   | ₄**, klug** s | 8 |
| 112 | ₅**mit den Geistern, der Geist.** | 8 |
|   | Denn nicht immer vermag ein schwaches Gefäß sie zu fassen, | 11 |
|   | ₁**Auch die Geister, denn immer**hin | 10 |
| 113 | ₂**hält den Gott ein Gebet auf**[,] | 10 |
|   | Nur zu Zeiten erträgt göttliche Fülle der Mensch. | 13 |
| 114 | **Die auch leiden, so oft diesen die Erde berührt.** | 12 |
|   | Traum   von ihnen ist drauf das Leben. Aber das Irrsaal | 17 |
|   | ₁Aber | 16 |
|   | ₂Nimmer    ₃**grün in den** | 15,16 |
| 115 | ₄**und die süßen Pfade der Heimath** | 15 |
|   | Die Variante eigenen Schatten wurde vmtl. später notiert; vgl. 118₃. | [15,14] |
|   | Hilft, wie Schlummer und stark machet die Noth und die / | 19 |
|   | / Nacht, | 19 |
| 116 | **Regeln; Gebäuden gleich stehen die Bäum und Gebüsch** | 18 |
|   | Biß daß Helden genug in der ehernen Wiege gewachsen, | 21 |
| 117 | **Nimmer, und goldnes Obst, und eingerichtet die Wälder.** | 20 |

An dieser Stelle fogt im Neuentwurf statt eines Pentameters ein weiterer Hexameter. Bis zu v. 122 entfernt sich die Überarbeitung gegenrhythmisch vom Basistext (d.h. über über einem Pentameter wird ein neuer Hexameter, über einem Hexameter ein neuer Pentameter entworfen) und mündet – mit nach dem zusätzlich entworfenen v. 123 wieder in den elegischen Verswechsel der Reinschrift. Ziel dieser Ergänzung ist es offensichtlich, die siebente Strophe um das fehlende Distichon zu erweitern. Friedrich Beißner bemerkt hierzu: *Die 7. Strophe hat ein Distichon zu wenig. Hölderlin hat das selbst erst ganz spät, nämlich nach Vollendung der Handschrift H 3 bemerkt, oder richtiger: nur vermutet. Er zählt darum mit eingetunkter Feder die Distichen der 6. Strophe nach (Punkte vor den Hexametern) und dann ebenso die der 7. Strophe: dabei erhält versehentlich auch der Pentameter vor v. 114, der zufällig über und unter sich einen etwas breiteren Zwischenraum hat als gewöhnlich, einen Punkt, so daß schließlich auch die 7. Strophe auf neun Punkte kommt. Der Irrtum wird auch später nicht entdeckt* (StA 2.2, 604). Hölderlin hat jedoch die beiden Strophen erst nach oder während der Neufassung gezählt. Dies beweist nicht nur die dunklere Tinte, sondern noch schlagender der Punkt zu Beginn der siebenten Strophe, der sich weit über dem Hexameter der Reinschrift, vor Narben gleichbar (VI, v. 109) befindet. Der erwähnte Punkt vor V, 114:

Nur zu Zeiten erträgt göttliche Fülle der Mensch, ist in der Logik dieses Befunds kein Versehen. Er bezeichnet vielmehr den einzigen Vers dieser Strophe, der sich in den sonst selbständigen Text der Neufassung integrieren läßt. Damit ist der fehlende Pentameter nach v. 117 gefunden. Er wird nicht unverändert übernommen; Hölderlin notiert eine Änderung, die ihrerseits nicht zu den Varianten des dort entworfenen v. 115 gehört.

|   | | | |
|---|---|---|---|
|   | [Nur zu Zeiten erträgt göttliche Fülle der Mensch.] | | [13] |
| 118 | **eigenen Schatten** | | 15,14 |
|   | Herzen an Kraft, wie sonst, ähnlich den Himmlischen/ | | 23 |
|   | /sind. | | 23 |
| 119 | **Aber** **auf weißer Haide Blümlein,** | | 22 |

Der Pentameter der Reinschrift wird in einen verkürzten Hexameter (*versus spondiacus*) verwandelt; an fünfter Stelle keine Doppelsenkung.

|   | | | |
|---|---|---|---|
|   | Donnernd kommen sie drauf. Indessen dünket mir öfters | | 26 |
|   | ₁**Da es dürr ist;** auch | | 25 |
|   | ₂**das Grün** auch | | 24,25 |
| 120 | ₃**aber ernähret das Roß** | | 25 |
|   | Besser zu schlafen, wie so ohne Genossen zu seyn, | | 29 |
|   | ₁**Und den Wolf, in der Wildniß, aber** des Ursprungs | | 28 |
|   | ₂der Palmen | | 31 |
|   | ₃der Geheimnisse denkt man | | 32 |
|   | ₄der Wunder denkt | | 30 |
| 121 | ₅**des Todes denkt Einer** | | 27 |
|   | So zu harren und was zu thun indeß und zu sagen, | | 36 |
|   | ₁Denkt man schwer, **und der** Häus | | 34 |
|   | ₄Eines ₂**Jugend Haus fasse**t | | 33,34 |
|   | ₅**Kaum** dort ₃**n die/** | | 32,34 |
| 122 | ₆‌| ↑ /**Seher nicht mehr.** | | 32/34 |
|   | ₁**Aber doch etwas gilt**, lebende | | 35 |
|   | ₂auch für sich, | | 37,35 |
|   | ₃**,** in reiner **Regel, die Erde.** | | 38 |
|   | ₄**allein** auch | | 35 |
| 123 | ₅**. Die** | | 37 |
|   | Weiß ich nicht und wozu Dichter in dürftiger Zeit? | | 40 |
|   | ₁Daß | | 39 |
|   | ₂**Eine Klarheit, die Nacht**, das ihr Feindliches kennt | | 39 |
| 124 | ₃**. Das und das Ruhige kennt** | | 41 |
|   | Aber sie sind, sagst du, wie des Weingotts heilige Priester, | | 43 |
|   | ₁**Ein Verständiger wohl, ein** V | | 42 |
|   | ₂**Fürstlicherer,** | | 42 |
| 125 | ₃**und zeiget** | | 42 |

Welche von Lande zu Land zogen in heiliger Nacht. 46
₁Daß ihr 45
₂**Göttliches,** wohl sei 45
126 ₃**ihrs auch lang, wie der Himmel und tief.** 44,45

Rekonstruierter Text VI, v. 107-126:

Aber er kam dann selbst und nahm des Menschen Gestalt an
    ein Aergerniß aber ist Tempel und Bild,
Narben gleichbar. In Ephesus. Auch Geistiges leidet
110    Himmlischer Gegenwart, zündet wie Feuer, zulezt.
Trunkenheit ists, eigener Art, wenn Himmlische da sind
    Sich sein Grab sinnt, doch, klug mit den Geistern der Geist.
Auch die Geister, denn immer hält den Gott ein Gebet auf,
    Die auch leiden, so oft diesen die Erde berührt.
115 Nimmer von ihnen ist grün und die süßen Pfade der Heimath
    Regeln; Gebäuden gleich stehen die Bäum und Gebüsch
Nimmer, und goldnes Obst, und eingerichtet die Wälder.
    Nur zu Zeiten erträgt eigenen Schatten der Mensch.
Aber Herzen an Kraft, wie auf weißer Haide Blümlein,
120    Da es dürr ist; das Grün aber ernähret das Roß
Und den Wolf, in der Wildniß, aber des Todes denkt Einer
    Kaum, und der Jugend Haus fassen die Seher nicht mehr.
Aber doch etwas gilt, allein. Die Regel, die Erde.
    Eine Klarheit, die Nacht. Das und das Ruhige kennt
125 Ein Verständiger wohl, ein Fürstlicherer und zeiget
    Göttliches, ihrs auch sei lang, wie der Himmel und tief.

---

Abb. der Handschrift HKA 6, 228, 231.

## VIII
### Heidelberg

Mit einigen anderen Oden hat Hölderlin auch *Heidelberg* überarbeitet; bezeichnenderweise jene vierte Strophe, in der sich der Dichter mit dem mündenden Strom vergleicht[1]. Wie die meisten anderen Neufassungen wurde auch diese letztintendierte Textgestalt nie publiziert: sie ist nicht ganz vollständig; das asklepiadeische Versmaß[2] bleibt an zwei Stellen offen. Solange die Textlage nicht dokumentiert wurde, war das Risiko der Rekonstruktion zu groß. Doch diese Entschuldigung enthebt nicht der Kritik.

Das bewährte Verfahren, nur sichere Texte im zitierfähigen Leseteil, die zweifelhafteren im Apparat der Ausgaben darzustellen, ist nämlich nur von einer Seite texttreu. Tatsächlich verschwinden gerade jene Texte, die der editorischen Betreuung am meisten bedürfen. Ist es aber die Aufgabe der Nachlaßeditoren, alle Schriften eines Autors ans Licht zu bringen, dann ist jene philologische Sorgfalt, die ihrer Texttreue zuliebe[3] ganze Konvolute in Varianten auflöst, nur Treue gegenüber dem Herkommen und einem dubiosen Wissenschaftsideal, zugleich aber, um das Verbrechen beim Namen zu nennen, Veruntreuung der ihnen anvertrauten Schätze:

*Aber ferne vom Ort, wo er geboren, zog*
*Ach! die dunkle die Lust, welche den Halbgott treibt,*
  *Liebend unterzugehen*
    *Dir den Deinen, den Strom hinab.*

---

1 Und noch ein Wort in der 7. Strophe.
2 Vereinfachtes Schema:
  $- \cdot - \cup \cup - \; - \cup \cup - \cup -$
  $- \cup - \cup \cup - \; - \cup \cup - \cup -$
  $- \cup - \cup \cup - \cup$
  $- \cup - \cup \cup - \cup -$
3 Vgl. *P*, Innentitel.

318/1

Heidelberg.

Lange lieb ich dich schon, möchte dich, mir zur Lust,

Mutter neñen und dir schenken ein kunstlos Lied,

Du der Vaterlandsstädte

Ländlichschönste, so viel ich sah.

Wie der Vogel des Walds über die Gi(f)pfel fliegt,

Schwi(r)ngt sich über den Strom, wo er vorbei dir glänzt

Leicht und kräftig die Brüke

Die von Wagen und Menschen tönt.

Wie von Göttern gesandt, fesselt ein Zauber einst

Auf der Brüke mich an, da ich vorüber gieng

Und herein in die Berge,

Mir die reizende Ferne schien,
**Aber**
**(Ach!) sehr ferne vom Ort, wo er geboren**
Und der Jüngling der Strom fort in die Ebne zog
**die dunkle**
**die Lust, welche den Halbgott treibt,**
Traurigfroh, wie das Herz, weñ es, sich selbst zu schön

Liebend unterzugehen
**Dir dein [D]einen, den Stroñ hinab.**
In die Fluthen der Zeit sich wirft.

318/2

Quellen hattest du ihm, hattest dem Flüchtigen

Kühle Schatten geschenkt, und die Gestade sahn

All ihm nach, und es bebte

Aus den Wellen ihr lieblich Bild.

Aber schwer in das Thal hieng d(as)ie gigantische

Schiksaalskundige Burg nieder bis auf den Grund

Von den Wettern zerrissen;

Doch die ewige Soñe goß
**grauliche**
Ihr verjüngendes Licht über das alternde

Riesenbild, und umher grünte lebendiger (Eph)

Epheu; freundliche Wälder

Rauschten über die Burg herab.

Sträuche blühten herab, bis wo im heitern Thal,

An den Hügel gelehnt, oder dem Ufer hold,

Deine fröhlichen Gassen
ruhn.
Unter duftenden Gärten (blühn).

Neun editorische Übungen VIII

|   |   |   |
|---|---|---|
| T | Überarbeitung der Reinschrift III. | 318/1 |
| 1-12 | 1. bis 3. Strophe ohne Änderung. | 1-26 |
|  | Und der Jüngling der Strom fort in die Ebne zog | 29 |
|  | ₁Ach! sehr **ferne vom Ort, wo er geboren**[,] ↑ | 28 |
| 13 | ₂**Aber** ↑ | 27 |

Auch bei den übrigen Überarbeitungen fällt die Sparsamkeit auf: der Dichter setzt kein Wort zuviel; einmal Gesetztes soll, nach Möglichkeit, gültig bleiben. Demnach geht der neue Entwurf am Schluß des Verses auf die alte Zeile zurück; das nicht überlagerte zog bleibt zweifellos bestehen. Dagegen entfernt sich die von Friedrich Beißner vorgeschlagene Konjektur: geboren [*ward/Zog*] die dunkle, zu weit von der Vorlage (StA 2.2, 411).

|   |   |   |
|---|---|---|
|  | Traurigfroh, wie das Herz, wenn es sich selbst zu schön | 32 |
|  | ₁**die Lust, welche den Halbgott treibt,** | 31 |
|  | ₂**die dunkle** | 30 |
| 14 | [Ach!] | [28] |

Wie das Ende der vorigen sollte zunächst der Anfang dieser Zeile seine Gültigkeit behalten:

Ach! sehr ferne vom Ort, wo er geboren ǀ zog
Traurigfroh, wie ǀ die Lust, welche den Halbgott treibt,

Erst in einer zweiten Änderung wird auch das Traurigfroh, wie aufgegeben. Diese erfaßt aber auch den Beginn der Strophe: Ach! sehr wird durch Aber ersetzt. Liest man beide Änderungen im Zusammenhang, tritt ihr Motiv hervor: auf verschiedenen Ebenen sagen Traurigfroh und Ach! dasselbe. Das oben eingefügte Aber gibt das Ach! nicht auf, sondern nur für den folgenden Versanfang frei.

|   |   |   |
|---|---|---|
| 15 | Liebend unterzugehen | 33 |
|  | In die Fluthen der Zeit sich wirft. | 35 |
|  | **Dir deⅰn Deinen, den Stromm hinab.** | 34 |
| 16 | [ ]                    [ ] |  |

Sichtbar jetzt die Inversion als poetischer Beweggrund. Das doppelsinnige Subjekt erscheint nun erst am Strophenschluß, dem Wendepunkt und der Mitte des Gedichts.

|   |   |   |
|---|---|---|
|  |  | 318/2 |
| 17-24 | 5. und 6. Strophe ohne Änderung. | 1-8 |
|  | Ihr verjüngendes Licht über das alternde | 10 |
| 25 | **grauliche** | 9 |

Ihm ist das zerfallende Schloß kein romantisches Objekt, wie anderen wenige Jahre später, sondern Rest und Zeichen einer titanisch-furchtbaren Geschichte (vgl. *Freunde*, Anm. 6).

26-32 Schluß ohne Änderung.

## IX
*Griechenland*

Der späte, dem Schriftbild nach um 1806 entworfene, Gesang ist auf einem Folioblatt und einem kleineren Zettel überliefert, dessen Text bisher als erste Fassung betrachtet wurde. Hier nun ist zu zeigen, daß dieses Beiblatt den Schluß des Entwurfs enthält. Eine vollständige Edition würde den Rahmen sprengen; sie folgt in Bd. 8 der historisch-kritischen Ausgabe.

Rekonstruierter Text

Süß ists dann unter hohen Schatten von Bäumen
Und Hügeln zu wohnen, sonnig, wo der Weg ist
Gepflastert zur Kirche. Reisenden aber, wem,
Aus Lebensliebe, messend immerhin,
Die Füße gehorchen, blühn
Schöner die Wege, wo das Land | wechselt wie Korn.
Avignon waldig über den Gotthardt[1]
Tastet das Roß, Lorbeern
Rauschen um Virgilius und daß
Die Sonne nicht
Unmänlich suchet, das Grab. Moosrosen
Wachsen
Auf den Alpen. Blumen fangen
Vor Thoren der Stadt an, auf geebneten Wegen unbegünstiget
Gleich Krystallen in der Wüste wachsend des Meeres.
Gärten wachsen um Windsor. Hoch

---
1 Fortsetzung auf der nicht abgebildeten Rückseite des Beiblatts 325a.

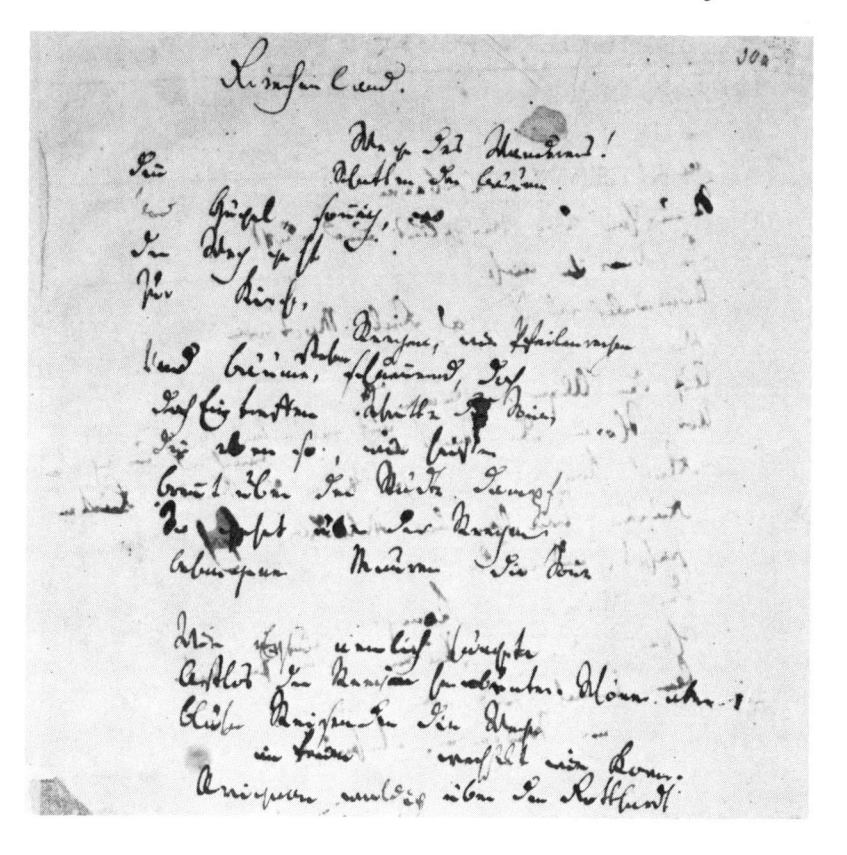

325a/1 (Beiblatt Vorderseite)

325/2 (unteres Viertel)

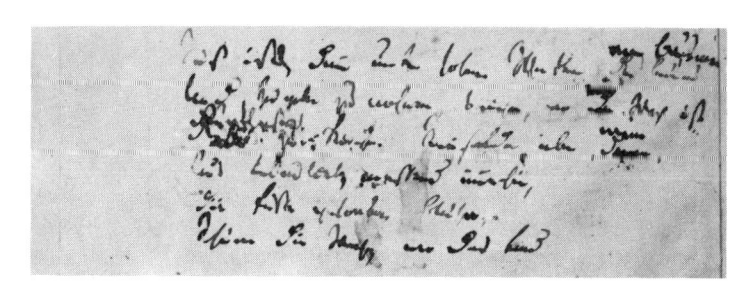

Ziehet, aus London,
Der Wagen des Königs.
Schöne Gärten sparen die Jahrzeit.
Am Canal. Tief aber liegt
Das ebene Weltmeer, glühend.